사회적 존재의 존재론을 위한
프롤레고메나 ①

나남
nanam

한국연구재단 학술명저번역총서
서양편 392

사회적 존재의 존재론을 위한
프롤레고메나 ①

2017년 11월 5일 발행
2017년 11월 5일 1쇄

지은이_ 게오르크 루카치
옮긴이_ 김경식 · 안소현
발행자_ 趙相浩
발행처_ (주) 나남
주소_ 10881 경기도 파주시 회동길 193
전화_ (031) 955-4601 (代)
FAX_ (031) 955-4555
등록_ 제 1-71호(1979.5.12)
홈페이지_ http://www.nanam.net
전자우편_ post@nanam.net
인쇄인_ 유성근 (삼화인쇄주식회사)

ISBN 978-89-300-8900-5
ISBN 978-89-300-8215-0 (세트)
책값은 뒤표지에 있습니다.

'한국연구재단 학술명저번역총서'는 우리 시대 기초학문의 부흥을 위해
한국연구재단과 (주)나남이 공동으로 펼치는 서양명저 번역간행사업입니다.

사회적 존재의 존재론을 위한 프롤레고메나 ①

게오르크 루카치 지음 | 김경식 · 안소현 옮김

나남
nanam

Prolegomena zur Ontologie des gesellschaftlichen Seins

옮긴이 머리말

이 책은 게오르크 루카치(Georg Lukács) 라는 독일식 이름으로 더 많이 알려진 헝가리 출신 사상가 루카치 죄르지(Lukács György, 1885~1971) 가 쓴 마지막 작품 《사회적 존재의 존재론을 위한 프롤레고메나》(*Prolegomena zur Ontologie des gesellschaftlichen Seins*, 아래에서는 《프롤레고메나》로 약칭) 를 옮긴 것이다. 근 70여 년에 걸쳐 수백 편의 글, 수십 권의 책을 썼던 사상가가 남긴 마지막 저작의 제목이 '프롤레고메나'인 것은 다분히 역설적인 인상을 준다. 하지만 그가 최후의 순간까지 로고스(*Logos*) 로서의 삶을 산 사람이라면 이는 역설이 아닐 수도 있다. 죽음을 목전에 둔 순간, 루카치가 그의 제자들과 나눈 대화 중에는 이런 대목이 있다.

> 갑자기 그가 말했다. "가장 중요한 것, 가장 중요한 것, 그것을 나는 모르고 있다." 가장 중요한 그것이 무엇인지를 우리는 물었다. "그것을 아직 모르겠다"고 그는 대답했다.[1)]

역사 속에서, 역사를 궁극의 지평으로 사유했던 사상가에게, 임박한 역사 너머의 세계가 지금까지의 문제설정 전체를 재편하게 만드는 새로운 물음의 대상이 된 것일까? 혹은, 그에게 삶 그 자체였던 지금까지의 사유 작업 전체를 부정하는 '허무'를 여기서 읽어야 할까? 그렇게 읽을 소지가 전혀 없는 것은 아니다. 마지막 순간을 옆에서 함께했던 제자 중 한 명인 이슈트반 에외르시(I. Eörsi)가 소설로 각색해 전하는 루카치와의 대화에는 이런 대목이 있다.

> "문제는 일생 동안 내게 흐… 응미를 갖게 했던 것이 더 이상 내게 흥미를 느끼게 하지 않는다는 겁니다"라고 그〔루카치 - 옮긴이〕는 지친 목소리로, 하지만 또렷하게 말했다. (…)
> "당치도 않습니다"라고 그〔방문객 - 옮긴이〕는 응답했다. "당신은 당신의 삶을 헛되다 판단하시는 겁니까?"
> 대답이 없었다.[2]

세계정신의 시종(侍從)이며 소명받은 기사(騎士)라는 깊은 확신을 가지고 일생을 살았던 사람에게, 마지막 순간, 그 '자기 확실성'이 무의미해진 것일까? 하지만 그의 마지막 순간을 곁에서 지켰던 또 다른 제자 아그네스 헬러(A. Heller)는 우리가 앞에서 인용한 루카치의 말을 다르게 읽는다. 헬러는 '가장 중요한 것을, 아니 가장

1) Agnes Heller, "Der Schulgründer", *Objektive Möglichkeit. Beiträge zu Georg Lukács' "Zur Ontologie des gesellschaftlichen Seins"*, R. Dannemann and W. Jung, eds., Opladen: Westdeutscher Verlag, 1995, p. 125.
2) István Eörsi, "Gelebtes Sterben", *Revolutionäres Denken: Georg Lukács. Eine Einführung in Leben und Werk*, F. Benseler, ed., Darmstadt/Neuwied: Luchterhand, 1984, p. 59.

중요한 그것이 무엇인지를 모르겠다'고 한 루카치에 대해, "죽음도 개념파악(*begreifen*)하고자 했"던 사람, "마지막까지 로고스"[3]였던 사람이라 회상한다. 로고스로서 죽음을 산 사람! 루카치가 그런 사람이라면, 그의 마지막 작품이 '프롤레고메나'인 것은 오히려 그 삶에 어울리지 않는가.

설사 죽음 앞에 홀로 선 유한자로서 가질 법한 허무감을 헤아린다 하더라도, 적어도 《프롤레고메나》의 루카치만큼은 '허무'와 거리가 멀다. 이 책은 오히려 새로운 출발을 다짐하는 책으로 보이기까지 한다. 이 책에서 우리는 몸과 정신의 '마모'에 맞서 싸우면서 그야말로 마지막 안간힘을 다해 글을 쓰고 있으면서도 이 책 이후에 착수할 새로운 연구계획을 세우고 있는 루카치를 만날 수 있다. 이 책의 한 각주에서 루카치는 인간의 발생사, 사회의 발생사로부터 사고의 발생사가 나오는 "실재적인 연관관계"를 구체적으로 다룰 수 있는 "사회·역사적 인간행위이론"을 《프롤레고메나》의 "후속작업"으로 쓸 계획이라고 밝히고 있다.[4] 그렇다면 그 자신이 마지막 방점을 찍은 이 최후의 작품은 육체의 생물학적 소멸이 없었다면, 역사가 계속되는 한, 끝없이 이어졌을 그의 지적 작업의 또 하나의 출발선이 될 수도 있지 않았을까? 아니나 다를까 그는 '존재론' 작업을 "시작의 시작"[5]

3) A. Heller, "Der Schulgründer", p. 125.

4) Georg Lukács, *Prolegomena zur Ontologie des gesellschaftlichen Seins*, in *Georg Lukács Werke, Bd. 13*, Prolegomena. Zur Ontologie des gesellschaftlichen Seins, Darmstadt / Neuwied: Luchterhand, 1984, p. 300, 각주 175.

5) 1965년 4월 26일 에른스트 피셔(E. Fischer)에게 보낸 편지 중에서. Werner Jung, *Georg Lukács*, Stuttgart: Metzler, 1989, p. 141에서 재인용.

으로 여겼다. 그의 그러한 의도는 책의 제목에서도 드러난다. 《프롤레고메나》에 앞서 그가 쓴 책의 정확한 제목은 《사회적 존재의 존재론을 위하여》(*Zur Ontologie des gesellschaftlichen Seins*) (아래에서는 《존재론》으로 약칭) 이다. "위하여" 또는 "향하여"로 옮겨질 수 있는 전치사 'zu'(영어로는 'toward')를 앞에 붙임으로써 원래 윤리학이라는 본론을 위한 서론 내지 제 1 장으로 착수했던 그 《존재론》을, '사회적 존재의 존재론' 자체에 대해서도 일종의 서론으로 자리매김하고 있는 것이다. 그런데 이 서론에 붙인 또 하나의 서론이 《프롤레고메나》이니, 《프롤레고메나》는 '시작의 시작의 시작'이라고 볼 수도 있겠다. 그런데 이런 식의 글쓰기는 이 책에만 국한된 것이 아니다. 오히려 그것은 '유물론적'이자 '역사적'인 루카치 사유 전체의 특징을 보여주는 것이기도 하다. 그에게 이론은 언제나 사회 · 역사적 현실의 우선성에 대한 인정 위에서 이루어지는 지적인 작업이었다. 일생토록 그는 운동하는 그 사회 · 역사적 현실을, 과정 중에 있는 시대를 사유로 파악하고자 했다. 그의 철학은 "운동 속에서, 그리고 '사회적 존재의 핵심들'과의 동시성 속에서 형성되는 사유"[6] 였다. 루카치의 사유가 그런 것이라면 그것은 끝과 시작이 언제나 새롭게 이어지는 열린 과정으로서 작동할 것이다. 그렇다면 그의 마지막 작품이 《프롤레고메나》인 것은 그렇게 살았던 사유, 그렇게 사유했던 삶에 적중하는 상징적 표현으로 보이기까지 한다. 그렇게 살고 사유한 사람에게, 자신의 사상이 후학들에 의해 운동하는 사회 · 역사적 현실에 따라 '비판적'으로 '반복 · 확장'되는 것만큼 보람된 일이 또 있을까.

---

6) *Ibid.*, p. 143.

그의 작품을 외국어로 옮기는 번역도, '비판적'이라고 할 수는 없을지라도, 그의 사유를 '반복 · 확장'하여 다른 시공간에서 살아 있게 만드는 작업임에는 틀림이 없을 것이다.

15여 년 전 루카치 사상과 이론의 한 귀퉁이를 다룬 책을 낸 후 존재론 번역에 착수할 생각을 했다. 그때는 이미 루카치의 이름조차 흐릿해졌던 때라 그의 저작들을 출판할 곳을 찾기가 쉽지 않았다. 하물며 독일어판으로 1,800쪽 가까이 되는 방대한 책을 내고자 하는 출판사가 있을 리 만무했다. 결국 《존재론》과 《프롤레고메나》를 한꺼번에 번역할 생각은 접고 《프롤레고메나》만 옮기기로 마음먹었다. 하지만 의욕만 왕성했을 뿐, 실제 작업은 늘 다른 일들에 밀려 지지부진하게 진행되었다. 그럴 때 마침 '학술진흥재단'(現 한국연구재단)에서 주관한 '명저번역지원사업'을 통해 《프롤레고메나》 번역에 대한 지원을 받게 되었다. 그 덕분에 번역에 집중할 수 있었고 출판 문제까지 저절로 해결되었다.[7]

하지만 번역이 완성되기까지에는 그 후로 오랜 시간이 더 필요했다. 1, 2년 만에 끝낼 생각으로 덤벼들었지만 능력이 턱없이 부족하다는 것을 실감할 수밖에 없었다. 번역과정은 한마디로 악전고투였다. 내용의 난해함은 물론이고 지루하게 이어지는 만연체 문장, 거기다가 적지 않게 등장하는 오식(誤植)들까지 가세하여 번역을 더 어렵게 만들었다. 지원을 받았기 때문에 어쩔 수 없이 치러야 하는 심사 과정에서 번역 자체에 대해 다소 다른 생각을 가진 심사위원들

7) 다행스럽게도 다른 연구자들에 의해 《존재론》 번역이 이루어지고 있다. 그 첫 성과가 얼마 전 《사회적 존재의 존재론 1》(권순홍 옮김, 아카넷, 2016)이라는 제목으로 나왔다.

의 평가와 지적들은 중도에 포기할 생각까지 하게 만들었다. 하지만 그분들의 지적과 요구 덕분에 결과적으로 번역이 조금은 더 좋아졌다고 생각한다. 원문에는 없는 소제목들을 붙인 것도 심사위원들의 요구에 따른 것이다. 부적절한 소제목 때문에 독서를 오도하는 일이 생기지나 않을지 우려되기도 하지만, 이 책을 훑어볼 사람들에게는 도움이 되리라 생각한다.

루카치가 인용하고 있는 마르크스의 저작 중 국역본이 있을 경우 참조하고 해당 부분의 쪽수를 병기해 두었다. 하지만 참조만 했을 뿐이고 번역은 모두 옮긴이의 수정을 거쳤다. 참조한 번역서들을 여기에 밝혀 둔다.

《데모크리토스와 에피쿠로스 자연철학의 차이: 맑스 박사학위 논문》, 고병권 옮김, 그린비, 2001.

《경제학-철학 수고》, 강유원 옮김, 이론과실천, 2006.

《칼 맑스/프리드리히 엥겔스 저작선집 1》, 최인호 외 옮김, 김세균 감수, 박종철출판사, 1997(7쇄).

《칼 맑스/프리드리히 엥겔스 저작선집 2》, 최인호 외 옮김, 김세균 감수, 박종철출판사, 2007(9쇄).

《정치경제학 비판을 위하여》, 김호균 옮김, 중원문화, 1988.

《정치경제학 비판 요강 Ⅰ》, 김호균 옮김, 백의, 2000.

《자본 Ⅰ-1》, 강신준 옮김, 길, 2008

《자본 Ⅰ-2》, 강신준 옮김, 길, 2008.

《자본 Ⅲ-2》, 강신준 옮김, 길, 2010.

지난 20세기에 '철학으로서의 마르크스주의'를 개진한 사상가로는 루카치 외에도 사르트르(J. P. Sartre), 블로흐(E. Bloch), 아도르노

(Th. W. Adorno), 알튀세르(L. Althusser) 등을 꼽을 수 있을 것이다. 체계성을 갖춘 대작들을 남긴 사르트르나 블로흐의 마르크스주의는 각자의 독특한 사유 속에 포섭된 마르크스주의라 할 수 있다면, 아도르노의 사상은 이미 마르크스주의를 초과한 것으로 보인다. 이들의 저작에 비하면 단상에 가까운 글을 남겼다고 볼 수 있는 알튀세르는 구조주의, 스피노자, 정신분석 등과 융합된 마르크스주의 철학을 시도했다. 이들 모두와 비교할 때 루카치는 마르크스의 텍스트 자체에 대한 충실한 독해를 통해 마르크스 사상의 복원을 시도한 거의 유일한 인물이다. "마르크스주의의 르네상스"를 위한 그의 작업의 최종결산인 이 책은 하지만 일반 독자들이 읽기에는 결코 쉬운 책이 아니다. 독일 관념론 철학이나 마르크스주의의 얼개와 주요 개념들에 어느 정도 친숙하지 않은 사람에게는 이 책의 독서가 '숨 막히는 일'이 될지도 모르겠다. "철학의 미학화"가 대세가 된 지 이미 오래인 지적 환경 속에서, 개념이 개념을 물고 이어지는 '추상적'이고 지루한 서술은 이 책의 독서를 더욱 어렵게 만들 공산이 크다. 그래서 바라건대, '시류를 거스르는' 것이기에 독자 여러분들께는 분명 낯선 것으로 다가갈 이 책이, 오히려 그 낯섦 때문에 신선하게 읽힐 수 있기를! 그리하여 이 책이 루카치의 사유에 대한 진지한 논의를 다시 불러일으키고 활성화하는 재료가 된다면 옮긴이로서 더 바랄 게 없겠다.

2017년 11월
번역자를 대표하여
김경식 씀

일러두기

1. 원주는 따로 표시하지 않았고, 옮긴이 주는 앞에 '옮긴이'라고 표시했다.
2. 〔 〕로 묶은 말은 독자들의 이해를 돕기 위해 옮긴이가 원문에 없는 말을 임의로 추가한 것이다. 또, 어떤 단어를 한 가지로 확정하여 옮기기보다는 대체 가능한 번역을 병기해 두는 게 독서에 유리하겠다고 판단되는 대목에서도 같은 식으로 〔 〕를 사용했다.
3. 원문에 문법적으로 잘못된 문장이 있을 경우, 문맥에 따라 적당히 이해한 후 옮기되 이 사실을 따로 밝히지 않았다. 다만 루카치가 다른 사람의 글을 인용한 대목에서 오식이 있을 때, 그리고 인명을 포함하여 명사를 잘못 적었을 때는 옮긴이 주로 표시해 두었다.
4. 독일어 원문을 참고할 필요가 있는 독자들이 쉽게 찾아볼 수 있도록 하기 위해 본문 중에 원문의 쪽수를 〔 〕 안에 표시하였다.
5. 모든 소제목은 옮긴이가 붙인 것이다.
6. 독자의 편의를 위해 다소 생경한 용어를 중심으로 〈한국어-독일어 용어 대조표〉를 만들어 실었다.

사회적 존재의 존재론을 위한 프롤레고메나 ①

차 례

제Ⅱ장

제Ⅲ장

제 2 권 차 례 사회적 존재의 존재론을 위한 프롤레고메나 ②

제Ⅲ장 (계속)

제Ⅳ장

I

존재론과 관련해서 본 근현대 서구철학의 흐름

〔7〕 세계에 대한 철학적 사유의 토대를 존재[1] 에 두려는 시도가 많은 저항에 부딪친다 하더라도 아무도 — 적어도 이 글의 필자는 — 놀라지 않을 것이다. 지난 몇 세기 동안 철학적 사유를 지배해온 것은 인식론과 논리학과 방법론이었는데, 이들의 지배는 아직도 전혀 극복되지 않았다. 칸트에서 정점에 이르렀던 인식론의 사회적 사명은 그 주목적의 측면에서 볼 때 르네상스 이래 발전되어온 자연과학이 학문적 헤게모니를 행사할 권리를 확립하고 확고히 하는 데 있었다. 그런데 이 점을 철학계의 공론이 완전히 망각해 버릴 정도로 그

1) 옮긴이 : "존재"는 "Sein"을 옮긴 말이다. "Sein"은 "임"이나 "있음" "존재" 따위로 옮겨질 수 있지만 이 책에서는 거의 모두 "존재"로 옮겼다. "seiend"는 "존재하는" "존재해 있는" "있는" 등으로 옮겼으며, 이를 명사화한 여러 형태, 곧 "Seiendes" "das Seiende" "ein Seiendes" "etwas Seiendes" 따위는 모두 "존재자"로 옮겼다.

동안 인식론의 우위는 강력해졌다. 하지만 그 강력함은 종교적 존재론과 관련해서는 일정한 선을 넘지 않는 것이어서, 역사적으로 점차 줄어들었던 그〔종교적 존재론의〕 이데올로기적 활동여지가 그때그때 사회적으로 필요한 만큼은 보존될 수 있었다. 이 같은 큰 역사적 맥락에서 볼 때 벨라르민 추기경[2]을 근대 인식론의 아버지로 볼 수 있다. 물론 호미니즘의 이중적 진리론[3]이 그의 선구자로 여겨져야 하겠지만 말이다.

전권(專權)을 휘두를 소질이 있는 본래의 종교적 존재론은 이런 식으로 — 정중하게 — 학문적으로 무시된다. 그리고 종교적 존재론의 영역 바깥에 있는 존재론도 — 이 경우에는 별로 정중하지 않게

"seinshaft"는 "존재적〔인〕〔으로〕"으로 일관되게 옮겼고, "seinsmäßig"는 주로 "존재상(上)〔의〕〔으로〕"으로 옮겼지만 맥락에 따라서는 "존재에 부합하는" "존재에 부합되게" "존재에 따라서" 등으로도 옮겼다. 또, "Seinsart"는 "존재양식"으로, "Seinsweise"는 "존재방식"으로 옮겼으며, "Seinshaftigkeit"는 "존재성"으로, "Seinscharakter"는 "존재적 성격"으로, "Seinsbeschaffenheit"와 "seinshafte Beschaffenheit"는 "존재적 성질"로 옮겼다. 하지만 이 책에서는 딱 세 번 나오는 "Seinsmäßigkeit"는 이 용어들과 구분하기 위해 "존재 부합성"으로 옮겼다. 이와 달리 "Gattungsmäßigkeit"는 "유 적합성" 내지 "유 부합성" 대신 "유적 성질로 옮겼음을 밝혀 둔다.

2) **옮긴이** : 흔히 벨라르민 추기경(Kardinal Robert Bellarmin, 1542~1621)으로 불리는데, 그의 본국인 이탈리아어로 적자면 Roberto Francesco Romolo Bellarmino(로베르토 프란체스코 로몰로 벨라르미노)가 정확한 이름이다. 그는 갈릴레오 갈릴레이(Galileo Galilei)의 재판을 심리한 사람으로, 당시 가장 위대한 신학자 중 한 사람으로 추앙받은 인물이다. 갈릴레이의 심리를 담당한 그는 갈릴레이에게 지동설을 '수학적 가설'로서 연구할 수는 있지만 '사실'로 주장해서는 안 된다고 경고함으로써 존재 문제는 교회의 몫임을 분명히 했다. 참고로, 브레히트(Bertolt Brecht)는 《갈릴레이의 생애》 7장에서 그와 갈릴레이 사이의 대화를 실감나게 그리고 있다. 《브레히트 희곡선집 2 : 갈릴레이의 생애 · 사천의 선인》, 임한순 편역, 서울대학교 출판부, 2006, 68~79쪽 참조.

— 학문적으로 무시되곤 한다. 한창 전성기를 누릴 때의 현대적 신실증주의[4]는 존재에 대한 물음 일체, 심지어는 무엇의 존재 여부의 문제에 대해 입장을 취하는 것조차 시대에 맞지 않고 비과학적이며 아무런 의미도 없는 일이라고 천명한 바 있다. 물론 존재에 대한 물음은 삶 및 실천과 내적으로 아주 밀접하게 결부되어 있어서, 이러한 엄격한 금지에도 불구하고 존재론임을 자부하는 철학들은 거듭 생겨날 수 있었고 또 그럴 수밖에 없었다. 심지어 그러한 철학들이 일시적으로나마 확산되고 공감을 얻기까지 했던 것도 사실이다. 세계 문제에 대한 존재론적 접근이 이처럼 근절될 수 없다는 것은 우리 시대의 사유에서도 간과할 수 없는 사실로 인정되어야만 하는데, 이

3) **옮긴이**: 인식론의 맥락에서 호미니즘(*Hominismus*)은 모든 인식과 진리는 그 자체로서가 아니라 오로지 인간과 관련해서만 타당성을 가진다는 학설이다. 일부 신학자들은 호미니즘을 과잉된 휴머니즘이라 부르면서 인간을 거의 신적인 위치에 올려놓은 그릇된 학설이라고 비판하기도 한다. 하지만 여기에서는 이와 다른 맥락에서 호미니즘이라는 개념이 사용되고 있다. 즉, 모든 지식은 인간의 경험에서 나오고 인간과 관련해서 타당성을 가지지만 이것은 오직 이성이 작용하는 영역에 한정된 것일 뿐이며 믿음의 영역인 신학에서는 이성의 논리가 통용되지 않는다고 주장하면서 철학과 신학의 영역을 분할하고 진리도 각 영역에 따라 분할하는 교리 내지 학설을 일컫는 말로 사용되고 있는 듯하다.

4) **옮긴이**: 루카치의 논의에서 "신실증주의"(*Neopositivismus*)는 20세기로 넘어오는 세기 전환기에 부상한 "새로운 성질의 실증주의"로서, 좁게는 《논리학-철학 논고》의 초기 비트겐슈타인(L. Wittgenstein)과 카르납(R. Carnap) 등의 "논리실증주의"를 가리키는 말로 사용되지만, 보다 더 넓은 맥락에서는 "논리실증주의"뿐만 아니라 아베나리우스(R. Abenarius)와 마흐(E. Mach)의 "경험비판론", 제임스(W. James)의 "실용주의", 푸앵카레(Jules-Henri Poincaré)의 "규약주의" 등 여러 갈래로 널리 퍼져 있는 철학적 경향까지 포괄하는 말로 사용된다(*Georg Lukács Werke, Bd. 13*, p. 341). 이에 관한 루카치의 비판적 고찰은 《사회적 존재의 존재론을 위하여》(*Zur Ontologie des gesellschaftlichen Seins*) 제1부 1장에서 집중적으로 이루어지는데, 특히 카르납에게 비판의 초점이 맞추어져 있다.

와 관련해서는 후설(E. Husserl), 셸러(M. Scheler),[5] 하이데거(M. Heidegger) 그리고 프랑스의 실존주의를 보라고 말하는 것으로 충분할 것이다.

물론 이 책에서 펼쳐질 고찰은 우리 시대의 그러한 경향들과는 아무런 관계도 없다. 〔8〕 그 경향들은 — 아주 상이한 출발점들에 근거를 두고 있으며, 아주 상이한 방법들과 결과들을 결합하면서 — 본질적으로 홀로 고립된 독자적 개인에서 출발한다. 그리고 그러한 개인이 그 밖의 세계(자연과 사회) 속에 "던져져 있음"[6]이 철학의 근본문제로서 그의 진정한 존재를 이룬다고 한다. 여기에서는 이러한 견해들에 대해 여하한 비판도 할 생각이 없다. 그와 같은 단정들에 맞서 지적으로 고집스럽게, 정말이지 거의 영웅적인 태도로 싸웠던 후설을 제외하면 이미 문제설정 자체에서 현실에 대한 비합리주의적인 입장이 생겨난 것인 데다가, 이미 다른 자리에서 행한 고찰에서[7] 그런 비합리주의적 입장은 모순적이며 지탱될 수 없다는 것을 입증하고자 시도한 바 있기 때문이다. 사르트르(J. P. Sartre)가 보여준 마르크스주의로의 접근 또한 비록 그러한 접

---

5) **옮긴이**: 원본에는 Scholer로 되어 있는데, Scheler의 오자일 것이다. 막스 셸러(Max Scheler, 1874~1928)는 독일의 철학자다.

6) **옮긴이**: "던져져 있음"으로 번역한 독일어는 "Geworfenheit"이다. "피투성"(被投性)으로 옮겨지기도 한다.

7) **옮긴이**: 1951년에 옛 동독에서 출판된 《실존주의냐 마르크스주의냐?》(*Existentialismus oder Marxismus?*)와 1954년에 역시 동독에서 출판된 《이성의 파괴》(*Die Zerstörung der Vernunft*), 그리고 우리가 번역하는 《사회적 존재의 존재론을 위한 프롤레고메나》 직전에 집필이 끝난 《사회적 존재의 존재론을 위하여》의 제1부 1장 3절과 4절이 그러한 고찰에 해당한다.

근을 통해 일련의 중요한 문제들을 건드리고는 있지만 실존주의적 존재론의 이러한 문제를 극복할 수 없었다. 그리고 이러한 견지에서 보면 후설에게조차도 바로 존재론적으로 지극히 문제적인 토대가 그대로 남아 있다. 그의 경우에도 인간 존재의 근본을 이루는 사회성이 사라질 뿐만 아니라, 바로 오늘날 이러한 방법, 이러한 문제복합체[8]에 대한 새로운 원칙적 입장을 실제로 가능케 하는 근본적인 존재규정들도 사라질 수밖에 없다. 존재론을 의도한 것이지만 근본적으로 인식론에 머물러 있는 현실의 "괄호치기",[9] 본질직관을 가능케 하는 것으로 규정되어 있는 후설의 그 "괄호치기"를 통해서는 새로운 문제상황을 새로운 방식으로 파악하기란 불가능한 일이다.

---

8) **옮긴이** : "문제복합체"는 "Problemkomplex"를 옮긴 말이다. "상호 관련된 문제들", "복합적인 문제들"로 옮기는 것이 자연스러울 수 있으나, 이 책에서 "복합체" (*Komplex*) 는 빈번하게 등장하는 주요한 용어이기 때문에 단어 그대로 "문제복합체"로 옮긴다. 말이 나온 김에 "Komplex"와 관련된 다른 용어들을 어떻게 옮겼는지 밝혀 둔다. "Komplexcharakter"는 "복합체적 성격"으로, "Komplexität"은 "복합성"으로, 그리고 "Komplexartigkeit" "Komplexhaftigkiet"는 "복합체성"으로 옮겼다.

9) **옮긴이** : "괄호치기"는 "In-Klammer-Setzen"을 옮긴 말이다. "괄호 안에 넣기", "괄호화" 등으로 옮겨지기도 한다.

사회적 존재의 존재론을 위한 기본 전제와 관점, 그리고 난점들

우리의 고찰은 무엇보다 사회적 존재의 본질과 특징을 규정하고자 하는 것이다. 하지만 이 문제를 대략적으로나마 합리적으로 정식화할 수 있기 위해서는 존재의 일반적인[10] 문제들, 더 정확하게 말하자면 세 가지 큰〔大〕 존재양식(무기적 자연, 유기적 자연, 사회)[11]의 연관성과 상이성을 그냥 지나쳐서는 안 된다. 이러한 연관관계와 그 동역학을 파악하지 않고서는 사회적 존재의 진정한 존재론적 문제들을 사회적 존재의 성질에 걸맞게 풀 수 없음은 물론이고 그러한 문제들 가운데 어느 것 하나도 제대로 정식화할 수가 없다. 박학한 지식이 없더라도 우리는 인간이 직접적으로 그리고—궁극적으로—극복 불가능하게 생물학적 존재영역에도 속하며, 또 인간의 현존재

10) **옮긴이** : "일반적인"은 "allgemein"을 옮긴 말이다. 이 단어는 "일반적"으로뿐만 아니라 "보편적"으로도 옮겨지며 때로는 "전반적"으로 옮겨지기도 한다. 그런데 이 책에서는 이와 유사한 뜻을 지닌 "generell" "universell" 등도 같이 사용되고 있다. 곳에 따라서는 거의 같은 의미로 쓰이기도 하지만 루카치 자신이 단어를 달리 쓴 것을 드러낼 필요가 있다는 생각에서 각 단어를 다르게 옮기려 노력했다. 하지만 "allgemein"의 경우, 지금까지 철학서적들에서 "일반적"으로보다는 오히려 "보편적"으로 더 많이 번역되어 사용되고 있기 때문에, 또 문맥에 따라서는 "보편적"으로 옮기는 편이 나아보이는 데도 있기 때문에 "일반적"으로뿐만 "보편적"으로 옮긴 데도 있다. 하지만 "das Allgemeine"는 모두 "일반자" "일반적인 것"으로, "Allgemeinheit"은 "일반성"으로 옮겼다. "universell"은 모두 "보편적〔인〕〔으로〕"으로 옮겼으며, 이에 따라 "Universalität"도 모두 "보편성"으로 옮겼다. 그리고 "generell"은 대부분 "전반적〔인〕〔으로〕"으로 옮겼지만 몇 군데에서는 "일반적〔인〕〔으로〕"으로 옮기기도 했다.

11) **옮긴이** : 이 책에서 "무기적 자연"은 "anorganische Natur"를 옮긴 말이며 "유기적 자연"은 "organische Natur"를 옮긴 말이다.

및 그것의 생성 · 진행 · 종말은 포괄적 · 결정적으로 이 존재양식〔생물학적 존재양식〕 속에 기초를 두고 있다고 확신한다. 그리고 생물학적으로 결정된 존재방식들은 필경 그 모든 삶의 표현에서 내 · 외적으로 부단히 무기적 자연과의 공존을 전제로 할 뿐 아니라, 사회적 존재로서도 이 영역〔무기적 자연〕과의 부단한 상호작용 없이는 존재할 수 없을 것이며 내 · 외적으로 자기를 전개해나갈 수도 없으리라는 것 또한 즉각 명증한 것으로 여겨지고 있음에 틀림없다.

〔9〕 그러므로 세 가지 큰 존재양식의 그와 같은 공존 — 여기에는 그것들의 상호작용 및 본질적 차이들도 함께 포함되는데 — 은 모든 사회적 존재의 불변의 기초다. 따라서 그와 같이 다층적인 토대를 근본사실[12]로 인정하지 않고서는 공존의 지반 위에서 전개되는 세계인식 및 인간의 자기인식은 불가능할 것이다. 이러한 존재상황은 또한 인간이 행하는 모든 실천의 근저에 놓여 있기 때문에, 궁극적으로 — 이는 앞으로 밝혀질 것인데 — 인간의 실천에서 출발하며 그 실천을 이끌고 수정하며 확고히 하는 등등의 역할을 하면서 발생한 인간의 모든 사고(思考)에 있어서도 필연적으로 제거될 수 없는 출발점을 이룰 수밖에 없다. 따라서 인간 사고의 지난 역사와 현재에 있어 존재론이 하는 역할은 인간 존재 자체의 존재적 성질에 의해 구체적으로 규정되어 있는 것이며, 또 그렇기 때문에 — 그저 추상적

---

12) 옮긴이 : "근본사실"은 "Grundtatsache"를 옮긴 말이다. "근본사실"이란 사유와 논의의 진행을 위한 출발점이자 전제로서 주어진 것으로 받아들이고 인정해야 하는 사실을 말한다. 이 책에서 루카치가 하는 말을 빌리자면 "무조건 인정되고 실천적 · 이론적으로 적용되어야 하며 그 존재에 대한 어떠한 증명도 필요치 않는" 것으로, 그의 존재론은 이러한 몇 가지 "근본사실"을 기반으로 하여 전개된다.

으로 말로만 그러는 것이 아니라 실제로 — 사고체계와 사고영역 그리고 당연하게도 특히 철학에서 제거될 수 없는 것이다.

그럼에도 불구하고 존재의 본질이 과거의 존재론들에서는 완전히 퇴색했으며 완전히 사라져 버리는 경우조차 허다했는데, 이는 우연이 아니다. 혹 최상의 경우라 하더라도 그것은 전체 고찰에서 거의 사라져 버리기 일쑤인 하나의 계기를 이룰 뿐이었다. 그렇게 된 데에는 아주 다양한 이유가 있는데, 우리의 고찰이 진행되는 가운데에서야 비로소 그 이유들이 총체적으로, 그 현실적인 연관성 속에서, 그 중요한 모순성 속에서 가능한 한 폭넓게 밝혀질 수 있을 것이다. 여기서는 일단 핵심적 모순들을 극히 일반적으로 파악하는 것으로 그칠 수밖에 없다. 한편으로, 사회적 존재에 대한 존재론적 고찰은 인간의 일상생활의 가장 단순한 사실들에서 그 첫 출발점을 구하지 않으면 이루어질 수 없다. 이러한 사태를 가장 소박한 상황 속에서 보여주기 위해서는 우리가 곧잘 잊어버리는 상투적인 말, 즉 오직 존재하는 토끼만을 사냥할 수 있으며 오직 존재하는 딸기만을 따 모을 수 있다는 따위의 말이 환기될 필요가 있다. 그 전제와 결론이 이러한 궁극적 기초를 결여하고 있는 모든 사고는 그 전체적인 면에 있어, 그 최종결과에 있어 주관주의적으로 해체될 수밖에 없다. 그러나 다른 한편, 이와 배치되는 사실로서 — 이 또한 우리가 우리 자신의 결단 및 그 결과의 모든 구성요소를 다 아는 가운데 행동하기란 전혀 불가능하다는, 인간존재의 근본사실에서 기인하는 것인데 — 일상생활에서는 현실적 존재가 자주 극히 왜곡된 방식으로 나타나기도 한다. 때로는 직접적인 현상방식들이 현실적인 존재적 본질을 은폐하며, 때로는 우리 자신이 존재와는 전혀 다른, 단지 우리의 사고에 의해 만들어진 것에 불과한 규정들을 성급한 유추를 통해 존재 속에 투사하기도 하고, 또 때로는 우리가 존재의 특정한 계기들을 인식할 때 쓰이는 수단들을 존재 자체와 혼동하기도 하는 등등의 일이 벌어진다. 〔10〕 따라서 진정 있는 그대로의 존재를 파악할 수 있기 위해서는 일상생활의 직접성에서 출발해야 하지만 이와 동시에 그 직접성을 넘어서야만 한다. 그리고 또 이와 동시에, 존재를 사유 속에서 처리할 때 없어서는 안 될 수단들을 그것들의 가장 단순한 존재적 성질에 근거하여 계속 비판적으로 고찰해야만 한다. 겉보기에는 대립하는 것으로 보이는 이 두 가지 관점의 상호연관을 통해서야 비로소 우리는 존재가 존재자로서 참으로 존재하는 바에 접근할 수 있다.

지금까지는 이러한 상호작용이 실제로 올바르게 의식적으로 행해진 적이 전혀 없었던 것이나 진배없다. 사정이 그랬던 것은 그 두 구성요소가 지닌 올바른 경향과 그릇된 경향의 동시성 탓도 일부 있고, 또 사람들이 여기에서 획득해야 하는 올바른 해결책을 바로 찾았던 것이 아니라 당장의 특정한 이데올로기적 욕구를 만족시키고자 노력하는 사이에 우연히 발견한 탓도 일부 있는데, 이 후자의 탓이 일차적일 때가 더 많다. 우리가 지금 이 자리에서 그리고 나중에 보다 폭넓은 연관관계 속에서 이데올로기들에 관해 말할 때, 그것들은 오늘날 일반적으로 통용되는 가운데 우리를 오도하고 있는 말뜻으로(가령, 현실에 대한 애당초부터 그릇된 의식〔허위의식〕으로) 이해되어서는 안 된다. 이데올로기들이란 마르크스(K. Marx)가 《정치경제학 비판을 위하여》(*Zur Kritik der Politischen Ökonomie*)의 머리말에서 규정했던 것처럼 이해되어야 한다. 다시 말해서, "인간들이 그 안에서 이러한 갈등"(즉, 사회적 존재의 토대로부터 생겨나는 갈등)을 "의식하게 되고 싸워내는"[13] 형태들로서 이해되어야만 한다. 마르크스의 이러한 포괄적 규정 — 이것이 그 규정을 폭넓게 이용할 수 있는 가장 중요한 요인인데 — 은 이데올로기들이 방법론 및 사실의 차원에서 옳은 것인지 그릇된 것인지 하는 문제에는 전혀 명백한 답을 주지 않는다. 양쪽이 실제로 다 가능할 수 있다. 따라서 우리 경우를 두고 보자면 이데올로기들은 존재에 접근하게 할 수도 있고 존재로부터 멀어지게 할 수도 있다. 여하튼 우리가 다루는 문제의 역사에 있어, 갈등을 잉태하고 있는 인간들의 이해관계는 그들에게 중요한 어떤 사회적 삶의 계기를 존재하는 것으로 여겨야 할지 아니면 단지 그렇게 보일 뿐인 것으로 여겨야 할지를 정하는 데 큰 역할을 한다. 그리고 그러한 이데올로기들은 특히 사회가 위기에 봉착했을 때에 진정한 정신적 힘으로 성장할 수 있기 때문에, 존재에 대한 이론적 물음에서 문제를 설정하고 문제를 해결하는 데에 그것들이 끼치는 영향력은 상당하다.

세계에 대한 사유를 실제로 사실에 부합되게 존재론적으로 정초하는 일은 거듭 오도될 수밖에 없었는데, 그처럼 영향력 있는 요소들〔이데올로기들〕이 지닌 교란시키는 힘을 고려한다면 이는 그리 놀랄 일도 아니다. 우리가 그렇게 오도된 상황(신 존재의 존재론적 입증)이 보편적인 명증성을 지녔던 중세에 관해 이야기하고 있는 것은 결코 아니다. 〔11〕 그런데 그동안 아주 많은 사람들에게 분명해진 것이 있

---

13) Marx: *Zur Kritik der politischen Ökonomie*, Stuttgart, 1919, pp. Ⅳ~Ⅶ. 옮긴이: 《정치경제학 비판을 위하여》의 "서문"에 나오는 해당 구절 전체를 소개하자면 다음과 같다. "인간들이 그 안에서 이러한 갈등을 의식하게 되고 싸워내는 법률적, 정치적, 종교적, 예술적 또는 철학적인, 한마디로 이데올로기적인 형태들 …." (*MEW, Bd.* 13, p. 9)

다. 우리의 현실을 한갓된 현상들의 세계로 파악하는 칸트(I. Kant)의 물(物) 자체 개념(*Ding-an-sich-Konzeption*), 아무런 특성도 없고 인식 불가능하며 추상적인 그 물 자체 개념뿐만 아니라, 또한 주체·객체 동일성에 관한 헤겔(F. Hegel)의 논리학화된 역사적 존재론, 게다가 19세기의 비합리주의적 몽상들 따위도 우리로 하여금 빈번히 모든 진정한 존재 문제에서 멀어지게 했다는 것이 그것이다. 우리 당대에 들어와서는, 자본주의 사회에서 외관상 완전히 유리되어 있지만 이와 동시에 전권(專權)을 지닌 "원자"로 과장되어 있는 개체성[14]을 "무상(無償)의 행위",[15] 현존재 속에 "던져져 있음", "무"(無)와 대면해 있음 등등의 말로 내세우는 입장이 일시적인 영향력을 지닌 존재론의 기반으로 통용되긴 했지만, 이 모든 것이 여기에서 요구되는, 인식의 존재론적 정초의 견고함과 생산성을 위해 한 일이라고는 보잘 것이 없었다.

그리하여 현실인식에 대한 존재론적 접근은 이론적으로 심각한 명예 실추를 겪게 되었다. 현재 이를 갱신하는 일은 어떤 의미에서는 완전히 처음부터 새로 시작하지 않을 수 없으며 — 마르크스적 방법의

---

14) **옮긴이**: "개체성"은 "Individualität"을 옮긴 말이다. 여기서는 "Individualität"을 대부분 — 주로 존재론과 인식론의 맥락에서 쓰였을 때 — "개체성"으로 옮겼지만, 맥락에 따라서는 — 주로 인간학과 윤리학의 맥락에서 쓰였을 때 — "개인성"으로 옮긴 곳도 있음을 밝혀 둔다.

15) **옮긴이**: 프랑스의 소설가 앙드레 지드(Andre P. G. Gide, 1869~1951)에서 나온 용어. 지드는 《교황청의 지하실》(1914)에서 인습적 도덕을 초월한 절대적 자유를 실험하기 위해 아무런 이유 없는 살인, 이른바 "무상의 행위"(*action gratuito*)로서 살인을 저지르는 인물 라프카디오를 등장시킨다. 알베르 카뮈(Albert Camus, 1913~1960)의 희곡 《칼리굴라》(1945)의 주인공도 같은 유형의 인물이다.

토대를 이루는 존재론을 별도로 한다면 — 몇몇 개별적 문제들에서만 역사적 선구자들을 증인으로 끌어댈 수 있다. 물론 그렇다고 해서 실제로 토대를 이루는 존재의 역할이 객관적으로 약화되는 것은 결코 아니다. 오늘날 카르납[16] 같은 신실증주의 이론가들은, 가령 기술자들이 산을 측량할 때 측량 대상의 존재적 성질에 대해 철학적으로 어떤 태도를 취하는지는 그들의 측량활동의 결과와 아무 상관도 없다는 것을 자기 이론의 근거로 끌어댈 수 있는데, 이에 대해 반론이 제기되는 일은 거의 없다. 많은 사람들에게 그것은 즉각 올바른 것처럼 보인다. 그럼에도 불구하고 부인될 수 없는 것은, 철학적으로 이미 자주 강한 영향을 받은 적이 있는 측량기술자들의 생각과는 무관하게, 산은 측량될 수 있기 위해서는 존재해야만 한다는 것이다. 채집시기에 단지 존재하는 딸기만을 딸 수 있었던 것과 마찬가지로, 고도로 발전된 기술조작의 시대에도 실제로 존재하는 산만 측량할 수 있을 뿐이다. 이러한 존재를 한낱 경험적이며 따라서 과학적 이론의 차원에서는 중요치 않은 것이라 천명한다 하더라도, 이러한 사태에서 본질적인 것은 전혀 변하지 않는다. 거리의 자동차들은 인식론적으로 아주 쉽게, 단순한 감각인상이나 표상 따위로 설명될 수 있다. 그럼에도 불구하고 내가 자동차에 치일 경우 자동차에 대한 내 표상과 나 자신에 대한 내 표상 사이에 충돌이 생기는 것이 아니라 살아 있는 인간으로서의 내 존재가 존재하는 자동차에 의해 존재상(上) 위해를 입는 것이다. 그렇지만 이를 철학적으로 일반화할 경우, 그와 같은

---

16) 옮긴이 : 카르납(Rudolf Carnap, 1891~1970)은 독일 출생의 미국 철학자로서 "논리 실증주의"의 대표적 인물이다. 루카치의 "신실증주의" 비판은 주로 카르납을 겨냥한 것이다.

사태들이 지닌 증명력은 존재에 대한 우리의 인식에 내재하는 저 복잡한 관계들에 부딪쳐 수포로 돌아간다. 방금 우리가 일단 부득불 극히 단순화된 방식으로 특징지었던 고유한 실천 및 그 기초들에 대한 우리 의식의 일반적 수준으로서는 통할 수 없는 것이다. 〔12〕 존재하는 사실들의 영향력은 인간과 자연 사이에 많은 사회적 매개가 개재(介在)되어 있는 곳보다는 원시적인 단계들에서 직접적으로 더 강력한 것처럼 보인다. 물론 이때에는 인식되지 않은 것과 잘못 인식된 것의 성분들이 주체에 대해 훨씬 더 강력하게 작용할 수밖에 없다. 따라서 너무나 당연하게도, 유비(類比)에 근거하여 현실에 투사된 이러한 것들이 직접적으로 존재해 있는 것으로서 효력을 발하며, 실천 그리고 무엇보다 실천의 사상적・사회적 정초작업 또한 이러한 것들로 강력하게 정향되어 있다. 이와 관련해서는, 존재에 대한 주술적 표상이 수천 년에 걸쳐 통용되고 있는 것을 상기시키는 것으로 충분할 것이다. 이제 이러한 주술적 표상은 실천의 발전 및 이로부터 생겨난 보다 진정한 현실인식의 발전을 통해 점차 축출되었다 하더라도, 실천의 대상・상황・수단 등등에 대한 인식에서 전개되는 참과 거짓의 변증법적인 상호이행이 간과되어서는 안 된다. 우리가 이미 강조했듯이 인간은 결코 자신이 행하는 실천의 모든 계기를 완전히 다 아는 상태에서 행동할 수 없다. 그런데 여기서 참과 거짓 사이의 경계는 사회・역사적으로 조건지어진 가운데 유동하는 것이며 많은 과도적 단계들로 이루어져 있다. 말하자면, 사회적 실천과 과학이 더 발전하면 거짓으로 입증되고 말 견해들이, 오랫동안 실천에 외관상 확고하며 잘 작동하고 있는 것으로 보이는 기반을 제공할 수 있다. 예컨대 고대와 중세에 통용되었던 프톨레마이오스[17]의 천문학을 생각해 보

라. 이것의 도움으로 항해, 달력의 책정, 일식과 월식의 계산 따위의 일이 그 당시 시급했던 사회적 요구들을 실천적으로 만족시키면서 수행될 수 있었다. 이때 이러한 체계에서 필연적으로 생겨나는 일반적 결론 곧 우주의 지구중심성이 그릇된 현실상(現實像)을 보존하고 보다 올바른 새것에 격렬히 저항하는 데에 이데올로기적으로 큰 역할을 하기도 했다는 사실 또한 잘 알려져 있다. 이와 동시에 그 사례 전체는 진정한 존재에 사상적으로 가까이 다가갈 수 있기 위해서 많은 경우 얼마나 큰 사회적 장애들이 극복되어야 하는지를 보여주는 것이기도 하다. 이미 우리는 실천적인 일상경험과 현실의 과학적 정복 사이의 올바른 협력을 통해서만 존재의 참된 성질에 제대로 접근할 수 있다는 것을, 그런데 — 사회적 계급이해에 따라 그러한 협력을 촉진하는 것이 되거나 방해하는 것이 될 수 있는 순수 이데올로기적 계기들은 말할 것도 없고 — 이 두 구성요소도 진보를 저해하는 기능을 가질 수 있다는 것을 지적한 바 있다.

〔13〕 그 밖에 인식대상 자체에서 생기는 난점도 있다. 세 가지 종류의 존재〔무기적 존재, 유기적 존재, 사회적 존재〕는 동시적으로, 서로 얽히고설킨 채 있으며, 이에 따라 인간의 존재와 인간의 실천에도 많은 경우 동시적인 영향력을 행사한다. 이때, 우리의 세계상(世界像)의 기초를 존재론적으로 올바르게 확립하는 일은 두 가지 인식, 즉 각각의 존재방식 특유의 고유성에 대한 인식과 각 존재방식이 다른 존재방식들과 맺고 있는 구체적인 연관관계, 상호작용, 상호관계

17) 옮긴이 : 프톨레마이오스(Claudios Ptolemaeus, 85?~165?)는 그리스의 수학자이자 천문학자이며 지리학자다.

등등에 대한 인식을 전제로 한다는 것을 잊어서는 안 된다. 이 두 방향에 있어 진정한 연관관계(차이 속에서의 통일성, 통일적인 상호작용 속에서 차이로 인한 분리와 대립 등등)를 오인하면 존재의 본질에 대한 인식에서 아주 커다란 왜곡이 초래될 수 있다. 인간은 자연과 사회에 동시적으로(사유상(上)으로도 분리하기 힘든 방식으로) 속해 있다. 마르크스는 인간화의 과정에는 자연적 한계들의 후퇴[18]가 필연적으로 따르게 된다는 것을 거듭 말함으로써 이 동시적 존재를 더할 나위 없이 명확하게 과정[19]으로서 인식했다. 이때 중요한 것은, 마르크스가 말하고 있는 것은 자연적 한계들의 후퇴이지 그것들을 사라지게 하는 것이 아니며, 자연적 한계들의 완전한 극복이 결코 아니라는 사실을 강조하는 것이다. 그렇다고 해서 인간 존재의 이원론적 성질이 문제가 되는 것은 결코 아니다. 인간은 직접적으로 한편으로는 인간적, 사회적 존재이고 다른 한편으로는 자연의 일원인 것이 결코 아니다. 또, 인간의 인간화, 인간의 사회화란 인간의 존재가 예컨대 정신(영혼)과 육체로 존재상 분열되는 것을 의미하는 것이 아니다. 다른

18) 옮긴이 : "자연적 한계들의 후퇴"(*Zurückweichen der Naturschranken*)에 관해서는 《자본 I -2》(카를 마르크스, 강신준 옮김, 길, 2008) 707쪽 참조.

19) 옮긴이 : "과정"은 "Prozeß"를 옮긴 말이다. 이 개념은 "존재" "역사성" "인간유(類)" 등과 더불어 루카치 존재론의 핵심 개념 가운데 하나다. 그렇기 때문에 이 책에는 이와 연관된 여러 단어가 등장하는데, 그것들을 다음과 같이 옮겼다는 것을 밝혀 둔다. 먼저 "Prozeßartigkeit" "Prozeßhaftigkeit"는 "과정성"으로, "Prozeßcharakter"는 "과정적 성격"으로 옮겼다. 그리고 동사가 명사화된 "Prozessieren"은 주로 "진행과정"으로 옮겼으며 이 단어를 현재분사로 만든 "prozessierend"는 "진행과정 중에 있는" "진행되는" 또는 "과정적〔인〕〔으로〕" 등으로 옮겼다. 한편, "prozeßhaft" "prozessual"은 "과정적〔인〕〔으로〕" "과정의" 따위로 옮겼다.

한편, 인간 존재의 기능들 가운데 언제나 자연적으로 정초되어 있는 기능들 또한 인류의 발전이 진행되는 과정에서 점차 사회화된다는 것이 밝혀진다. 누구나 다 이 과정을 명백히 알 수 있는 경우로, 영양 섭취와 섹슈얼리티를 생각해 보는 것으로 충분할 것이다. 그러나 이 때 — 이는 자주 일어나는 일인데 — 사회적 존재가 지닌 특정한, 많은 경우 부정적인 특징들을 자연에 떠넘겨서는 안 된다. 예컨대 사람들은 자주, 인간의 잔혹성을 "동물적"이라고 부른다. 동물들은 결코 잔혹하지 않다는 사실을 까마득히 잊고서 말이다. 동물들의 실존은 자기보존과 유(類)[20]의 재생산이라고 하는 생물학적 필연성들의 영역에 철저하게 종속되어 있다. 호랑이가 영양을 사냥하여 잡아먹을 때, 호랑이는 자연적으로 정해져 있는 자신의 재생산 내에서, 소가 풀밭에서 하는 짓과 똑같은 짓을 하는 것이다. 호랑이는 소가 풀에게 잔혹하지 않은 것과 마찬가지로 영양에 대해서 잔혹하지 않다. 원시인이 가령 전쟁 포로들을 고문하기 시작했을 때에야 비로소 나중에 점점 더 세련되어간 그 모든 후속현상을 지닌 잔혹성이 생겨난다. 〔인간의〕 인간화의 인과적 산물로서 말이다.

사회적 인간이 자연존재로서의 자기 자신을 대하는 이러한 태도는 객관적으로 보자면 하나의 과정, 그것도 불가역(不可逆)적 과정, 역사적 과정이다. 〔14〕 그렇기 때문에 인간들이 자신들의 가장 본래적인 이 존재적 성질을 올바로 인식하기가 그렇게도 어려운 것이다(그 이유들을 우리는 나중에 다시 다룰 것이다). 심층적 차원에서 통일

20) **옮긴이** : "유"(類)는 "Gattung"를 옮긴 것이다. 덧붙여, 이 책의 핵심어에 해당하는 "Menschengattung"은 "인간 유"로, "Gattungsmäßigkeit"는 "유적 성질"로 옮겼음을 밝혀 둔다.

적이자 당연히 과정적인 이러한 공속성(共屬性)〔사회와 자연에 동시적으로 속함〕에 대한 이원적 견해가 거듭해서 생겨난다. 물론 여기서 문제는 더 이상 단순한 "원시성"이 아니다. 그 반대다. 활동적 인간이 자기 활동의 자연적 기반과 사회적 기반에 대해 이원론적·배타적으로 관계하는 정신적 입장들을 만들어내는 것은 다름 아닌 사회와 문명의 발전이다. 그와 같은 이원론들이 여러 문명의 산물, 또는 적어도 한 문명 내의 여러 단계, 여러 사회계층의 산물이라는 것은 분명하지만, 이 자리에서는 그 역사적 개요를 대략적으로조차도 말할 수 없다.

이러한 현상들의 가장 일반적인 측면만 말하자면, 가령 무기적 자연에서 필연적인 것으로 입증되는 과정들의 범주들이 얼마나 자주 아무런 주저 없이 유기적 자연에, 심지어는 인간의 사회적 존재에 적용되었는지를 생각해 보기 바란다. 인간이 전적으로 생물학적 존재로 고찰되는 일이 얼마나 빈번한지, 심지어는 그의 심리조차 (철저히 생물학에서 도출되거나 경우에 따라서는 그것과 비교되는 가운데) 사회적 결정성들과 배타적·모순적으로 맞세워지는 일이 얼마나 빈번한지 생각해 봐야 하는 것이다. 그와 같은 편견들은 그것들이 (위에서 언급한 마르크스적 의미에서의) 이데올로기의 계기가 되고 그럼으로써 갈등을 자신들의 이해관계에 부합되게 해결하고자 하는 사회집단들의 노력에서 중요한 역할을 담당하게 됨으로써 거의 언제나 더욱더 완강하게 된다. 그러한 편견들은 이데올로기의 구성요소가 되기에, 아니, 상황에 따라서는 이데올로기의 중심점이 되기에 적합한데, 여기서 결코 잊어서는 안 될 것이 있다. 이러한 적합성은 대개, "단지" 부적절하게 유비적으로 일반화될 때에"만" 부정확한 존재규정들로 귀결되는, 어떤 식으로든 실재하는 존재규정들에 근거를 둔 것일 수 있는 것처럼 보인다는 것이 그것이다. 이것은 사회적 존재의 존재적 근본사실 곧 노동에서도 동일하게 나타난다. 마르크스가 밝혔다시피 노동은 의식적으로 수행되는 목적론적 정립으로서, 이 목적론적 정립은 실천적 맥락에서 올바르게 인식된 사실들에서 출발하여 그 사실들을 올바르게 이용할 때 인과적 과정들을 산출할 수 있으며, 그전에는 단지 자생적으로 작동하던 존재과정, 존재대상 등등을 수정할 수 있고, 심지어 노동 이전에는 결코 존재하지 않았던 대상성들을 존재하는 것으로 만들 수도 있는 그런 것이다(고도로 발달된 노동형식들만 생각하면 여기서 잘못된 길로 갈지 모른다. 예컨대 자연 속 그 어디에도 없는 바퀴는 비교적 초기단계에 발명·제작되었다). 따라서 노동은 목적론과 인과성 간의 이원론적으로 확립된 통일적인 상호관계를 존재 속에 집어넣는다. 노동이 생겨나기 전에는 자연에 단지 인과적 과정들만 있었다. 〔15〕 따라서 실제로 존재와 관련하여 볼 때 그와 같은 양면적 복합체는 단지 노동과 그 사회적 결과들에만, 사회적 실천에만 있는 것이다. 현실을 변화시키는 목적론적 정립의 모델은 이리하여 모든 인간적인, 다시 말해 사회적인 실천의 존재론적 토대가 된다. 이에 반해 자연에는 단지 인과적 연관관계, 과정 등등만 있을 뿐 어떠한 종류의 목적론적인 것도 없다. 쉽게 생각할 수 있는 유추, 즉 목적론적 정립을 그 현실적 진행의 전모가 파악되지 않은(사회발전의 특정 단계에서는 파악될 수 없었던) 자연적 과정들의 기반, 구성요소 등등으로 이해하는 유추는 한편으로 그러한 과정들에 대한 완전히 왜곡된 견해를 낳는다. 그러나 다른 한편으로 그러한 유추는 인간과 환경의 직접적 관계에서 자생적으로 도출되곤 하는 자연스러운 자생적 결과이기도 하다. 그래서 생겨나는 것이 습관인데, 이 습관 또한 비록 생활환경 및 세계를 대하는 인간의 태도에서 나타나는 그 지속성이 불변하는 사실들에 근거를 두고 있다 하더라도 당연히 역사적 과정성 속에서 이해되어야만 한다.

인간은 자연과 사회에서 그가 관계를 맺게 되는 무한한 수의 계기, 과정 등등으로 인해 자신의 목적론적 결정을 그것의 모든 요소와 결과 등등에 대한 지식과 예견 등등에 입각해서 수행할 수 없다. 이것이 인간적 실천의 목적론적 결정들의 근저에 놓여 있는 극복 불가능한 기반이긴 하지만, 사회에서 이루어지는 인간의 발전과 상호관계 속에 있는 인간적 실천은 필연적으로 (불가역적인) 과정적 방식으로 나타난다. 다시 말해 — 다소간 — 사유를 통해 또는 바로 실천을 통해 지배된 계기들의 지속적인 증대는 각각의 본질적 단계에서 질적으로 상이한 전체적 양상을 낳게 되며, 따라서 인간적 실천의 방식에, 그 실천을 준비하는 사유에, 그리고 그 실천에서 생겨나는 사유에 그때그때 질적으로 상이하게 영향을 끼친다.

이러한 영향들은 여러 측면에서 서로 구별된다. 실천적으로 무엇보다 중요한 것은, 존재에 대한 — 궁극적으로 — 그릇된 시각이나 최소한 불완전한 시각도 그때그때 일정한 수준에 도달할 수 있었던 실천을 위해 전적으로 충분해 보이는 기반을 제공할 수 있다는 점이다. 그렇게 생겨난 이론적 현실관을 넘어서 그 기초를 원칙적으로 비판하고자 하는 여하한 실재적 욕구도 사회적으로 존재하지 않을 정도로 말이다. 이와 관련해서는 그렇게도 오랫동안 과학적 주도권을 행사해왔던 프톨레마이오스의 천문학을 다시금 상기해 보는 것으로 충분할 것이다. 프톨레마이오스의 천문학은 이미 태양중심설들이 제기되어 있었음에도 불구하고 수백 년 동안 흔들림이 없었다. 앞서 암시했다시피, 물론 이는 지구중심설이 그 당시의 (종교적) 이데올로기의 중요한 욕구들을 충족시켰다는 사실과도 관련이 있다. 〔16〕 그런데 그와 같은 사태에 특징적인 점은, 사회적 발전에 의해 불러일으켜진 노동조건에 대한 새로운 욕구들이 중대한 이데올로기적 위기를 초래할 때도 자주 있지만 그 이론〔프톨레마이오스의 천문학〕을 통해 실제로 그랬던 것처럼 결국에는 충족되곤 한다는 것이다. 이러한 사실은, 그때그때 인간이 지니는 존재에 대한 상(像)은 그때그때 최대로 가능하고 상황에 걸맞게 정확히 작동하는 실천을 이론적으로 정초하기에 어떤 세계상이 적합해 보이는가 하는 데에도 달려 있다는 것을 보여준다. 실천, 특히 사회와 자연의 신진대사에서의 실천은 마르크스주의가 늘 강조해왔듯이 이런 식으로 이론의 시금석임이 입증된다. 그런데 역사적 맥락에서 올바른 이러한 관점을 그때그때 올바르게 적용할 수 있기 위해서는 역사적 상대성의 계기가 결코 간과되어서는 안 된다. 인류의 사회적 발전도 불가역적 과정이거니와, 바로 그렇기 때문에 이러한 시금석 또한 단지 과정적인 보편타당성을, 단지 그때그때의 사정에 따른 진리성(*eine Wahrheit nur jeweils rebus sic stantibus*)을 요구할 수 있을 뿐이다. 결코 완전히 인식할 수는 없는 그때그때의 존재규정들의 총체성은, 단지 부분적인 진리성만을 지니는 불완전한 이론들이 오랫동안 거침없이 작동하는 것을 사회적으로 가능하고 필연적이게 만들 뿐만 아니라, 그러한 이론들의 극복도 사회적으로 가능하고 필연적이게 만든다.

우리가 든 천문학의 예가 이미 보여주었다시피, 여기에 이데올로기적 욕구가 추가된다. 가장 원시적인 경우를 포함한 모든 인간적 사회화를 정초하는 토대인 노동은, 순수하게 자생적으로 작용하는 생물학적 욕구와 이에 대한 순수하게 생물학적인 만족의 영역에서부터 인간을 경향적으로 떼어 놓으며, 그 대신 그 본성상 즉각 선택적 성격을 띠는 목적론적 정립들을 규정적인 것으로 만든다. 그렇기 때문에 목적론의 내용을 정립하는 선택적 결정들을 그때그때 생생한 사회적 욕구에 부합되게 조절하는 사회적 규제자들이 맨 처음부터 필요하게 된다. 우리가 보았다시피 마르크스적 의미에서의 이데올로기도 이를 위해 있는 것이다. 물론 여기서는 나중에 정부와 법체계의 기능이 된 것과 같은 지시나 명령이 일차적으로 중요한 것일 수는 결코 없다. 그런데 우리는 비교적 고차적인 사회화의 단계들(계급사회들)에서만 생겨나는 법체계에서조차 그 법체계가 모든 경우에, 아니 다수의 경우에 한해서라 하더라도 (처벌을 동반하는) 통제를 위한 명령으로서 직접적으로 관철되어야만 한다면 제대로 작동할 수 없다는 것을 관찰할 수 있다. 이와는 반대로 그와 같은 모든 통제는 사회구성원들의 평균적인 실천적 행위방식이 이러한 지시들을 적어도 외면적으로나마 "자발적으로" 따르는 것을 전제로 한다. 법적 강제는 단지 상대적으로 적은 소수에 대해서만 효력을 가져야만 하며 또 그럴 수 있다.

〔17〕 일반적으로 잘 알려진 이러한 정황만 보더라도 각 사회의 작동을 위해 이데올로기가 얼마나 중요한지를 알 수 있다. 노동이 지속적으로 제대로 수행되면 날마다, 아니 매시간마다 끊임없이 갈등이 생겨난다. 이때 그 갈등에 대해 내리는 결정의 양상은 빈번히, 직간접적으로, 그때그때의 사회에 결정적으로 중요한 문제들을 포함할 수 있다. 그렇기 때문에 이데올로기는 — 궁극적으로 — 이러한

개별적 결정을 인간의 전체적 삶의 맥락 속에 편입시켜야만 하며, 또 결정을 내릴 때 사회의 전체적 이해관계를 염두에 두는 것이 자기 자신의 실존을 위해 반드시 필요한 일이라는 것을 개개인에게 이해시키려고 노력해야만 한다. 우리가 여기에서 전체의 이해관계라고 여기는 것의 내용과 형식은, 그때그때의 사회가 초창기일수록 그만큼 더 강력하게 이데올로기적인 성격을 띤다. 그도 그럴 것이, 어떤 발전단계에 있는 인간들이 현실적 존재를 파악할 수 있는 능력이 적으면 적을수록, 그들이 자신들의 존재경험으로부터 직접적으로 만들어내서, 그들에 대해 객관적으로 존재하지만 그들이 아직은 실질적으로 파악할 수 없는 존재 속에 유추를 통해 투사하는 그런 표상복합체들의 역할이 더 커질 수밖에 없다. 노동(그리고 이와 동시에 생겨나는 언어)이 그 당시 실질적으로 조망할 수 있는 삶에서 극히 작은 부분을 이루고 있기 때문에, 존재로서 파악된 이러한 투사물에서 그러한 표상복합체들이 결정적인 역할을 하는 것은 놀랄 일이 아니다. 주술적 표상들만 하더라도 노동의 가장 중요한 계기들의 (물론 아직은 완연히 비인격적인) 투사물이다. 더 고차적인 단계 곧 종교가 생겨나면 사물들의 이러한 상황은 의인화하는 상승을 겪게 된다. 여기에서 공통적인 계기는, 세계에서 일어나는 본질적 사건이 자체 내에 근거를 가진 사건이 아니라 어떤 (초월적인) 정립 활동의 산물로서 나타난다는 것이다. 자연종교의 모든 신들은 그와 같은 "노동기능"을 그들의 상상된 실존의 토대로 가지고 있다. 고전적 사례인 《구약》(舊約)에서는 이러한 노동 모델이 곧이곧대로 받아들여져서 심지어 휴일조차 〈창세기〉에 포함된다. 이미 주술이 알고 있었던 것처럼 사물과 과정의 이름을 부를 수 있는 능력을 통해 이루어지는 그 사물과 과정에 대한 지배는, 여기서도 초월적·창조적인 힘이 인간에게 양도되는 것으로서 나타나곤 한다는 점을 마지막으로 언급해 두도록 하자. 이러한 방식의 투사 결과 종교가 입안한 이데올로기 속에는 제 2의 현실이 생겨나는데, 이 제 2의 현실은 존재의 진정한 성질을 은폐하며 또 그 존재에 비해 한층 더 참되고 고차적인 존재의 기능을 떠맡고 있지만 이와 동시에 오랜 시간에 걸쳐 필수불가결한 이데올로기로서 실재적인 사회적 힘을 지니며, 그럼으로써 그때그때의 사회적 존재의 불가분한 부분을 이룬다. 사회적 실천과 사회적 존재에 직접적으로 영향을 끼치는 이 같은 실천적 힘이 사회적으로 약화되었을 때야 비로소, 〔18〕 존재 자체에서 생겨났지만 존재 자체를 왜곡하는 이 같은 첨가물로부터 존재를 벗어나게 하려는 이데올로기적 정화과정이 시작될 수 있었다.

그런데 진정한 존재에 부합하지 않는 세계상들이 사유 속에서 생겨나고 또 오랜 시간에 걸쳐 효력을 지니는 데에는, 인간 자신에 의해 수행된 사회적 행동에 대한 본질적인 무지에서 나온 이 같은 추론, 투사 등등만이 중요한 역할을 하는 게 아니라는 사실 역시 잊어서는 안 된다. 노동과정이 더 발전되는 가운데 사회는 그 본질이 근본적으로 다음과 같은 성질을 지닌 인식방식들, 즉 현실적 존재자를 더 참되고 더 정확하게 (무엇보다도 실천적으로 더 잘 지배할 수 있게) 인식할 수 있도록 돕는 성질을 지닌 인식방식들을 만들어낸다. 그런데 이러한 인식방식들은 그 자체가 발전되어가는 가운데 현실적 존재자로부터 멀어지게 할 수 있으며 또 자주 그렇게 하기도 한다. 여기서도 문제는, 인간이 선택적 결정을 할 때 그 모든 상황과 결과 등등을 완전히 다 알고 하기란 전혀 불가능하다는 것을 사회적 실천 중에 있는 인간은 자각할 수 없다는 사실이다. 그 결과 한편으로는, 앞서 우리가 밝혔다시피 많은 경우 그러한 이론들은 오랜 기간에 걸쳐 특히 사회와 자연의 신진대사에 유용한 행위들의 기반이 될 수 있다. 이와 보완관계를 이루는 반대 극으로서 이제 다른 한편으로 밝혀지는 것은, 이론적으로는 그 자체로 올바르고 유익하며 불가결한 이론적 방법들도 인간들로 하여금 존재에 대한 올바른 파악에서 멀어지게 할 수 있다는 점이다. 여기에서는 수학만 보도록 하겠다. 사회적 생산의 발전과 인간의 올바른 존재상(存在像)에서 수학이 점하는 획기적인 진보적 의의에 대해서는 자세히 논할 필요가 없다. 그렇지만 우리가 존재의 올바른 파악을 추구할 때, 수학적인 것을 존재의 보다 본래적인 진정한 실존방식으로 파악했던 피타고라스(Pythagoras)의 이론만 하더라도 얼마나 존재를 오인토록 했는지 잊어서는 안 된다. "수학적 이성"의 과잉에 의한 바로 이런 부류의 존재변조는 오늘날에는 더 이상 통용되지 않는다. 수백 년 동안 행해져온, 순수 수학적으로는 대단히 가치 있는 경우가 왕왕 있는 점성술적 연관관계들의 수학화도 사정은 마찬가지다. 점성술적 연관관계들의 수학화를 방법론의 차원에서 상기시키는 것은 유용한데, 존재하지 않는 연관관계를 더할 나위 없이 완벽하게, 내적인 오류 없이, 수학 내적인 차원에서 볼 때는 대단히 가치 있게 수학적으로 다룬다고 해서 그러한 연관관계가 실제로 존재하는 연관관계로 바뀌는 일은 결코 있을 수 없다는 점을 아주 분명하게 해 주기 때문이다. 이를 상기시키는 것은 오늘날 유익한데, 현대 자본주의의 시장부합적 조작방법들, 그리고 스탈린적 방법들의 정신적 유산인, 조야하게 조작하는 각종 계획과 전술적 지침들, 이 양자 모두 동일하게 존재의 발전을 과정으로서 파악하지 않는 사고습관을 키워냈기 때문이다. 〔19〕 그와 같은 사고습관에 따르면, 과정의 내용, 방향 등등은 "올바로" 사용된 외삽법[21]에 근거하여 오류 없이 규정될 수 있다. 그런데 이때 잊고 있는 것은 단지 다음과 같은 "사소한 일"이다. 즉, 순수 수학적인 과학들의 동질적 매체에서는 외삽법이 거의 무제한 실행될 수 있는 것이 사실이나, 존재를 논하는 순간 모든 외삽법 앞에는 다음과 같은 문제가 제기될 수밖에 없다. 즉, 그때그때 다루어야 하는, 구체적인 과정성 속에 있는 과정이, 외삽법을 통해 그 현실적 경향들이 적합하게 표현되는 그런 존재상(上)의 성질을 띠는 것인지 아닌지 하는 문제 말이다. 칸트는 수학에서 가능한 연관관계들의 비(非)인과적 성격을 지적했는데, 그럼으로써 그는 실재적 존재과정들에 수학을 적용할 수 있는 가능성이 지니는 이 같은 존재론적 한계를 올바로 알아차렸다. 인공두뇌학에 기초한 기계를 모든 사고의 모범적 모델로 간주하는 "세계관", 따라서 질(質)로 정향된 경험부합적인 존재 고찰 일체를 낡아빠진 사고방식이라 비웃는 그런 "세계관"만이 그러한 구상들의 체계화에 이를 수 있다. 이때, 존재론의 차원에서 오래전부터 고대되었던 "수학적 이성비판"이, 사회적 존재 자체에 의해 순수한 양화(量化)가 사고에 강요되는 영역들(경제에서의 화폐)에서 생겨날지도 모른다. 가령 화폐연관, 화폐관계 등등의 수학화로부터 사회의 경제적 존재와 관련된 결론들이 무비판적으로 도출될 수 있기 전에, 예컨대 이러한 현상방식

---

21) 옮긴이 : "Extrapolation"을 옮긴 말이다. 보외법(補外法)이라고도 한다. 주어진 자료들 사이의 내적인 틈을 메워나가는 추론의 방법과는 달리, 주어진 자료들로부터 출발하여, 그것들의 밖으로 나아가 주어지지 않은 것들에 대해서 미루어 짐작해가는 추론의 방법이다.

이 얼마만큼이나 경제적 현실을 적절하게 표현하는지를 그때그때 방법론적·존재론적·비판적으로 탐구하기 위해서 말이다(물론 존재론적 비판이 수학의 본질과 적용가능성에만 국한되어서는 안 된다. 세계의 연관관계를 발견하는 모든 "고차적" 방식들(인식론, 논리학, 방법론)은 그 결과들이 존재상 올바른 것으로서 인정될 수 있기 전에 먼저 그와 같은 비판을 견뎌내야만 할 것이다).

인과성과 목적론에 대한 상이한 입장들

이 서설(序說)〔《프롤레고메나》〕은 그러한 비판을 극히 일반적이고 대략적으로만 보여줄 수 있다. 사회존재론의 문제들을 구체적으로 다룰 때 우리는 이런 유의 몇 가지 중요한 문제로—여기서 이미 대강 암시하긴 했지만—다시 돌아갈 것이다. 우리가 시도하는 것은 여기에서 나타나는 문제복합체들의 극히 일반적인 윤곽을, 최소한 그것들의 가장 중요한 규정들을 통해 그려 보는 것이다. 지금 우리가 이러한 시도를 계속하려면 무엇보다도 먼저 세 가지 중요한 존재양식(무기적 자연과 유기적 자연, 사회)의 발생론적 공속성과 질적 상이성을 간단히 다루어야만 한다.

그런데 이때 생겨나는 문제들은 인과성과 목적론의 문제를 다루지 않고서는 극히 피상적으로조차도 파악될 수가 없다. 〔20〕 전체적으로 보아 이 문제복합체〔인과성과 목적론〕가 현실 일반의, 실제로 작용하는 서로 다른 두 가지 일반적 결정형식으로 파악되곤 했다는 것을 우리는 철학사를 통해 알고 있다. 인식론적인 추상의 수준에서는 이것이 아주 당연해 보일지도 모른다. 하지만 존재 자체에서는 전혀 그렇지가 않다. 자연은 오직 인과적 행태만을 알 뿐이다. 칸트는 유기체들의 적응 활동을 "목적 없는 합목적성"이라고 부르는데, 이는 철학적인 의미에서도 극히 재치 있는 표현이다. 유기체들이 자기재생산을 할 수 있기 위해 환경에 대해 존재상 계속해서 자생적으로 행하지 않을 수 없는 반응의 특수성을 적절하게 시사하는 표현이기 때문이다. 이때 무기적 자연에는 어떠한 유사한 것도 있을 수 없는 그런 과정들이 발생한다. 그런데 이 과정들은 특유의 생물학적 합법칙성들에 의해 결정되어 있으며, 또 그 과정들을 그때그때 진행시키는 무기적 · 유기적 환경의 저 과정들이 그렇듯이 자생적으로 작동하는 인과성 속에서 이루어진다. 비록 고등동물들의 경우 이 과정들이 일종의 의식성에 의해 주재(主宰)되고 있다 하더라도, 그것은 궁극적으로 그들 삶의 인과적 · 생물학적인 합법칙성들의 부수현상이다. 그렇기 때문에 칸트의 규정에서 "목적 없는"이라는 말은 아주 재치 있는 것인데, 왜냐하면 — 순수하게 인과적인 결과와는 반대로 — 과정 자체가 존재론적으로 목적의 본질을 가리키며, 또 그 목적의 본질이 뭔가 의식적인 것의 의식성을 통해 정립된 것은 아니면서도 그렇게 정립되어 있는 것처럼 보이기 때문이다. 마르크스가 노동의 일차적 개념을 말하는 곳에서 강조하고 있는 것이 바로 이 계기이다. 그는 동물적 "활동"의 특정한 산물들이 경우에 따라서는 인간 노동의 산물보다 더 완벽할 수도 있다는 것을 부인하지 않는다. 그는 다음과 같이 설명한다. "하지만 아무리 서툰 건축가라도 가장 우수한 꿀벌과 처음부터 뚜렷하게 구분되는 점은, 건축가는 밀랍으로 벌집을 짓기 전에 그것을 자신의 머릿속에서 짓는다는 사실이다. 노동과정의 시초에 이미 노동자의 표상 속에 존재했던, 따라서 이미 관념적으로 존재했던 결과가 노동과정의 마지막에 나온다. 그는 자연물의 형태변화를 야기할 뿐만 아니라 동시에 자연물 안에서 그가 알고 있는 자신의 목적을 실현하는데, 그 목적은 법칙으로서 그의 행동방식을 규정하며 또 그는 자신의 의지를 그 목적에 종속시키지 않으면 안 된다."[22] 여기에서 개념적 윤곽이 그려진 사태가 점차 어떻게 사회에서 활동하는 인간의 사회적 활동에 대한 모델이 되었는지를 밝히는 것이 노동 분석의 과제일 것이다. 〔21〕 그렇지만 여기서 인용한 마르크스의 규정을 마르크스적 의미에서 그와 같이 확대한다 하더라도, 목적론적 정립은 결코 진행과정 중에 있는 대상들 자체의, 인과성에 부속되거나 인과성과 대립되는 운동 원리가 되지 않는다. 이러한 〔목적론적〕 정립방식이 가동시키는 과정은 본질적으로 언제나 인과적 과정으로 머물러 있다. 사회와 자연의 신진대사 과정에서 행해지는 모든 목적론적 행동에 있어 이 목적론적 행동이 작동시키는 것은, 그것과는 무관하게 존재하는(비록 많은 경우 발전과 더불어 증가하는 것이긴 하지만), 목적론적 행동을 준비하는 과정에서 발견된 자연적인 법칙성들이다. 목적론적 행동은 자연에는 없는 새로운 대상성 형식을 이 자연적 법칙성들에 각인할 수 있다(다시 바퀴를 생각해 보길 바란다). 그러나 이 모든 것이, 목적론적 정립을 통해 다름 아닌 인과계열들이 가동된다는 근본사실에서 바꾸는 것

---

22) Marx: *Kapital I*, Hamburg, 1914, p. 140. 〔《자본 I-1》, 카를 마르크스, 강신준 옮김, 길, 2008, 266쪽〕

은 아무것도 없다. 고유한 목적론적 연관관계, 과정 등등은 결코 그 자체로 실존하지 않기 때문이다. 어떤 목적론적 작용연관을 가정하는 것은 존재상 불가능하다는 것은 진작 밝혀졌다. 가령 마이스터 에크하르트[23]는 목적론적 발전계열과 인과적 발전계열의 차이를, 하느님은 아이에 앞서 어른을, 달걀에 앞서 닭을 창조하는 반면, 자연은 아이로부터 어른을, 달걀로부터 닭을 발생시킨다는 말로 특징지은 바 있다. 여기에서 목적론적 정립(하느님)과 인과적 진행(자연)의 대립이 정확히 대비되고 있는데, 바로 이로부터 분명해지는 것은, 현실에는 목적론적 작용연관들이 존재한 적이 결코 없었으며 또 존재할 수도 없었다는 점이다. 목적론적 정립이 목적론적 운동과정으로 확장되는 것은 순전히 관념 속에서 이루어진다는 점만 보더라도 목적론적 작용연관은 본래 불가능한 것임을 알 수 있다. 이러한 맥락에서 엥겔스(F. Engels)가 자유와 필연의 관계에 대한 헤겔의 규정에 기대어 다음과 같이 말한 것은 옳았다. "자유란 자연적 법

---

23) **옮긴이**: 마이스터 에크하르트(1260?~1328)는 원문에는 Meister Eckart로 표기되어 있는데 보통은 Meister Eckhart(또는 Eckehart)로 적는다. 기독교 신비주의자인 그는 중부 독일의 호흐하임이라는 마을에서 태어난 것으로 추정된다. 뛰어난 스콜라 철학자이자 성경연구가로, 그리고 교육받지 못한 대중들에게 고도의 사변적 내용을 전달한 탁월한 설교자로 유명하다. 그는 특히 초기 루카치에게 많은 영향을 미친 사상가 중 하나인데, 루카치가 1911년(헝가리어)과 1912년(독일어)에 발표한 에세이 "마음의 가난에 관하여: 한 편의 대화와 한 통의 편지"(《소설의 이론》, 게오르크 루카치, 김경식 옮김, 문예출판사 2007, 194~219쪽 참조)는 에크하르트의 유명한 설교 주제를 제목으로 따온 것으로서, 에크하르트적 의미에서의 "선"(*Güte*)—근대 윤리학의 중심 범주인 "선"(*das Gute*)과는 다른, "좋음", "선량함" 등으로 옮겨지기도 하는—의 문제를 다루고 있다.

칙들로부터의 몽상적 독립에 있는 것이 아니라 이 법칙들의 인식에 있는 것이며, 이러한 인식을 통해 주어진 가능성, 즉 자연적 법칙들을 계획적으로 특정한 목적을 위해 작용케 할 수 있는 가능성에 있다."24) 따라서 자유는 — 물론 여기서는 목적론적인 정립에서의 선택적 결정만 특징짓는 자유인데 — 특정한 사회적 목표의 실현을 위해 자연적 인과성들(자연적 법칙들)을 실천적으로 정확한 인식에 근거하여 사회적으로 이용하는 것을 의미한다. 그런데 사회적으로 심대한 결과를 낳는 이런 유의 이용도— 엥겔스는 올바르게도 마찰열의 발견을 증거로 끌어대고 있는데 — 새로운 자연적 연관관계를 야기할 수 있는 것이 아니라, 사회적 욕구의 충족을 위해 자연적 연관관계를 단지("단지"!) 올바로 이용하는 것에 불과하다.

〔22〕 무기적 자연과 유기적 자연의 차이에 대한 칸트의 해석은 다름 아니라 인과성과 목적론의 연관 및 대립과 관련된 것이었다. 그의 그 해석이 이룬 큰 공적은, 그가 "목적 없는 합목적성"에 의해 작동되는 과정들에 있어 그 과정의 인과적(칸트의 말로는 "기계적") 성격의 필연적 지배를 확고히 보전한 점에 있다. 유기적 자연의 과정들이 유기적 복합체들의 재생산 영역 곧 "목적 없는 합목적성"의 영역에 속한다는 사실은, 존재에 부합되게 이루어지는 그 과정들의 작동이 지니는 이 극복 불가능한 인과적 성격에서 존재상 아무것도 바꿀 수 없다. 이로써 칸트는 자연의 두 번째 존재세계〔유기적 자연〕의 근본적 사실들에 사상적으로 아주 가까이 다가갔다. 그럼에도 불구하고 그가 그 사실들을 그의 세계상(世界像) 속에 확실하게 끼워 넣을 수 없었었던

---

24) Engels: *Anti-Düring*, *MEGA*, p. 118.

것은 그가 지닌 인식론적 입장 때문이다. 널리 알려져 있다시피, 그는 인식능력으로부터 현실을 근거지우려 하지 존재로부터 인식을 근거지우려 하지 않는다. 그렇기 때문에 그에게는 근본적이고 확고하게 오직 두 가지 영역만이 실존하는데, 기계적인 인과성과 자유의 자유로운 (의식적으로 목적을 정립하는 주체를 통해, 그것도 윤리라고 하는 정신적으로 최고의 수준에서 산출되는) 행동이 그것이다. 그런 까닭에 유기적 자연의 존재기반으로서의 목적 없는 합목적성에 관한 그의 천재적인 직관은 그것이 구체적으로 적용될 때는 약화될 수밖에 없다(이는 그러한 근본적 관점〔인식론적 관점〕에 따른 논리적으로 필연적인 결과이다). 그렇게 인식된 존재형식들은 현상세계를 적당히 (기계적으로) 인식에 따라 구축하는 지성세계(*Verstandeswelt*)의 대상은 될 수 없고 오직 판단력의 대상, 여기서는 단지 규제적으로만 사용될 수 있는 그런 판단력의 대상이 될 수 있을 뿐이다. 규제적인 것(*das Regulative*)이라고 하는 이 개념을 통해 그 새로운 존재인식이 인식론적으로 기초가 세워진 그의 체계 속에 형식적으로 삽입될 수 있는 것은 사실이다. 하지만 존재의 관점에서 볼 때 그는 이에 대한 대가를 치르지 않을 수 없는데, 그 체계 속에서 새로운 현상은 단지 우연적 합목적성의 맥락에서만 나타날 수 있다. 이는 칸트가 이 영역에로의 접근을 구체화할 때마다 매번 드러나는 일이다. 게다가 칸트는 환경과 상호작용하면서 자기 자신을 재생산하는 유기체라는 새로운 존재양식에서 출발하지 않는다는 사실도 드러난다. 무기적·유기적 자연을 유기체에 대한 "환경"으로 보는 시각은 오로지 그렇게 출발함으로써만 생겨날 수 있는데, 칸트는 오히려 다음과 같은 물음, 즉 환경이 된 자연, 아주 많은 경우 유기체에서 유래하는 그 자연이 그 본질에 따라, 따라서 객관적으로 이러한 기능 쪽으로 목적론적으로 정향되어 있었던 건 아닐까 하는 물음을 던진다. 여기서 그는 — 올바르게도 — 객관적으로 작용하는 목적론을 부인한다. 그럼으로써 그는 — 마찬가지로 올바르게 — 〔목적론과 인과성이〕 함께 작용하는 데에서도 객관적 목적론을 부인할 수밖에 없으며, 오로지 "우연적인 합목적성"만 유효하게 만들 수밖에 없다. 이것이 특히 이전에 통용되었던 소박한 목적론적 자연관에 비해 아무리 진보한 것이라 할지라도, 〔23〕 이러한 사유는 스스로를 재생산하는 유기체와 그 환경의 본질적 관계를 간과하는 것이며, 그럼으로써 유기적 존재의 존재론적 근본문제를 간과하는 것이다.[25] 이로부터 그의 유명한 발언, 즉 "의도에 의해 질서가 세워지지 않은 자연법칙들에 따라 풀줄기 하나의 산출이라도 설명해 줄 뉴턴(I. Newton) 같은 사람이 언젠가 나타날 수 있으리라고 기대하는 것"은 "불합리한"[26] 일일지도 모른다는 그의 발언이 이해될 수 있다. 바로 "풀줄기 하나의 뉴턴"이 되었던 다윈(Ch. Darwin)과 그의 위대한 선행자들은 — 어느 만큼이나 의식적인 존재론적 방식으로 그랬던지와는 상관없이 — 늘 유기체의 이 근본적인 존재적 성질 자체에서 출발했으며, 그리하여 실제로 존재하는 그 본질의 발견자가 될 수 있었다. 마르크스 학설과의 존재론적 연관관계가 칸트의 천재적 직관이 아니라 다윈 등에서 생겨난 것은 우연이 아니다. 다윈을 읽은 후 엥겔스에게 보낸 편지에서 마르크스는 다음과 같이 적고 있다. "비록 거친 영어로 개진되고 있지만, 이것은 우리의

---

25) Kant: *Kritik der Urteilskraft, Phil. Bibl. Bd.* 39, Leipzig, 1902, p. 63.
26) *Ibid.*, p. 277.

견해를 위한 자연사적 기초를 포함하고 있는 책이다."[27] 여기서 발전되어 나온 방법론의 관점에서 보건대, 칸트의 극히 흥미로운 시도가 바로 그의 방법의 인식론적 근본입장 때문에 아무런 발전도 낳지 못하고 막다른 골목에 빠져들고 말았다는 사실은 언급해 둘 가치가 있어 보인다. 이는 뉴턴의 반(反) 역사주의를 인식론적 기반으로 삼았던 주저(主著)〔《순수이성비판》〕의 인식론 이전에 천문학적 연관들을 최초로 역사화했던 그의 천재적인 청년기 작업이 그의 이후의 철학적 발전에 아무런 효력도 발휘하지 못했던 것과 흡사한 현상이다.[28] 어떻게 칸트의 인식론이 존재에 대한 인식과정에서 하나의 방편으로 있지 않고 존재에 대한 현실적 인식을 방해하고 있는지가 여기에서 아주 분명하게 드러난다. 유기적 존재에 대한 분석에서 칸트는 유기적 존재의 참된 성질에 아주 가까이 다가갔다. 그런데 무기적 자연의 참된 성질에서 출발하여 그 무기적 자연의 존재규정들을 탐구하지 않고 오히려 그 인식규정들의 추상적 · 일반적인 이론이고자 한 그의 인식론(선험적 종합판단, 물 자체의 인식불가능성 등등) 탓에 칸트는 유기적 존재의 중요한 존재규정들을 발견한 후 그것들을 존재의 진정한 인식원리들로 발전시킬 수가 없었다. 그러한 존재규정들은 그의 추상적인 인식론적 체계 속에 삽입될 수 없었기 때문이다.

〔24〕 여기에서 우리는 이 단순한 사실적 연관관계를 확인하는 것으로 만족할 수밖에 없다. 그와 같이 그릇된 구성에 큰 역할을 하는 이

---

27) *MEGA*, *III. Abt. Bd.* 2, p. 533.

28) 따라서, 다름 아닌 엥겔스가 이 청년기 작품의 획기적인 의의를 거듭 지적했던 것 또한 우연이 아니다. 예컨대 Engels: *Anti-Dühring*, *MEGA*, p. 26 참조.

데올로기적 모티프들은 뒤에 가서야 다시 다룰 수 있다.

존재양식들의 본질과 관계에 대한 존재론적인 파악을 위해 칸트가 때때로 훌륭한 시도를 했지만, 방법론상 인식론에 근거를 두고 있는 그의 체계 탓에 그러한 시도는 결국 덮여졌으며, 특히 과학적 인식을 위해서는 아무런 효력도 갖지 못하게 되었다. 이에 반해 객관적 관념론을 통해 칸트를 극복하려는 헤겔의 시도에서는 모든 — 여하한 성질의 것이든 — 존재의 궁극적으로 역사적이고 과정적인 성격의 계기가 방법론상 지배하고 있으며, 따라서 존재는 인식론적 왜곡을 겪을 필요가 없다. 하지만 그 대신 헤겔의 경우에는 모든 존재연관에 있어서 그 내적 본질상 존재론적인 모든 정황이 논리학적으로 처리됨으로써, 모든 존재연관은 체계적·논리주의적으로 바뀌어 해석되었다. 세계상의 전체 구조 속에서 인과성과 목적론이 맺고 있는 관계 또한 이러한 운명을 겪게 된다. 그렇기 때문에 헤겔의 체계 속에서 목적론은 이념의 대자화(對自化, *Fürsichwerden*)를 위해 논리적으로 필요한 연결고리로서 장착되었다. 그래서 목적론은 이미 순수 논리적 부분에서 "기계적 작동(*Mechanismus*)과 화학적 작동(*Chemismus*)의 통일로서"[29] 나타난다. 그런데 존재상(上) 이러한 주장은 지탱될 수가 없다. 기계적 작동과 화학적 작동이 함께 작용한다고 해서 반드시 목적론이 산출되는 것은 아니다. 그러한 공동작용은 물론 목적론적 정립들 속에서 자주 나타날 수 있는데, 설사 그렇다 하더라도 그것은 순전히 인과적인 상태에 머물러 있다. 그러한 공동작용으로부터 어떠한 종류의 목적론도 도출될 수 없다. 여기에

29) Hegel: *Enzyklopädie*, 194절. 부언 2.

서 헤겔은 목적론적 정립들이 아니라 자연적 과정들 자체에서 출발함으로써 첫째, 기계적인 것과 화학적인 것의 공존이 중요한 자연적 사실이긴 하지만 목적론으로 가는 발전단계는 아니라는 점을 간과한다. 그러한 공존은 이미 무기적 자연의 일반적 대상성에 속하는데, 무기적 자연에서 그것은 그 자체 목적론과는 아무런 관계도 없이 하나의 중요한 과정적 계기를 이루고 있다. 따라서 헤겔의 견해에 따를 경우, 목적론적 과정들은 존재의 전(全) 과정의 구체적인 특정단계(노동)에서 나타날 필요 없이 수많은 자연 현상의 본질적 계기가 될 것이다. 그런데 이렇게 되면 헤겔의 논리학화된 변증법적인 구성 전체는 스스로를 폐기하지 않을 수 없게 될 것이다. 헤겔 자신도 이러한 불충분성을 감지한 듯한데, 자연철학에서 이 연관관계를 한층 더 구체적으로 서술하는 대목에서 다른 — 물론 그릇된 것이긴 마찬가지인 — 길을 걷고 있기 때문이다. 구체적으로 말하자면, 여기에서 생명의 발생은 다음과 같이 세 단계로 나누어진다. 〔25〕 "유기적 자연학"이라는 제목을 단 장(章)에서 "지질학적 유기체"로 순서가 시작되며, 이로부터 "특수한 형식적 주체성"으로서 식물세계가 도출되고, 이어서 "개별적인 구체적 주체성"으로서 동물세계가 도출된다.[30] 이러한 규정들의 실제적 문제들, 특히 "무생명체로서 실존하는 기계적이고 물리적인 자연의 총체"로 그 성격이 기술되고 있는(사실 이것만 따로 떼어내어 고찰할 경우 전적으로 잘못된 기술은 아닌데) 첫 번째 규정의 실제적 문제들은 차치하더라도, 어떻게 무기적 과정들의 단순한 총체가 유기적인 것으로 바뀔 수 있는지가 전혀 존재에 부

---

30) *Ibid.*, 337절.

합되게 해명되어 있지 않다. 헤겔이 기술한 과정들은 무기적 자연의 과정성이 어떻게 그 불가역성 속에서 표현될 수 있는지에 대한 올바른 상을 제공한다. 그렇지만 그 과정들은 존재상 무기적 자연의 과정들로 머물러 있다. 그 과정들은 어떤 구체적(우연적) 상황에서 생명 발생을 위한 토대를 만들어낼 수 있다. 하지만 이 일은 과정에 내재하는 가능성 가운데 하나일 뿐이지 결코 그 과정에 고유한 본질은 아니다. 설사 이 일이 실현된다 하더라도 무기적 과정은 예전 그대로 머물러 있다. 따라서 그러한 과정들과 유기적 자연의 결합은 순수 논리주의적인 구성인데, 이를 통해 그러한 계기들의 지배가 헤겔의 경우 그의 전체 구상의 은밀한 목적론적 계기들과 얼마나 자주 결합되어 있는지도 동시에 드러난다. 노동의 목적론[31]에 대한 본질적으로 올바른 파악은 그리하여 — 전체가 내용상 칸트에서와는 전혀 달리 인식론적으로가 아니라 논리학적으로 왜곡되어 있는 곳에서 — 하나의 천재적인 에피소드로 머물러 있다. 물론 헤겔의 경우 이러한 에피소드가 사회적 존재와 관련해서는 현실적이고 진짜 존재적인 결과들도 가질 수 있다.

목적론의 존재론적 성질, 존재의 전(全)과정에서 그것이 점하는 위치, 그것이 인과성의 일반성과 맺는 관계 등은 존재에 부합되게 편견 없이 고찰할 경우 극히 간단하게 간파될 수 있다. 그럼에도 불구하고, 사유를 통해 때로 근본현상에 비교적 가까이 다가갔던 사상가들을 포함하여 가장 위대한 사상가들에게도 극히 혼란스러운 현저한 모순들이 생겨나는 것을 보게 된다. 그렇기 때문에 칸트의 경

31) *MEGA, I. Abt. Bd.3*, p.156.

우에는 인식론적 방법의 우선성이, 헤겔의 경우에는 논리화의 "전능함"이 사상적 왜곡의 중요한 원천임을 지적하는 것이 우리에게 필요한 일로 보였다. 목적론의 존재론적 위치에 대한 올바른 규정은, 우리가 볼 수 있었다시피 전체 문제에 대한 올바른 입장을 획득하는 데 아주 중요한 계기가 된다.

〔26〕 그렇지만 목적론의 존재론적 위치를 올바로 파악한다고 해서 혼란스러울 수 있는 것들이 전부 말끔하게 처리될 수 있는 것은 아니다. 이때 올바른 방법으로 가는 길을 최소한 아주 일반적으로나마 암시라도 하기 위해서 꼭 말해 두어야 할 것은, 세 가지 중요한 존재방식의 궁극적인 존재적 통일성뿐만 아니라 이러한 통일성 내에서 그것들이 지니는 구조적 차이, 그리고 세계의 거대한 불가역적 존재과정들 속에서 이루어지는 그것들의 연속적·중첩적 발생을 존재론적 자각의 핵심으로 받아들이는 것이 근본문제라는 사실이다. 이때 한 존재양식에서 진행되는 과정의 구체적 방식을 다른 존재양식들(혹은 적어도 다른 한 존재양식)에 절대적인 구속력을 지닌 것으로 여기는 것은 철학에서든 과학에서든 아주 쉽게 일어날 수 있는 일이지만 그럼에도 불구하고 심히 잘못된 것이다. 존재에 대한 종교적 왜곡을 제외하고 볼 때 이와 관련해 가장 친숙한 사례는 옛 유물론이다. 그것은 무기적 자연 속의 모든 대상성과 과정의 인과연쇄를 존재 전체에도 절대적으로 구속력이 있는 것으로 여겼다. 한층 더 복잡한 존재 모두에 대해서도 존재기반을 제공하는 불가역적인 과정들을 지닌 존재가 무기적 자연에 주어져 있다고 보는 옛 유물론의 출발점은 비록 옳지만, 유기적 자연 및 사회적 존재의 존재기반에 대한 구체적 파악은 그와 같은 방법으로는 완전히 왜곡될 수밖에 없다. 무기적 자연과 유

기적 자연 그리고 사회적 존재, 이 세 가지 존재양식에 내재하는 인과성의 법칙들은 무기적 자연의 불가역적 과정들에 의해 그 기초가 세워져 있는데, 이는 극복 불가능한 것이다. 그러나 사회적 존재에서의 두 항, 즉 목적론적 정립과 이를 정초하는 선택적 결정이라는 두 항에서 이뤄지는, 유기체들의 자기재생산을 수정하는 작용을 간과하거나 잘못 적용하는 사람은 그릇된 결론에 도달할 수밖에 없다. 물론 예컨대 생물학적 영역의 운동방식들이 인식 모델로서 그와 같은 독점적 위치로 격상된다 하더라도 더 나을 게 전혀 없다. 생로병사(生老病死)의 인생행로처럼 생물학적으로 결정되어 있는 것이 확실한 곳에서도 이 같은 독점적 규정은 왜곡을 낳을 수밖에 없다. 이처럼 잘못 일반화하는 전횡과 결부되어 있는 위험을 보여주는 가장 대표적인 사례가 심리학인데, 여기에는 무엇보다도 오늘날 대중적으로 널리 알려진 이른바 심층심리학 곧 프로이트주의도 포함된다.32) 생물학적으로 결정되어 있는 인간의 정신활동이 유일한 존재기반이 될 뿐만 아니라 또한 완전히 독자적으로, 생물학적 삶마저도 궁극적으로 규정하는 것으로서, 인식 일반의 기반으로서 나타날 때, 이러한 상황은 자연히 더 악화된다. 〔27〕 이 두 경우〔옛 유물론과 심층심리학〕에서는 인간의 목적론적인 선택적 결정에서 인간에게 고유한 활동성의 유일한 원천으로 작동하는 것처럼 보일 때가 많은(이러한

---

32) 이 문제를 포착한 것은 에리히 프롬(Erich Fromm)의 업적이다. 곧 발간되기를 희망하는 그의 책 《정신분석의 위기》(*La crise de la psychoanalyse*)의 한 부분인 그의 다음 논문을 참조하라. “프로이트에서의 인간 모형과 그 사회적 결정 인자”(“*Le modèle de l'homme chez Freud et ses déterminants sociaux*”), 실린 곳: 《인간과 사회》(*L'homme et la société*), 1969, 제3호.

'외양'은 물론 사회적 존재에서는 간과해서는 안 될 하나의 실재적인 계기인데) 저 의식활동이 존재상 단독으로 인간의 실천 및 인간 실존의 현실적 토대를 이룰 수도 있을 사태는 사라지고 만다.

근대 과학의 발전과 관련해서 본 인식론의 이데올로기적 성격

여기에서 중요한 것은 그렇게 생겨나는 모든 오류의 가능성을 열거하거나 반박하는 것이 아니다. 이 일반적인 서설에서는, 몇 가지 계기들을 따로 떼어내 전권을 행사하게 만듦으로써 사회적 존재에서 존재상 결정적으로 중요한 것을 관념적으로 통일되게 파악할 수 있게 만드는 모든 방법은 언제나 사회적 존재의 참된 성질에 대한 왜곡된 상을 낳을 수밖에 없다는 사실을 밝히면 족하다. 존재에 부합되게 언제나 (가장 넓은 의미에서의) 인간의 실천에 대한 이론적 해명 시도에서 출발해야만 하는, 사회적 존재에 대한 사상적·과학적 처리 없이는, 객관적으로 근거지어진 신뢰할 수 있는 존재론이란 있을 수 없다. 실천 자체가 사회적 존재의 본질에 대한 가장 중요하고도 직접적인 암시를 직접적으로 제공하는 것이 사실이며, 또 실천의 객관적 핵심이 진정한 비판적 존재론을 위해 없어서는 안 되는 것이 사실이다. 하지만 사회적 존재에 대한 이러한 직접적 암시를 통해서는 사회적 존재를 그 직접성의 면모를 간직하는 가운데 올바로 파악하기가 힘들다. 그러한 파악을 위해서는 과학의 발견들이 반드시 필요하다. 하지만 이때 과학에 대해서도 비판적 관점을 취해야만 한다는 것이 — 과거와 현재의 지배적 사고습관에 맞서 — 분명하게 강조되어야만 한다. 존재에 대한 종교적 해석이 정신적으로 특권적인 위치, 다시 말해 유일하게 권한을 지닌 혹은 적어도 모든 것에 앞서는 권한을 지닌 위치를 점한 채 권위 있는 해석방식으로 여겨졌던 시대는 본질적으로 끝났다. 종교에서 해방된 이데올로그라고, 과학자라고 자처하는 사람들 가운데에서조차도 존재론과 관련해서는 종교적으로 결정된 명제들을 유의미한 것으로 취급하는 사람들이 오늘날에도 여전히 많긴 하지만 말이다. 이에 비해 오늘날까지도 — 물론 마르크스는 별도로 하고 — 과학적 방법들 자체의 존재론적 유관성에 대한 진정한 비판적 고찰은 아주 드물다. 이는 충분히 이해할 만한 일이다. 그도 그럴 것이, 각각의 존재양식에 대한 해명 과정은 과학적 연구의 성과에 직접적으로 기대기 때문이다. 오늘날 달성된 존재에 대한 올바른 인식 가운데 몹시 큰 부분이 과학적 연구의 성과를 인식의 원천으로 삼고 있다는 것은 아무리 강조해도 지나치지 않는다.

그러나 이와 동시에 잊어서는 안 될 것이 있다. 한편으로, 그렇게 획득된 인식들은 빈번히 존재의 왜곡에서 출발하거나 존재의 왜곡으로 귀착된다는 사실이 그것이다. 〔28〕 그런데 이는 결코 우연이 아니다. 과학은 존재론적으로 보자면 아주 많은 경우, 정말이지 대개의 경우, 그 자체로서는 무의식적으로 행해질 때가 자주 있는 사회적 실천에 근거를 두고 있다. 그렇기 때문에 그 개별 성과들이 아무리 정확하고 중요하다 하더라도 과학이 자기 자신의 방법론적 토대를, 혹은 그 토대의 중요한 계기들만이라도, 존재 그 자체의 단순한 계기들로서 분명하게 만들 수 있는 경우는 극히 드물다. 그리고 과학이 자신의 목표를 위해 만들어내는 조절장치들(인식론, 논리학 따위를 생각해 보라) 은, 칸트와 헤겔이라는 위대한 사례가 보여주었다시피 그와 같은 왜곡에 맞서는 여하한 보장책도 제공할 수 없다. 아니, 그러기는커녕 아주 쉽게 바로 그러한 왜곡을 초래하는 것이 될 수 있다. 과학적 태도에 있어 그러한 입장들로 기우는 경향은 많은 경우 과학적 태도의 가장 생산적이고도 진보적인 계기들과, 그중 특히 일상생활의 직접적인 사고습관들에 대한 의식적 대립물과 밀접하게 결부되어 있는데, 그러한 계기들은 특히 자연과학들에서는 의식적으로 적용된 탈(脫) 인간연관적[33] 방법들로까지 고양된다.

그러한 문제에서 중요한 것은, 탈인간연관화가 존재를 현실적으로, 즉자적으로 있는 그대로 인식하는 데 있어 가장 중요하고도 가장 필수적인 수단 가운데 하나였으며 또 지금도 그러하고 앞으로도 그

---

33) 옮긴이: "탈(脫) 인간연관적"은 "desanthropomorphisierend"를 옮긴 말이다. 이에 관해서는 특히 《미적인 것의 고유성》(*Die Eigenart des Ästhetischen*)에서 반영 문제와 관련하여 상세히 설명되고 있는데, 거기에서 루카치가 하는 설명에 따르면 과학적 반영은 모든 인간학적 제한들, 곧 감각적, 정신적 제한들로부터 벗어나서 대상들과 그 관계들을 "즉자적으로, 의식과는 독립되어 존재하는 그대로"(*Georg Lukács Werke, Bd. 11,* p. 25) 모사하려 하며, 이런 의미에서 "탈인간연관적" 반영이라면, "이에 반해 미적 반영은 인간의 세계에서 출발하고, 인간의 세계로 지향되어 있다"(*Ibid.*). 그렇다고 해서 이것이 단순한 주관주의를 의미하는 것은 아닌데, 이때에도 반영되고 형상화되는 대상은 "즉자적으로 있는 그대로의 세계"(*Ibid.*, p. 305)이기 때문이다. "그러나 이 즉자존재는 극복 불가능하게 인간과 연관되어 있으며, 사회적으로 생겨나 사회적으로 전개되는 인간의 유적 욕구들과 결합되어 있다"(*Ibid.*). 루카치는 바로 이 점을 미적 반영의 특성으로 보고 "인간연관적"(*anthropomorphisierend*) 반영이라 지칭한다. 지금까지 "(Des) anthropomorphisierung"을 옮긴 말로는 "(탈) 인간중심화", "(탈) 인간형태화", "(탈) 유인화(類人化)", "(탈) 신인동형화" 등이 있었는데, 우리는 여기서 그 뜻을 살려 "(탈) 인간연관화"로 옮긴다.

럴 것이라는 점을 염두에 두는 것이다. 그때그때의 인식대상과 지각하는 현실적 인간 간의 직접적인 관계와 불가분하게 결합되어 있는 것처럼 보이는 모든 것, 현실적 인간의 진정한 객관적 특성들뿐만 아니라 이와 동시에 (직접적 사고를 포함한) 인간적 수용기관들의 특징도 규정하고 있는 그 모든 것은, 탈인간연관화의 과정에서는 현상으로서(혹은 경우에 따라서는 심지어 단순한 가상으로서) 뒷전으로 물러나야만 한다. 그 자리를 실제로 즉자적으로 존재하는 계기들에 넘겨주기 위해서, 인간으로 하여금 세계를 자신과는 무관하게 즉자적으로 있는 그대로의 모습으로 받아들일 수 있도록 하기 위해서 말이다. 노동에서 출발하여 인간 실천을 통해 현실을 극복하는 일은, 인간 자신의 직접성을 이렇게 사상(捨象)함이 없었다면 결코 이루어질 수 없었을 것이다. 이러한 과정은 이미 노동의 가장 원시적인 단계들에서 시작된다. 물론 많은 측면에서 무의식적으로 이루어지긴 하지만 말이다. 이후 그 과정은 점차 환경에 대한 인간의 보편적 지배수단으로, 환경에 대한 인간의 능동적 적응인 노동을 모든 전(前) 인간적 적응과 구별짓기에 적합한 도구로 발전되어 나갔다. 물론 여기서 본래적이고 일차적인 구분선을 이루고 있는 것은 의식적인 목적론적 정립이다. 그렇지만 이러한 능동적 적응의 무한한 발전가능성은 이전의 수동적 적응형식들, 곧 단순히 생물학적으로 정초되어 있는, 따라서 그 본질상 상대적으로 정태적인 적응형식들과는 구별되는 것이기 때문에, 〔29〕 바로 탈인간연관화야말로 인간의 인간화와 관련하여, 다시 말해 스스로를 개별자이자 유(類)로서 재생산하는 인간의 사회적 과정에서 이루어지는 자연적 한계들의 후퇴와 관련하여 결정적으로 중요한 계기다. 우리의 문제로 돌아가 말하자면, 만약 이러한 과정이 없다면 인간의 일상생활에서 나타나는 다수의 직접적인 현상형식들은 그와 같은 실천 및 인간의 진정한 자기인식에 있어서 넘어설 수 없는 한계를 만들어낼 것이다.

물론 이때 잊어서는 안 될 것이 있다. 노동목적론에서의 선택적 결정들은 항상 구체적인 목표설정 내에 있는 구체적인 대상성복합체와 관련되어 있다는 것, 그리고 그 선택적 결정들은 그렇게 설정한 목표를 적절히 실현할 수 있을 때에만 그 사회적 기능을 완수할 수 있다는 것이 그것이다. 물론 그와 같은 목표설정의 기초를 이루는 탈인간연관적 과학성은 이러한 개별적 결정들을 훨씬 상회하는, 점점 더 일반적으로 되는 인식들을 지향한다(생산력의 발전 수준이 높을수록 더 그렇다). 하지만 그러한 과학성이 실천에서 실현되어야 하는 과제들에 내적으로 결부되어 있는 상태는, 그러한 기능을 그 근저에서 위태롭게 만들지 않는 한 완전히 끝날 수 없다. 이 같은 실천은 이러한 의식적 입장을 통해 촉진되는 생산력의 발전이 점점 더 지배적인 범위를 차지하게 되는, 본질적으로 사회적인 첫 번째 사회인 자본주의의 발생 및 발전과 더불어, 오늘날 유일하게 타당성을 가지는 근대적 형태의 개별과학들을 낳기에 이르렀다. 자연적 한계들에 의해 결정적으로 규정되어 있었던 이전 사회들에서도 다소간 의식적으로, 다소간 성공적으로 탈인간연관적 입장들이 과학성으로 발전되었던 것은 사실이다. 그렇지만 이러한 입장들은 철학과, 더욱이 많은 경우에 주술 및 종교와 아주 밀접하게 결합되어 있었거나, 아니면 겨우 시작단계에 있는, 아직 소박하게 합리화되고 합리화하는 생산과 직접적으로 결부되어 있었으며, 이러한 생산 자체와 마찬가지로 많은 경우 아주 간명한 수공업적 방법들과 목표들을 가졌다. 자본주의적 생산에 와서야 비로소 그 목적을 위해 의식적 방식으로 근대적 의미의 개별과학을 만들어내도록 경제적으로 철저히 유인(誘引) 되었으며, 또 그럴 수 있는 사회적 능력을 갖추게 되었다. 이행기의 정신적 위기 속에서도 물론 과학과 일반적인 세계관 문제의 결속은 여전히 강고했다. 그래서 생겨난 갈등들을 어떤 식으로든 이겨내지 않았더라면 과학은 산업상 필요한 독립을 결코 획득하지 못했을 것이다. 이러한 독립이 달성되자, 세계관 문제들에 그렇게 매여 있던 초기의 상태는 점차 사라질 수 있었다. 과학적 요구들에 근거해 개별과학들이 생겨나기도 했는데, 이들 개별과학에서는 경제적 실천에 필수불가결한 이러한 문제들이 과학적 방법에 근거하여, 그렇지만 내용적으로는 무엇보다 실천으로 정향된 가운데 해결될 수 있었다. 〔30〕 이러한 개별과학들은 출발점과 방법과 목표설정이 세계상의 일반적 문제들과 조화될 수 있는지 여부와는 점점 더 무관해지는 경향을 보였다.

과학과 세계관적·철학적인 욕구 사이의 이 같은 분리는 매우 다양한 내실을 지닌 과정의 결과이다. 이러한 분리는 생산의 발전을 도모한다는 핵심적 문제는 제쳐 놓더라도 — 많은 경우 전혀 의도치 않게 — 극히 진보적이다. 왜냐하면 순수하게 개별과학적인 차원에서 달성된 성과(혹은 그러한 성과를 낳은 방법)가 낡아빠진 일반론들을 타개하고 그럼으로써 — 이를 처음부터 항상 의도할 필요는 없는데 — 과학 일반의 진보에도 기여할 뿐 아니라 왕왕 폭넓게 매개되어 철학의 진보에도 기여하는 그런 경우들이 빈번할 수밖에 없었기 때문이다. 이미 다루었던 존재론적 사태, 즉 인간의 실천은 비록 그것이 과학적으로 근거지어진 것이라 할지라도 주어진 개별 경우에 작용하고 있는 모든 상황과 전제, 거기에서 발생하는 모든 결과를 다 아는 가운데 이루어질 수는 결코 없다고 하는 그 존재론적 사태가 여기에서 궁극적으로 중요하다. 이 분명한 사실은 두 가지 결과를 가지는데, 한편으로는 실천적으로 사용된 과학적 명제가 전체적 인식과 그 발전경향의 관점에서 보면 많은 측면에서, 심지어는 본질적 측면에서 잘못된 것일 수 있지만 그럼에도 그때그때 주어진 과제를 올바르게 해결할 수 있다는 것이며, 다른 한편으로는 그러한 명제가 어떤 경우에는 올바른, 정말이지 획기적인 인식경향을 드러낼 수 있다는 것이다. 의식적인 개별과학들로 나아가는 과학의 이러한 발전이 인류의 인식 도정 전체에 극히 모순적으로 작용할 수밖에 없듯이, 이러한 연관관계 속에서 그 발전의 전반적 경향이 전적으로, 완전히 순수하게 진보적인 것일 수는 없다.

이러한 상황은 자본주의적 사회 및 경제의 전개과정에 내재하는 이데올로기적 발전경향들과 불가분하게 연관됨으로써 첨예화된다. 여기에서는 존재론에 끼치는 그 영향만 고찰하도록 하겠다. 이때, 근대적 과학성의 더 이상 역행될 수 없는 최초의 거대한 돌진이 자본주의적 생산이 막 지배적으로 되기 시작하는 단계에 이루어졌다는 사실을 결코 잊어서는 안 된다. 따라서 자본주의적 생산을 이끄는 계급 및 그 이데올로그들이 그들의 사회적 존재에 부합하는 이데올로기의 지배를 완전히 관철시키는 것은 아직 전혀 불가능했다. 이러한 이데올로기는 17세기에야 비로소 전개되며 프랑스 혁명의 준비기에 그 정점에 도달한다. 〔31〕 따라서 맨 처음에는, 한편으로는 (과학성을 포함한) 발생기 자본주의의 이해관계에 부합하고, 다른 한편으로는 절대 군주정 및 그 속에서 아주 막강한 힘을 가지고 있는 봉건적 잔재 그리고 이 양자에 본질적인 기독교적 · 종교적인 이데올로기와 사회적으로 해결 불가능한 갈등들을 야기하지 않는 그런 실천의 형식, 토대, 기초 등등을 발견하는 것이 중요했다. 여기에서 실천을 정초하는 방법으로서의 과학성의 이데올로기적 기반에 국한해 보건대, 경제적 · 정치적 상황에 의해 강요된 일정한 타협태세가 어느 정도까지는 반대편에도, 즉 상대적으로 진보적인 요소들에도 존재했다고 말할 수 있다. 갈릴레이 사건에서 벨라르민 추기경이 취했던 입장,[34] 아니 그 전에 유명론(唯名論)에서 표현된 "이중적 진리"의 이데올로기[35]를 생각해 보라. 영국의 혁명은 이러한 문제들에서 처음부터 계급적 타협을 노렸으며, 프랑스대혁명의 결말 또한 그러한 욕구들을 일깨우는 것으로 끝났다. 그렇기 때문에 "무엇이 과학을 과학적으로 만드는가?"라는 물음에서 모종의 이데올로기적 타협이 수백 년 동안 부르주아 이데올로기의 핵심문제, 특히 과학들의 과학성에 대한 철학적 정초의 핵심문제가 되었던 것은 놀랄 일이 아니라 오히려 발전에 따른 불가피한 일이었다. 가령 갈릴레이는 자신의 과학적 방법과 그 결과를 아직은 소박한 존재론적 방식으로 표현했던 반면, 곧이어 데카르트(R. Descartes)에 오면 벌써 비판적 인식론이 철학적 방법의 중심이 된다. 이후 비판적 인식론은 점점 더 강력하고 점점 더 단호한 방식으로 우리 시대에 이르기까지 주도권을 유지한다.

인식론의 완전히 새로운 기능이라는 이 문제가 철학적 · 방법론적

---

34) 옮긴이: 이 장의 옮긴이 주 2번 참조.

35) 옮긴이: 가령 윌리엄 오컴(William of Ockham, 1300~1350?)의 경우 지식은 개별적 대상을 경험하는 데에서 나오는 것이므로 보편 개념은 이름일 뿐이지 실재하지 않으나, 이것은 오직 이성이 작용하는 영역에만 타당할 뿐 "불합리한" 믿음의 영역인 신학에는 통용되지 않는다고 주장했다. 이로써 그는 신학을 합리적 이성으로부터 떼어내고 과학 및 철학과 신학을 분리하여 각각에 차원이 다른 진리가 있다고 말한다.

인 고찰에서 등장하는 경우는 드물다. 사실 헤겔은 예나 시기 초반에 고대적 회의주의와 근대적 회의주의(즉 그에게는 칸트와 그의 아류들) 사이의 대립 문제로 이 문제를 언급했으며, 전자의 회의주의가 "일상적 의식 자체의 독단론을 겨냥"한 것이지 철학적 일반화를 겨냥한 것은 아니라는 점을 강조했다.[36] 그러나 그는 이러한 확언에서 근본적으로 더 나아가는 어떠한 결론도 끌어내지 않으며, 칸트에 대해서도 그렇게 하지 않았다. 이것은 우연이 아니다. 헤겔이 올바르게도 칸트 인식론의 기초, 곧 물 자체의 인식불가능성을 비판한 것은 사실이다. 그러나 그는 자신의 체계 속에서 이에 대한 인식론적 검토를 대개의 경우 부주의하게 배제하고는 그것을 엄격하게 논리화된, 그리고 논리화하는 가운데 왜곡된 존재론으로 대체할 따름이다. 이런 존재론의 근본입장은 결국 그의 선행자들이 보여준 타협을 원칙적으로 넘어서지 않는데, 〔32〕 왜냐하면 헤겔 또한 사회·역사적 진보를 지향하는 근본관점과 나란히, 그리고 그 내부에서, 종교적 초월성에 영예롭고 타협적인 지위를 보장해 주는 현실관을 천명하고 있기 때문이다. 따라서 이러한 체계의 내용들에서 도출될 수 있는 모든 미학적 결론(하이네[37], 그리고 브루노 바우어[38]와 마르크스의 청

---

36) *Hegel Werke, Bd. 1: Erste Drucksschriften,* Leipzig, 1928, p. 182.

37) 옮긴이 : 하이네(Heinrich Heine, 1797~1856)는 독일의 시인으로, 낭만주의와 고전주의 전통을 잇는 서정시인인 동시에 반(反)전통적·혁명적 저널리스트다. 주요작품으로는 《신시집》, 《아타 트롤》 등이 있다.

38) 옮긴이 : 바우어(Bruno Bauer, 1809~1882)는 독일의 신학자이자 철학자·역사가로서 이른바 "청년헤겔파"의 일원이다. 주저로는 《무신론자이자 반(反)그리스도자인 헤겔에 대한 최후의 심판의 나팔》, 《종교와 예술에 관한 헤겔의 학설》 등이 있다.

년기 소책자를 생각해 보라) 은, 이와 관련하여 헤겔이 역사적으로 보더라도 데카르트와 더불어 시작된 이러한 문제복합체의 역사적 노선에 속한다는 근본사실에 여하한 본질적 변화도 가져올 수 없다.

이러한 타협에서 문제는, 일관성 있는 과학적 세계 고찰의 최종결론들을 "이중적 진리"의 변종을 이용하여 피하고자 하는 시도이다. 우리의 고찰에서 중요한 것은 이러한 발전 자체를 그 주된 유형만이라도 개략적 수준에서나마 서술하는 것이 아니다. 우리에게 중요한 문제는 인식론이 이중적 기능을 가진다는 점이다. 즉, 한편으로는 (무엇보다도 엄격한 개별과학의 정신에서의) 과학성의 방법을 정초하는 기능을 가지며, 다른 한편으로는 과학적 방법들과 성과들에 있을 수 있는 존재론적 기초들과 결과들을, 과학적으로 근거지어질 수 없다는 이유를 들어 유일하게 객관적인 것으로 인정된 현실로부터 떼어 놓는 기능을 가진다. 이러한 이데올로기적 입장 역시 사회·역사적으로 조건지어진 것이다. 즉, 역(力) 관계와 이로 인해 초래된 갈등이 그런 식으로 생겨난 인식론들의 그때그때의 내용과 그때그때의 형식, 방법 그리고 결과를 궁극적으로 규정한다. 여기에서 이데올로기적으로 화해되거나 적어도 침묵되어야 하는 결정적인 구성요소들로는, 한 극(極)에는 종교의 사회적 권력이 있고, 다른 한 극에는 과학, 특히 자연을 다루는 개별과학이 충족시켜야만 하는 경제·사회적 욕구가 있다. 이 두 가지 문제에 대해 우리의 의견을 여기에서 간단히 피력할 수 있다. 갈릴레이 시대 이래로 종교의 사회적 권력이 많이 약화되어왔다는 사실에 대해서는 오늘날 그 누구도 의심하지 않을 것이다. 이 글의 필자처럼 종교가 — 설사 사람들이 종교를 그저 관습적인 것으로 받아들인다 할지라도 — 다수의 인간집단의 견해에 끼치는 영향력을 과소평가하지 않는다 하더라도 말이다. 한층 더 중요한 것은, 이러한 경향들이, 얼마나 의식적이고 얼마나 무의식적인지와는 무관하게, 순수 경제적 발전의 명령들과 폭넓게 일치할 수밖에 없다는 점이다.

그러나 사회적 역(力) 관계 및 이로부터 생기는 갈등의 이 같은 아주 본질적인 변화들이 인식론의 이데올로기적 기능의 근본방향에서 변화시킨 것은 비교적 보잘 것 없다는 점이 눈에 띈다. 이로 인한 놀라움은 그러나 자본주의의 발전을, 그리고 그 속에서, 그것을 통해서 이루어지는 부르주아 이데올로기의 발전을 약간 더 자세히 관찰해 보면 많이 완화된다. 〔33〕 종교가 가장 큰 사회적 권력을 가졌던 시대에 부르주아계급의 과학을 위해 필요했던 타협은, 경제적 실천 및 이와 직간접적으로 연관되어 있는 모든 영역 내부에서는 자연과학의 유효성을 보존하는 가운데 자연과학의 존재론적인 유관성은 부정하는 비판을 통해서만 성립될 수 있었다(이 단계는 물 자체의 인식불가능성에 관한 칸트의 이론에서 정점에 도달한다). 그렇게 고려하지 않을 수 없었던 사회적 필요성은 19세기에 들어와 점점 더 없어졌으며, 지금은 더욱더 그렇다. 이제는 유물론적·무신론적인 경향들조차도 보복에 대한 두려움 없이 학설을 공포할 수 있다. 현재 과학적 연구를 위해 계속 확대되는 이러한 사회적 여지가 인식론에서 나타나는 존재론적으로 불가지론적인 경향들이 끼치는 영향과 거의 상관이 없다면, 이러한 사실은 부르주아적 사유에서 인식론을 낳았던 이데올로기적 욕구가 또 다른 기반들을 가졌음에 틀림없다는 것을 시사한다.

이러한 기반들을 인지하는 건 그리 어려운 일이 아니다. 자본주의의 발전의 초창기에 이루어진 과학 및 과학성의 약진은, 특정한 부르주아 계층들 내에서 물질적 존재 쪽으로 다소간 의식적으로 정향된 순수하게 세계내재적인 존재론으로의 경향도 일깨웠다. 그 경향의 시작은 벌써 베이컨(Francis Bacon)에서 볼 수 있으며, 이미 홉스(Thomas Hobbes)의 철학은 한마디로 말해서 진정으로 유물론적이고 순수하게 현세적인 존재론이다. 그럼으로써 이러한 사고방식은 빈번히, 정말이지 처음에는 대부분, 자본주의 사회의 가장 중요한 대립들을 공공연하게 밝히려고 노력한다. 그런데 그와 같은 사고방식의 철저한 실행은 자신들의 생산방법을 실제로 관철시킬 때, 그리고 옛 지배계급들과 타협할 때, 자신들의 사회적 "위엄" 또한 보전하고자 노력했던 자본주의 지배층의 이해관계와 모순된다. 〔자본주의의 지배층이〕 자신들의 실천의 본질을 있는 그대로 과감하게 인정하는 일은 이미 홉스 때부터 그들에게 편치 않게 느껴졌다. 맨더빌[39]이 이러한 문제들에서 자본주의 사회의 모든 실천적, 이데올로기적 결론을 솔직하게 표현했을 때 그런 느낌은 더 커졌다. 그도 그럴 것이, 마르크스가 이미 오래전에 말했다시피 "부르주아가 자기 체제의

---

39) **옮긴이**: 맨더빌(Bernard de Mandeville, 1670~1733)은 네덜란드 출신의 의사로 《꿀벌의 우화: 개인의 악덕은 공공의 미덕이다》의 저자로 유명하다. 홉스의 비관주의적 견해에 기대어 그는 인간의 이기주의가 도덕적 행위의 추동력이라고 주장한다. 인간이 "사회적"으로 사고하고 행동하는 것은 그렇지 않고는 살아남을 수 없기 때문이라고 주장하는 그는 《꿀벌의 우화》에서 이러한 생각을 풍자적 문체로 극단화시킨다. 여기에서 그는 공동체의 물질적 번영에서 인간의 여러 악덕이 필수 요소이며 또 자선 행위와 같은 고상한 행동은 되레 공동체 전체의 물질적 생산력의 감소를 불러온다는 도덕적 역설을 내놓았다. 진보, 합리성, 도덕성 등에 대한 믿음에 의해 특징지어지는 그의 시대와는 현격히 대립되는 이러한 견해는 18세기에 걸쳐 가장 큰 논쟁을 불러온 것 중 하나로 평가되며, 칸트, 애덤 스미스, 데이비드 흄 등에게 심대한 영향을 끼쳤다.

제도들과 맺고 있는 관계는 유대인이 율법과 맺고 있는 관계와 같다. 부르주아는 모든 개별적 경우에서 가능한 한 그 제도들을 우회한다. 하지만 그는 다른 모든 이들은 그것들을 따르기를 원한다."[40]

자연과 사회에 관한 철저한 유물론적 존재론에 대한 인식론적 거부의 가장 중요한 이데올로기적 기반 가운데 하나가 여기에 있다. 〔34〕 즉, 경제적으로 지배하게 된 부르주아계급은 종교적 권력과의 평화를 추구할 뿐만 아니라, 이 사회질서의 궁극적인 도덕적 결론을 많은 경우 공공연하게 비판적으로 드러낼 수 있는 유물론자들에 맞서 자신들의 사회적·도덕적인 "위엄"을 유지하고자 한다. 이러한 이데올로기적 태도는 마르크스주의가 세계관의 영역에서도 적대자로 등장했을 때 더욱더 강화될 수밖에 없었다. 이제는 사실들에 관한 마르크스주의의 규명을 단순히 "반박"하는 것만으로는 충분치 않았다. 마르크스주의적인 방법이 과학적으로 근거가 없다는 것이 — 인식론적으로 — 입증되어야만 했는데, 이는 존재론의 모든 문제에 대해 신칸트주의, 실증주의 등등이 취하는 입장의 유형만이 유일하고 독점적인 과학성을 가진다고 선언하는 식으로만 이루어질 수 있었다. 개별과학들은 여느 때와 마찬가지로 자신들의 경제적, 사회적 등등의 모든 책무를 철저하게 수행할 수 있었지만, 현실에 관한 물음은 "소박한" "비과학적" 물음이라고 진작 거부되었다. 이러한 경향은 "탈(脫)이데올로기화"의 시기에, "미국식 생활방식"(*American way of life*)이 확고하게 지배하고 있는 것으로 보이는 시기에 일시적 정점에 도달했다. 이 새로운 공고화가 위기에 들어서게 됨으로써 비로소 반

---

40) *MEGA I/5*, p. 162.

(反) 경향들 — 아직은 많은 경우 철학적으로 아주 소박한 것들이지만 — 이 다시 나타나기 시작한다. 세계에 대한 사유를 실제로 다시 존재로 되돌리는 시도는 오늘날 마르크스주의 존재론을 소생시키는 길 위에서만 성공할 수 있다. 하지만 이를 위해서는 과거 시기 전체에 대한 원칙적인 비판이 필요할 것이다. 인식론은 과학의 존재론적 문제들을 실제로 이해할 철학적 능력이 없다는 사실이 인식되어야만 한다. 또, 이를 넘어서, 인식론의 철학적 지배를 한 중요한 이행기의 필연적 이데올로기로 올바로 조명하는 과제가 생겨난다.

사회적 존재의 존재론을 위한 올바른 길: 일상생활, 역사성, 실천, 유적 성질 등과 관련하여

직접적으로 이것은 토대인 일상생활로의 사상적 귀환을 내포하는 듯이 보인다. 분명히 실제로 그렇다. 사람들은 더할 나위 없이 복잡한, 더욱이 최상으로 작동하고 있는 과학적 이론들을 존재와 일체 관련지음 없이 인식론적으로 설명할 수 있다. 이와 관련해 나는 완전히 벨라르민 추기경의 정신으로 표현된 푸앵카레[41]의 다음과 같은 주장만 지적하겠다. 그는 코페르니쿠스의 이론이 프톨레마이오스의 이론에 비해 갖는 우월성은 "그것을 통해 천문학의 법칙들을 훨

41) 옮긴이: 쥘 앙리 푸앵카레(Jules-Henri Poincaré, 1854~1912)는 프랑스에서 가장 위대한 과학자 중 한 명으로 꼽히는 인물이다. 수학에서 가장 유명한 문제 가운데 하나인 푸앵카레 가설을 통해 일반 대중에게도 친숙한 그는, 위상기하학에서 호몰로지 개념을 발견했으며 현대적인 카오스 이론의 기초를 마련했다.

씬 더 단순한 언어로 표현한다"[42] 는 점에 있다고 주장한다. 이에 반해 일상생활은 — 바로 그 직접성 때문에 — 존재와 지속적으로 관련을 맺지 않고는 의식적으로 수행될 수가 없다. 〔35〕 우리가 앞에서 들었던 예인 자동차에 치이는 경우를 생각해 보라. 오늘날 철학적으로 저급해 보이는 그런 유의 예들에서 과장된 결론을 추출해서는 안 된다. 그 예는 이른바 한낱 경험적 존재를 철학적으로, 심지어는 과학적으로도 완전히 하찮은 것으로 여기는 기괴한 입장만을 겨냥한 것임을 유념하고 있으면 된다. 그런 기괴한 입장과는 정반대로, 존재를 실답게 파악하고자 하는 존재론이라면, 존재의 가장 단순하고 본원적인 이러한 사실들을 탐구의 중요한 출발점으로 생각해야만 한다. 이후의 고찰이 진행되는 중에 우리는 바로 여기에서, 다시 말해 그것의 가장 단순한 최초의 현존재에서 존재의 참된 성격을 보여주다가 대개 사회적으로 필연적인 "발전"에 의해 왕왕 그 진정한 성질이 박탈되는 그런 — 많은 경우 아주 중요한 — 존재현상들이 있다는 사실을 거듭해서 볼 수 있을 것이다. 다른 한편, 이와 마찬가지로 결코 잊어서는 안 될 것이 있다. 일상생활에서는 실천의 제반 문제가 단지 직접적인 방식으로만 드러날 수 있는데, 이런 식으로 드러난 것이 무비판적으로 절대화될 경우에는 다시금 진정한 존재적 성질의 — 물론 다른 부류의 — 왜곡을 낳을 수 있다는 것이 그것이다. 우리가 보았다시피 사회적 존재의 최고도의 표현들도 존재에서 출발하는 비판에 종속시켜야 한다는 것을 자각하고 있어야만 하는 존재론적 고찰방식은, 따라서 일상생활에 대해서도 이 같은 비판적 방

42) Poincaré: *Wissenschaft und Hypothese*, Leipzig, 1906, 118쪽.

법을 부단히 작동시켜야만 한다.

이렇게 인간적·사회적인 실천의 발전된 객관화물도, 그것의 직접적이고 단순한 현상방식도 사회적 존재를 비판적·존재론적으로 탐구하는 데 확실하게 공고한 토대를 제공할 수 없다면, 그와 같은 비판의 올바른 길을 보장하는 것은 어디에서 찾아야 할까?

존재의 본질적인 특성들이 본질적으로 역사적인 발전과정의 계기들로서 파악되고 — 역사성의 특수한 성격에 따라서, 존재의 그때그때의 존재양식에 따라서 — 비판적 고찰의 중심에 놓일 때에만, 존재 자체의 진정한 포착이 성공할 수 있다. 이러한 정황의 존재기반들은 우리 시대에 와서야 의심의 여지없이 분명하게 되었는데, 우리는 이후의 맥락 속에서 이 존재기반들을 다시 상세히 다룰 것이다. 지금은 일단 마르크스가 이미 청년기에 모든 존재에 대해 역사성이 지니는 이 같은 보편적 타당성을 그의 방법의 중심에 놓았다는 사실을 확인하는 것으로 만족하자. "우리는 오직 하나의 과학 즉 역사의 과학만을 알고 있을 뿐이다."[43]

〔36〕 수십 년 후 마르크스는 역사 연구의 방법을 정확하게 언명하는데, 과정들 자체를 그때그때의 역동적인 그 실상(實相)[44] 속에서 연구하는 것이 그것이다. 그러한 발전은 — 부르주아 측에서 자주 주장되듯이 — 대상들의 본질을 표현하고 규정하는 범주들은 본질적으

---

43) *MEGA I / 5*, p. 567.

44) 옮긴이 : "실상"(實相)은 "Geradesosein"을 옮긴 말이다. "Geradesosein"은 "그리 있음" "그렇게 있음"을 뜻하는 — 흔히 "현존재"로 옮겨지는 "Dasein"과 짝을 맞추어 "상재"(相在)로 옮기기도 하는 — "Sosein" 앞에 "gerade"를 붙인 것이니 "바로 그렇게 있음" "바로 그리 있음"을 뜻하는 말이다.

로 전혀 변하지 않는 가운데 대상들과 그 관계들 등등에서 일어나는 일정한 변화에 불과한 것이 아니다. 범주란 "현존재 형식, 실존규정"이라고 마르크스는 말한다. 그렇기 때문에 각 존재자의 내용과 형식은 역사적인 발전의 와중에 그 존재자로부터 생성된 것을 통해서만 파악 가능하게 될 수 있다. "인간의 해부에는 원숭이의 해부를 위한 하나의 열쇠가 있다." 여기에서 마르크스는 참으로 비판적인 신중한 태도로 존재의 역사성을 존재의 해독(解讀)을 위한 "열쇠"가 아니라 "하나의 열쇠"로 보고 있다. 그도 그럴 것이, 역사의 과정이란 인과적이지 목적론적이지 않으며, 또 다층적이지 결코 일면적이거나 단선적이지 않고, 언제나 그때그때 활동적인 복합체들의 실재적인 상호작용 및 상호관계에 의해 작동되는 하나의 발전경향이기 때문이다. 따라서 그렇게 생겨나는 변화의 방향 등등을 직접적으로 진보나 반동으로 평가해서는 결코 안 된다. 진보와 반동 양쪽 다 그러한 과정이 진행되는 가운데 지배적인 경향이 될 수 있다. 사회적 존재의 전(全) 과정에 있어서 그때그때의 전체 존재 일반의 맥락에서 진보라고 말할 수 있는 곳은 어디인지, 또 어느 만큼이나 그럴 수 있는지 — 이에 관해서는 이후의 한층 더 구체화된 연관관계 속에서만 말할 수 있는데 — 와는 무관하게 말이다. 마르크스는 다음과 같이 말한다. "지대(地代)를 알면 공물, 십일조 따위를 이해할 수 있다. 하지만 이것들을 동일시해서는 안 된다. 더욱이 부르주아 사회 자체가 발전의 한 대립적 형식일 뿐이기 때문에, 그 사회에서 이전 형식들의 관계들은 많은 경우 완전히 위축된 상태로만, 또는 완전히 희화화된 상태로 만날 수 있을 것이다. 예컨대 공유지가 그렇다. 그렇기 때문에 부르주아 경제학의 범주들이 다른 모든 사회형식들에 대해 어떤 진리를 보유한다는 말이

참이라면, 이는 적당히 고려해서만 받아들일 수 있는 말이다. 다른 사회형식들은 동일한 범주들을 발전된, 위축된, 희화화된 등등의 상태로 함유할 수 있는데, 여기에는 항상 본질적인 차이가 있다."[45]

역사성은 그 구체적인 실상(實相)에서 수미일관하게 우선성을 지니는데, 존재의 — 실재로 과정 중에 있기 때문에 — 실재적인 존재방식인 이 역사성의 우선성만 하더라도 이미 일상생활의 모든 절대화를 폭파하는 하나의 비판이다. 그도 그럴 것이, 일상생활의 수준에서 이루어지는 세계에 대한 모든 사고에는 — 이 존재방식을 지배하는 직접성 때문만으로도 — 직접적으로 주어진 사실들을 영속시키는 경향이 내재하곤 하기 때문이다. 〔37〕 그런데 마르크스의 비판적 존재론은 이러한 창조적인 — 조절할 뿐만 아니라 이와 동시에 실제로 변증법적인 새로운 과정들을 발견하기 때문에 창조적인데 — 비판에 멈추어 서 있지 않는다. 그것은 더 나아간다. 그것은 처음부터 사회적 존재의 한층 더 심층적인 원리들에서, 곧 단순한 현실 관조(觀照) — 이것이 아무리 강력하게 존재를 겨냥한 것이라 할지라도 — 에 대한 실천의 존재론적인 우선성에서 출발했다. 그와 같은 존재론적 비판의 원리들을 마르크스는 이미 초기의 이른바 〈포이어바흐-테제〉에서 원칙적으로 완전하게 밝혀 놓았다. 그래서 그는 포이어바흐(L. Feuerbach)의 유물론에서 — 또 이를 통해 예전의 모든 유물론적인 존재론에서 — 실천을 무시하고 단순한 직관으로, 관조로 정향된 그 성격(이는 자연적 존재로의 일면적인 정향과 밀접히 결부

45) *Rohentwurf*, p. 26. 〔《정치경제학 비판 요강 I》, 칼 맑스, 김호균 옮김, 백의, 2000, 76~77쪽〕

되어 있는 것인데) 을 비판한다. 포이어바흐나 그의 선행자의 경우 이러한 성격의 결과, 그들이 행하는 비판은 전적으로 이론적인 영역에 집중되며, 실천은 비판의 대상이 된 종교적이고 대부분 관념론적인 세계관 형식들의 한갓 부차적이고 경험주의적인 "현상형식"으로 여겨진다. 마르크스의 비판은 존재론적인 비판이다. 그것은 환경에 대한 인간의 능동적 적응으로서의 사회적 존재가 근본적으로 그리고 어찌할 수 없이 실천에 의거한다는 데에서 출발한다. 따라서 이 존재의 모든 현실적이고 중요한 특징은 이러한 실천의 전제조건, 본질, 결과 등등의 진정한 존재적 성질을 존재론적으로 탐구함으로써만 파악될 수 있다. 물론 그렇다고 해서 상술(上述) 했던 여러 존재양식에 대한 역사적 접근, 그 존재양식 상호 간의 과정적 발생에 대한 역사적 접근이 이론적으로 간과되는 것은 결코 아니다. 실제로는 정반대다. 사회적 존재에서 실천이 점하는 존재론적인 중심적 위치야말로 유기적 자연의 존재영역에서 이뤄지는 환경에 대한 한낱 수동적 적응방식으로부터 사회적 존재가 발생하는 것을 해명할 수 있는 열쇠다. 그리고 역사성의 우위가 발생에 대한 고립된 분석에 멈추어 서 있어서는 결코 안 된다. 나중에 사회적 존재를 한층 더 구체적으로 분석하는 자리에서 우리는, 사회적 존재의 과정적인 자기화(自己化, *Selbstwerden*) 〔자기되기〕에서 이러한 대립이 마르크스가 사회적 존재에서 일어나는 "자연적 한계들의 후퇴"라고 불렀던 것의 연속적인 경향적 전개로서 결정적인 역할을 하는 것을 볼 수 있게 될 것이다. 어떤 존재방식의 발생은 따라서 이러한 의미에서 다른 것으로의 변전이 일어나는 일회적 행위로 이해되어서는 결코 안 된다. 이러한 일회적 행위를 통해 이제부터 항구적으로 자기 동일적인 새로운 존재가 현실화되고, 그러고 나서 그 존재는 다른 것들과 유리된 동질적 방식으로 스스로를 재생산하게 된다는 식으로 이해되어서는 안 되는 것이다. 각 존재를 사유를 통해 파악하려 할 때 그것을 통일성의 측면에서 다루건 다층성의 측면에서 다루건, 발생과 자기 전개는 모든 존재의 이러한 역사적 과정성의 두 가지 계기, 비록 동종(同種)의 것은 아니지만 궁극적으로는 같으면서 구체적으로는 극히 상이한 방식으로 작동하는 그런 두 가지 계기이다. 〔38〕 그런 까닭에 마르크스는 존재의 본질인식의 역사적이자 변증법적인 방식을 결코 포기하지 않았다. 하지만 이 위대한 사상은 마르크스주의에서 이론적으로 적절하게 표현되지 못할 때가 자주 있었다. 개별 존재방식을 정태적으로 고립시켜 연구하고 이때 발견된 범주적 관계들을 추상하여 절대화한 뒤, 그렇게 획득된 연관성을 다른 존재양식에 "적용"한다면(이는 자주 있었던 일인데), 이를 통해 마르크스의 위대한 구상은 왜곡되고 만다. 그리하여 이 역사적·변증법적인 진리는 사회적 존재에만 유효할 뿐이지 — 여기에서 나타났듯이 필요한 변경을 가하여(*mutatis mutandis*) 〔존재 전체에 "적용"할 경우〕 — 존재 전체에는 유효하지 않은 양 여기는 근본적으로 잘못된 견해들이 생겨났다. 이같이 잘못된 견해와 관련해서는 나의 초기 저작인 《역사와 계급의식》(*Geschichte und Klassenbewußtsein*) (1923), 그리고 변증법적 방법에 대해 현재 사르트르가 취하고 있는 입장을 참조하길 바란다. 각 존재의 범주들의 구체적으로 보편적인 역사성 사상만이 여기에서 통일적이면서 동시에 역사적으로 엄격하게 분화된 올바른 고찰방식을 위한 길을 제시할 수 있다.

사유를 이런 식으로 진행하는 것은 모든 존재의 변증법적·역사적이고 과정적인 성질 및 그러한 전체적 연관관계 내에서 사회적 존재가 지니는 특수성들이라고 하는 우리의 주된 문제에서 벗어나는 것처럼 보이지만, 이는 단지 겉보기에만 그런 것이다. 그도 그럴 것이, 실천이 그 모든 존재론적 전제조건 및 결과와 더불어 마르크스적 의미에서 올바르게 파악되면, 실천은 — 마르크스가 〈포이어바흐-테제〉에서 적확하고 깊이 있게 다루고 있는 것이 이것인데 — 인간의 인간적 존재의 객관적으로 존재적인 중심으로서, 인간이자 사회적 존재로서의 그의 존재의 존재중심으로 파악되어 나타날 것이기 때문이다. 다른 모든 범주는 이 존재중심에서 출발할 때야 비로소 진행과정 중에 있는 그 존재성에 있어 적절하게 이해될 수 있다. 여기에서는 핵심적인 지점만 조명할 생각이기 때문에 아주 간략하게 다음과 같은 점들만, 즉 마르크스에 따르면 우리 사고의 올바름은 오로지 실천 속에서만 입증될 수 있다는 것, 또 실천은 그 본질에 따라서 그리고 그 자연발생적 효과로 인간의 자기교육의 결정적 요소가 된다는 것, 그리고 인간이 정신적으로 극복하도록 강요받는 모든 갈등은 일차적으로 언제나 그때그때의 삶 속에서 이뤄지는 실천의 모순들에 기인하는 것이자 또 그것들로 흘러들어간다는 것 등등만 지적하도록 하자.

지금 우리에게 결정적으로 중요한 문제는 마르크스가 포이어바흐는 존재의 사회성을 비껴간 탓에 인간을 고립된 개인으로 파악할 수밖에 없었다고 비판한다는 점이다. 그도 그럴 것이, 포이어바흐가 말하는 "인간의 본질"이란 〔포이어바흐의 생각과는 달리〕 결코 "각 개인에 내재하는 추상물"이 아니다. "인간의 본질"은 그 현실에 있어 "사회적 관계들의 앙상블"이다. 여기서 존재상 불가분하게 공존하는 것을 관념적으로 분리함으로써 포이어바흐는 이러한 인간적 본질 곧 인간의 유적 성질을 완전히 오해할 수밖에 없었다. 〔39〕 그는 인간적·사회적인 존재의 새로움을 간과한다. 왜냐하면 여기에서 발생하는 유적 성질을 유기적 자연의 유적 성질이 실제로 그런 것처럼 "수많은 개체들을 오직 **자연적으로**" 묶고 있는, 본질적으로 "침묵하는" 유적 성질로 파악할 수밖에 없었기 때문이다. 자신의 환경에 대한 능동적 적응, 즉 새로운 존재형식의 기초를 이루는 근본범주로서의 실천은, 마르크스의 이러한 비판에서야 비로소 이 새로운 존재형식의 완전히 새로운 종류의 보편성, 예전에는 설명이 불가능했던 그 보편성을 적절하게 특징짓는 내용을 얻게 된다. 사회적 존재를 통해 비로소 세계 속에 인입되는 정신적 삶 전체가 〔이전에는〕 실천으로부터의 이러한 생장(生長) 없이 불가해한 신의 기적으로 보였다면, 이제는 더 이상 침묵하지 않는 유적 성질의 중심적 위치를 통해 다음과 같은 토대를 가진다. 즉 존재상 인간으로 하여금 세계에 대한 그러한 사고를 그의 현존재의 광범위한 주·객관적 범위 전체로 확장하고 그 사고의 결과물을 자기 자신의 실존(다시 말해서, "사회적 관계들의 앙상블"과의 이 같은 지속적 상호작용 속에서만 실질적으로 전개될 수 있는 인간 자신의 발전) 의 유기적인 구성성분으로 만들 수 있게 하는, 아니, 그렇게 하지 않을 수 없도록 강제하는 그런 종류의 상호작용들을 인간 속에서 야기하는 토대를 말이다. 그와 같이 기초가 세워진 사회적 존재관에서만 인간의 발생 및 발전에서 불가해한 초월성의 모든 계기가 사라질 수 있으며, 또 인간들의 사회적 존재는 그렇게 생겨난 인간의 사고가 자연과 관련해서 — 여기에서부터 시작되어 — 점차 막 획득하려고 하는 것과 비슷한 — 물론 내용적으로나 형식적으로나 전혀 다르게 규정된 — 합리적인 명료성, 과학적으로 해명 가능한 명확성을 지닐 수 있다. 유적 성질은 모든 존재자가 가지고 있는 본원적으로 객관적인 근본특성이다. 이러한 이유 때문만으로도 유적 성질의 본원적 침묵의 극복은 존재를 그 보편성과 현실성의 측면에서 인식하려는 인간적 노력들의 존재적 기반이자 시금석이 될 수 있다. 인간이 인간으로서 존재하기 위한 존재기반이자 인간 존재의 모든 계기의 기반인 실천은 유의 침묵의 이러한 극복을 필연적으로, 이미 아주 원시적인 단계에서부터 인간의 자기화(自己化)의 기반으로서 산출한다는 점, 그리고 인간의 정신적 삶의 복잡한 표현들, 겉보기에는 심지어 현실과 거리가 멀어 보이는 표현들조차 제 1의 실천 곧 노동이 존재 속에 도입하는 저 과정의 필연적 계기들이라는 점 등은 이후의 고찰에서야 비로소 분명히 드러날 수 있다.

II

일반자(유)와 개별자(표본)의 통일성

〔40〕 유적 성질의 중심적 위치, 자연적인 유적 성질이 지니는 침묵의 극복은 다른 것들과 유리되어 생겨난 청년 마르크스의 천재적인 "착상"에 불과한 것이 결코 아니다. 비록 이 문제가 마르크스의 이후 저작들에서 이같이 명확한 용어로 공공연하게 등장하는 경우는 지극히 드물긴 하지만, 그가 유적 성질의 발전을 인류발전의 과정을 판단하는 존재론적으로 결정적인 시금석으로 여기지 않은 적은 한 번도 없었다. 사회성의 실현을 나타내는 표지(標識)로서 누차에 걸쳐 강조되었던 자연적 한계들의 후퇴만 하더라도 이러한 구상을 시사하고 있다. 마르크스가 진정하게 실현된 사회주의 곧 공산주의를 인류의 전사(前史)의 종언이라고 지칭한 것은 한층 더 특징적인 일일 것이다. 공산주의로 이어지는 사회·역사적 경향들을 객관적이고 정확하게 서술한다는 점에서뿐만 아니라 이 단계〔공산주의〕를 인간 유(人間 類)의 역사에서 마침내 도달된 정점이 아니라 인간 유의

본래적이고 진정한 역사의 시작으로 본다는 점에서 그는 유토피아주의자들과 — 가장 위대한 유토피아주의자들과조차도 — 다르다. 그러므로 우리는 노동(그리고 이와 더불어 인간 유의 주·객관적인 존재기반들)의 발생에서 공산주의까지의 역사를 진정한 인류사인 그 과정〔공산주의〕의 전사(前史)로 다루어야 한다.

인간 유의 사회·역사적 존재와 생성에 대한 이 획기적인 존재론적 주장에서 눈에 띄는 점은, 보통의 경우에는 모든 주장에 대해 정확하게 근거를 대는 바로 그 마르크스가 이미 〈포이어바흐-테제〉에서 그의 주장들을 자명하고 명증한 것으로, 어떠한 증명도 필요로 하지 않는 것으로 여기고 있다는 점이다. 마르크스의 이러한 태도는 전적으로 타당하다. 선행 인식론들은 단지 감각적으로만 포착될 수 있는 개개의 것들로부터 유적인 것(추상적인 것, 일반적인 것 등등)의 일반개념으로 인간의 사고가 고양되는 것은 어떻게 가능한지, 또는 "논리적"으로 설정된 그러한 일반개념들로부터 개개의 것으로, 개별적인 것으로 하강할 수 있게 하는 것은 무엇인지 하는 문제를 종종 극히 예리하게 추론하는 가운데 해결하려 애썼다. 이러한 인식론들과는 현저히 다르게 마르크스는 유와 표본의 불가분한 통일성을 존재의 근본사실로, 즉 무조건 인정되고 실천적·이론적으로 적용되어야 하며 그 존재에 대한 어떠한 증명도 필요치 않는 그런 근본사실로 여긴다. 그리하여 그는 헤겔 철학에 대한 그의 최초의 비판(1843)[1]에서 이미 추상적·논리적인 구성물들이 존재에 가하는 능욕에 대해 열정적이고 단호하게 반대하는 태도를 보인다. 그는 개념적 파악

---

1) 옮긴이 : 《헤겔 국법론 비판》(*Kritik des Hegelschen Staatsrechts*).

(*Begreifen*)의 문제에 있어 자신의 생각과 헤겔의 생각 사이에 존재하는 대립을 다음과 같이 설명하고 있다. "하지만 이 개념적 파악은 헤겔이 생각하듯이 논리적 개념의 규정들을 도처에서 재인식하는 데에 존립하는 것이 아니라 독특한 대상의 독특한 논리를 파악하는 데에 존립한다."[2] [41] 마르크스가 여기서 뜻하는 것이 구체적인 존재발전의, 다시 말해 실재적인 과정의 합법칙적 연관관계라는 것을 인식하기란 어려운 일이 아니다. 그런데 이와 같은 일반적·철학적인 비판은 개별자가 일반자와 맺는 관계 및 그 역(逆)의 관계에 대한 우리의 물음과 연관되어 표현되고 있다. 마르크스는 헤겔의 추론형식에 대해 다음과 같이 말한다. "그가 이성추론을 전개하는 와중에 그의 체계의 초월성 전체와 신비적 이원론이 나타난다고 말할 수 있다. 중심은 딱딱한 쇳덩어리, 곧 일반성과 개별성 사이의 은폐된 대립이다."[3] 그리고 뒤에서 다음과 같이 보충하면서 총괄한다. "하지만 헤겔이 일반성과 개별성을, 다시 말해 추론의 추상적 계기들을 현실적 대립물로 다루고 있다면, 이것이 바로 그의 논리학의 근본적 이원론이다."[4] 따라서 일반자와 개별자는 헤겔 논리학의 맥락에서처럼 결코 논리적 대립물이 아니라 서로 딱 붙어 공존하는 존재규정들의 사유상의 표현이라는 것이 마르크스가 이미 초기부터 지니고 있었던 확신처럼 보인다. 실제로 그랬는데, 포이어바흐를 두고 단지 침묵하는 유적 성질만 알고 있다고 한 비판이나 인간의 유적 성질을 침묵을

2) *MEGA I / 1*, p. 510.
3) *Ibid.*, p. 502.
4) *Ibid.*, p. 506.

넘어서는 유적 성질로 인정하라는 요구는 그와 같은 존재론으로부터만 그 근거가 확립되고 또 이해 가능하게 된다.

유기체와 침묵하는 유적 성질

침묵하는(의식적으로 생성되지 않고 의식적 표현을 구하지도 찾지도 않는, 그렇지만 실재적 존재과정들 속에서 실제로 표현되는) 유적 성질은, 따라서 유기적 자연존재 전반의 존재론적인 기본적 범주로 나타난다. 무기적 자연에는 그 어떤 의식으로 나아갈 수 있는 지극히 미약한 단초들조차도, 다시 말해 대상들 및 그 과정들의 관계들에 이론적으로 덧붙이기라도 할 수 있을 그런 단초들조차도 결여되어 있다. 그렇기 때문에 우리는 이 존재영역에서는 객관적으로 확인할 수 있는(따라서, 침묵하는) 유적 성질에 관해서만 말할 수 있다. 하지만, 비록 한편으로 각 표본의 존재 및 존재과정이 유적 성질의 동일한 규정들을 드러내 보이긴 하지만, 다른 한편으로 유는 단지 개별표본들 속에서만 직접적으로 존재한다는 존재론적인 근본사실은 무기적 자연에서도 동일한 범주적 연관관계 — 마르크스에 따르면 범주란 현존재 형식, 실존규정인데 — 가 기본적인 존재방식임을 보여준다. 여기에서 유적 성질의 일반성을 존재표현이 아니라 단지 사고규정(추상물)으로만 여기는 데에 관념론적인 오도(誤導)가 있다. 〔42〕 이러한 "추상물"은 존재하는 대상성의 참된 본질에서 결코 분리될 수 없고, 다만 이차적으로 추론된 방식으로 사유를 통해 규정된 것일 뿐이다. 그것은 존재하는 사태를 사유 속에서 확정한 것에 다름 아니다. 무기적 자연에서는 물리적이거나 화학적인 과정이 대상성 형식의 해체를 낳을 수 있으며, 그럴 경우에 그렇게 변한 대상은 이미 객관적으로 이전과는 다른 유에 속할 수 있다. 하지만 그렇다고 해서 개별표본과 유의 그러한 관계가 폐지되는 것은 아니다. 이 존재영역에서 이루어지는 대상들 상호 간의 관계란 본질적으로 단순한 다름에 지나지 않기 때문에, 유의 그와 같은 변화는 무기적 자연의 운동연관들의 총체성 속에 아무런 무리 없이 편입된다.

모든 유기체는 내적 힘들에 의해 움직여지는 복합체, 발생과 소멸이 그 존재방식의 기초를 이루는 규정인 그런 복합체이다. 그런 한에서 유기체의 발생과 더불어 무기적 자연과의 관계에서 한 가지 근본적인 변화가 생겨난다(이러한 재생산 과정의 이전이나 이후에 유기체의 구성요소들은 무기적 존재 내에 존재하는 어떤 것에 불과하다). 개별 유기체들의 이 재생산 과정은 각각의 유적 성질의 테두리 안에서 진행되며, 본질적으로 유기체와 이 유기체의 유에 적합한 환경의 주로 물리·화학적 과정들의 직접적 작용 사이에서 이루어지는 상호관계이다. 유기적 자연의 대상들도 그러한 환경에 속할 수 있는데, 그렇다고 해서 이러한 사태가 폐지되는 것은 아니다. 유기체의 재생산 과정이 그 환경 속에서 자립적인 운동성을 전제로 하는 더 고차적인 단계에서야 비로소 환경의 물리·화학적 과정들이 생물학적인 것으로 개조되는 일이 일어난다(예컨대 광선은 색깔로, 공기의 진동은 소리로 생물학적으로 변화된다). 이러한 존재사실은 신호들(소리 등등)을 통해 이루어지는, 유의 표본들 상호 간의 그때그때 구체적으로 규정된 소통을 경향적인 결과로 가진다. 이 신호들에서는 재생산을 위해 중요한 사태들(영양섭취, 위험, 성적인 접촉 등등)이 표현되며, 그리하여 재생산을 위해 중요한 특정 상황 속에서 유에 적합한 올바른 반응을 가능하게 한다. 자립적으로 운동하는 하나의 유기체는 이제부터는 다음과 같은 환경 속에서만, 즉 그것의 가장 중요하고 전형적인 일들이 자기에게 친숙하게 되고 또 그 테두리 안에서 유 내부에서도 전달〔소통〕 가능하게 된 그런 환경 속에서만 스스로를 재생산할 수 있다.

바로 이것이 마르크스가 포이어바흐의 구상을 수정하면서 침묵하는 유적 성질이라 지칭했던 존재발전의 단계이다(무기적 자연에서라면 그와 같은 지칭은 상호관계들의 완결된 물리·화학적 외형을 왜곡하는 것이 될 것이다. 〔43〕 침묵이라는 것은 이미 적어도 전달의 추상적 가능성을 전제하는 것인데, 무기적 자연의 단계에서는 아직 그와 같은 가능성을 말할 수 없다). 그렇기 때문에 유적으로 스스로를 재생산하는 유기체의 모든 본질적 관계에서 일어나는 도약은 아무리 높게 평가해도 지나치지 않다. 도약은 유기체와 그 환경 간의 모든 관계에서 일어나는 근본적 변화를 내포하는데, 물론 이 변화는 도약으로 이어지는, 그 모든 계기에서 이루어지는 (여기서는 아주 대략적으로 윤곽만 그린) 발전을 전제로 한다. 따라서 존재의 견지에서 보면 이러한 도약에는 두 가지 요소가 함유되어 있는데, 연속성과 연속성의 단절이 그것이다. 연속성은 더 높은 단계에서도 일정한 근본구조들을 보존하는 것으로서 나타나며, 연속성의 단절은 전혀 새로운 범주들의 발생으로 볼 수 있다. 우리는 두 결합방식과 관련하여 주된 규정들을 무엇보다 표본과 유라는 새로우면서도 오랜 관계의 관점에서 조금 더 자세히 살펴보고자 한다.

주체와 객체, 개별성과 개체성

우리가 이미 알고 있듯이 도약의 존재적 기반은 환경에 대한 유기체의 수동적 적응이 능동적 적응으로 바뀐 것이다. 이를 통해 사회성이 유적 성질 일반의 새로운 방식으로서 발생하고, 직접적으로 있는 순수 생물학적 성격을 점차 과정적으로 극복해나간다. 두 영역의 존재적 공존을 지적하는 것은 여기서도 존재론상으로 꼭 필요한 일이다. 추상적으로는 비슷하지만 구체적인 규정들에서는 당연히 전혀 다른 공존이 무기적 자연과 유기적 자연 사이에서 일어나는 도약에도 있다. 사회성 속에서 자신의 단순 생물학적 현존재를 넘어서는 인간은, 하지만 생물학적으로 재생산되는 생물학적 존재기반을 계속 가질 수밖에 없다. 그럼으로써 그는 무기적 영역과의 연결도 결코 끊어낼 수 없다. 이러한 이중적인 면에서 인간은 〔사회적 존재이면서〕 **또한** 자연적 존재가 아닌 적이 단 한 순간도 없다. 물론 인간 자신과 (사회적으로) 개조된 그의 환경 속에 있는 자연적 측면이 사회적 존재규정들에 의해 점점 더 강력하게 지배되는 방식으로 그러한데, 하지만 생물학적 존재규정들은 이를 통해 단지 질적으로 변화될 수 있을 뿐이지 결코 완전히 극복될 수는 없다.

환경에 대한 적응의 능동적 방식(경향적으로 봤을 때, 환경의 개조, 새로 생산된 재생산 조건들에 대한 이러한 상호관계에서 생겨나는 경향적 적응)이 여기서 도약하는 지점이다. 그러한 능동적 방식의 단순한 사실성의 결과, 본래적인 인간존재를 형성하는 일련의 규정들, 다시 말해 전혀 다른 유형의 유로의 인간존재의 귀속을 형성하는 일련의 규정들이 생겨난다. 이미 우리는 노동 속에서, 노동으로부터 이루어지는 목적론적 정립의 발생과 본질에 관해서 말한 바 있다. 나중에 이 주제영역을 따로 다룰 것인데 그럼으로써 인간 실천의 광범위한 영역이 점차 조명될 것이다. 〔44〕 그런데 우리가 모든 실천은 목적론적 정립을 기반으로 삼고 있다는 단순한 사실만을 여기에서처럼 아주 추상적으로 주목할 때조차도 분명하게 알아야만 할 것이 있다. 모든 목적론적 정립은 단지 공존하는 가운데서만 존재할 수 있는 주체-객체 이원성(*Subjekt-Objekt-Dualität*)의 발생을 전제조건이자 결과로 가질 수밖에 없다는 것이 그것이다. 목적론적 정립의 점차적인 발생과정은 — 우리는 이 일이 얼마나 오랜 시간에 걸쳐 이루어졌는지 아직 정확히 모르는데 — 그러한 존재규정의 전적인 새로움을 밝혀줌과 동시에 은폐한다. 왜냐하면, 한편으로 그 과정이 각 단계에서 올바로 인식되고 해석되는 한, 사회적 존재의 이 새로운 규정을 구체화하는 데 아주 많은 기여를 할 수 있지만, 다른 한편으로 동물의 발전에서 나타나는, 순전히 생물학적으로 머물러 있으면서 발전의 막다른 골목에 멈춰 서 있는 모종의 단초들과 그 규정이 약간 유사하다고 해서 그 유사성(많은 경우 이 유사성은 겉모습의 유사성일 뿐인데)을 발전단계들에서 관념적으로 떼어내어 다루게 되면 그 과정에 대한 인식을 잘못된 길로 이끌 수 있기 때문이다.

어쨌든 유적 성질의 관점에서 볼 때 지극히 중요한 하나의 발전경향, 곧 개별성의 개체성으로의 점차적인 변화가 시작된다. 개별성은 일반성과 마찬가지로 모든 존재의 근본범주 가운데 하나다. 즉, 모든 존재자는 그 유(일반자)의 표본이자 동시에 개별적 대상성(개별자)으로서 실존한다. 유명한 궁녀(宮女) 일화에 따르면, 라이프니츠는 이를 나뭇잎을 통해 실증했다.[5] 하지만 다른 대상들과의 관계

(환경에 대한 유기체의 수동적 적응도 포함하는)가 아직 주체-객체 관계(*Subjekt-Objekt-Beziehung*)로 고양되지 않는 한, 개별성은 단순한 자연적 사실로 머물러 있을 수밖에 없다. 인간의 경우에도 그렇다. 모든 인간은 다른 사람들에게서는 결코 다시 나타나지 않는 유일무이한 지문(指紋)을 가지고 있다는 오래전에 이루어진 확인은, 그 존재론적 내실에 있어서 라이프니츠의 나뭇잎 예를 넘지 않는다. 물론 라이프니츠는 아직 극히 추상적·일반적인 그의 이 테제를 가령 공원길에 깔려 있는 조약돌을 통해 설명할 수도 있었을 것이다. 결코 단순히 자연적으로가 아니라 언제나 사회적으로 기초가 확립된 개체성이 한낱 자연적인 개별성으로부터 전개되어 나오는 현실적 발전은 지극히 복잡한 과정이다. 실천의 목적론적 정립이 이에 수반되는 모든 상황과 더불어 그 과정의 존재기반을 이루는 것이 사실이지만, 그 과정 자체는 결코 목적론적 성격을 띠지 않는다. 비교적 높은 발전단계에서 인간 스스로, 다소간 의식적으로 개체성이 되고자 하며, 또 이러한 그의 의도는 자주 목적론적 정립의 내용이 될 수 있다. 하지만 그렇다고 해서 〔과정 자체가 목적론적 성질을 띠지는 않는다고 하는〕 그러한 근본사실이 파기되는 것은 아니다. 개체성 일반의 문제가 실재적 문제로서, 그리고 무엇보다도 일반적 문제로서 나타나도록 하기 위해서는 사회적 관계들의 장기간에 걸친(처음에는 아주 천천히 진

---

5) 옮긴이: 라이프니츠(Gottfried Wilhelm von Leibniz, 1646~1716)는 《단자론》(單子論, *Monadologia*)으로 유명한 독일의 철학자다. 여기서 루카치가 말하는 일화란, 궁정에서 라이프니츠가 절대적으로 똑같은 두 장의 나뭇잎은 없다고 하자 주위에 있던 귀족들이 이를 반박하기 위해 궁 안에서 똑같은 나뭇잎을 찾아보았지만 결국 찾는 데 실패했다는 이야기를 두고 하는 말인 듯하다.

행되는) 발전이 필요하다는 이유만 보더라도 그러한 근본사실이 파기되지 않는다는 것을 알 수 있다. 〔45〕 노동과 이로부터 직접적으로 생겨나는 실천의 모든 형식은 노동하는 인간, 실천적으로 활동하는 인간에게 처음부터 복잡한 반작용을 하며, 그의 활동을 점점 더 확장되는 활동으로, 그리고 점점 더 분화됨과 동시에 의식적으로 되는 활동으로 바꾼다. 그리고 이를 통해 주체-객체 관계는 인간의 삶에서 점점 더 강력하게, 그리고 이와 동시에 점점 더 내포적으로 지배적인 범주가 된다. 이와 동시에 사회의 사회성 또한 방금 서술한 과정의 기초를 이루는 가운데 점차 실질적으로 구축되며, 그럼으로써 목적론적 정립을 위해 외연적·내포적으로 점점 더 커지는 활동의 장(場)을 산출한다. 물론 이와 동시에 사회의 사회성은 무엇보다도 사회적으로 정초된 방식으로 이같이 증대하는 활동의 장을 확장하고 구체화하며, 또 필요한 곳에서는 제한한다. 실천의 결과로 점점 더 풍부하게 다면적으로 육성되는 인간은 그리하여 하나의 사회, 그 사회와 자연의 신진대사, 그 사회가 스스로를 보존하기 위해 기관들을 형성하는 과정 등등과 마주하게 된다. 이를 통해 유적 성질의 객관적인 구현물이 성장하며, 또 많은 측면에서 점점 더 다양해질 뿐만 아니라 이와 동시에 사회 속에서 실천적으로 활동하는 개개인에게 더 많아지고 더 분화된 요구를 한다. 객체성과 주체성이 부단히 상호작용하는 가운데 객체와 주체 양 측면에서 공히 전개되는 이러한 과정을 통해 비로소, 아직 많은 측면에서 한낱 자연적인 인간의 본원적 개별성이 점차 (사회적인, 오직 사회성 속에서만 가능한) 개체성의 성격을 띨 수 있는 그런 존재기반들이 생겨나게 된다.

우리는 나중에 할 설명에서 이 문제복합체를 한층 더 상세하고 구체적으로 다루게 될 것이다. 여기에서는 다만 다음과 같은 점, 즉 사회적 실천 속에서 이루어지는 주체와 객체의 발생은 실천 중에 있는 인간에게 구체적 대상들(사회와 자연의 신진대사가 그것들의 실존과 가공에 의거하는 그런 구체적 대상들)이 그 인간이 이제부터 사회적 실천의 주체로서 마주 대하는 객체가 되는 기나긴 과정이 진행되는 가운데서야 비로소 그 본래적 존재방식에 있어 더 이상 침묵하지 않는 유적 성질의 문제복합체를 생겨나게 할 수 있으며, 뿐만 아니라 이로부터 생겨나는 사회성 그 자체의 형식들을 통해서 궁극적으로—마르크스가 강조했듯이—사회적 관계들의 앙상블로서의 고유한 유적 성질을 생겨나게 할 수 있다는 점을 암시하는 것이 중요했을 따름이다.

언어

이러한 변화는 언어에서 유의 표본들 상호 간의 전혀 새로운 소통형식이 발생한다는 사실을 통해 명확하게 드러난다. 마르크스는 인간의 유적 성질의 발전과정에서 나타나는 이러한 새로운 상황을 언어와 관련하여 다음과 같이 규정하고 있다. “언어는 의식만큼 오래된 것이다. 언어는 실천적 의식이자 또한 타인들에 대해 실존하는, 그럼으로써 나 자신에 대해서도 비로소 실존하는 현실적 의식이다. 〔46〕 언어는 의식과 마찬가지로 타인들과의 교통(*Verkehr*)의 욕구, 교통의 필요에서 비로소 생겨난다.”[6] 물론 언어 또한 “무(無)로부

6) *MEGA I / 5*, p. 20.

터의 창조"로서 발생하지 않는다. 하나의 유에 속하는 표본들 간의 전달방식으로서 언어는—그것을 모든 선행형식들과 질적으로 구별지우는 발생의 도약성에도 불구하고—신호를 통해 이루어지는 고등동물들의 전달형식에 그 전사(前史)가 있다. 도약은 내용적·형식적인 이중적 기초를 함유하고 있다. 첫째, 언어가 언어이기 위해서는 신호의 단순한 상황구속성(*Situationsgebundenheit*)〔상황에 구속됨〕을 넘어서야만 하며, 또 그것이 직접적이고 현재적인 행위와 맺는 순수하게 구체적으로 일회적인 관계를 넘어서야만 한다. 가령 새 한 마리(닭, 거위, 경우에 따라서는 들오리일 수도 있는데)가 하늘에 있는 맹금(猛禽)의 모습에 특정한 신호로써 반응한다면, 이 반응 속에는 환경 속에 있는 명확하고 구체적인 생명의 위험에 대한 효과적인 반응과 일회적으로 아주 정확하게 행해지는 직접적인 방어 반응이 포함되어 있다. 그러나 그와 같은 반응방식이 철저하고 정확하게 작동한다고 해서 이로부터 예컨대 그 새가 그 적을 전혀 다른 상황에서도 "동일한" 적으로 확인할 수 있다는 결론이 나오는 것은 결코 아니다. 생명을 해치는 그와 같은 위협을 알고 있다는 것이 그 위협자와 그의 존재 자체의 동일시를, 따라서 그 위협자에 대한 인식을 내포하는 것은 결코 아니다. 그 위협자는 위협받는 유기체에 대한 이 기능〔위협 기능〕 외에도 존재자 자체로서 자기 자신에게 실천적으로 중요한 특성을 다수 지니고 있다(예컨대 사람들은 비교적 높은 발전단계에서 맹금을 사냥 조수로 이용할 수 있었다). 따라서 자연환경에 대한 인간적 관계는 그때그때 주어진 각각의 직접적 관계를 넘어서는 상황들 속에서 해당 대상이 지니는 동일성을 포함한다. 〔우리에게〕 알려진 것으로부터(구체적·직접적인, 우리에 대한 존재(*Fürunssein*)로부터) 그것의 즉자존재(*Ansichsein*)에 대한 인식이 발전되어 나온다. 마르크스는 의식화 속에서, 언어 속에서 객관화되는 이 새로운 관계를 다음과 같이 표현한다. 노동하는 인간에게는 그가 노동 및 그 이상(以上)의 실천을 통해 적응하는 환경의 무기적·유기적(그리고 이후에는 또한 사회적) 대상 및 연관들과의 "관계"가 점점 더 많아지는데 반하여, 동물은 무(無)와 "관계"하며 따라서 전혀 "관계"하지 않는다. "동물에게는 그것이 다른 것들과 맺는 관계가 관계로서 실존하지 않는다."7)

〔47〕 이것은 명백히 질적인 도약이다. 하지만 이때 결코 잊어서는 안 될 것이 있는데, 질적으로 새로운 것 속에는 근원적 출발점의 본질적인 존재규정이 동시에 보존되어 있다. 즉, 유와 그때그때 실천적으로 문제되는 그 표본 간의 직접적이고 불가분한 통일성이 보존되어 있는 것이다. 따라서 상황구속성을 언어에서 극복한다는 것이, 그 속에 불가분하게 현존하는 유 구속성(*Gattungsgebundenheit*)〔유에 구속됨〕도 극복한다는 것을 의미하는 것은 결코 아니다. 이와는 반대로, 유 구속성은 인식됨에 따라 더욱더 강화된다. 유와 표본에 있어 즉자존재의 계기들이 더 많이 나타날수록(이것이 바로 상황구속성 극복의 주된 내실을 이루는 것인데), 언어를 통해 매개된 자립적인 계기들에 있어서는 직접적인 실천연관성과 낯선 유적 성질에 대한 한갓 직접적인 앎을 인식상으로 극복하는 객관적인 유적 성질이 세계상(世界像)을 더 많이 지배하게 된다. 그러한 객관적인 유적 성질은 모든 표본이 — 그들이 처한 그때그때의 구체적인 상황, 그

---

7) *Ibid.*

상황 속에서 그들이 하는 구체적 작용 등등이 어떤 것인지와는 점점 더 무관하게 — 자신들의 유적 성질 속에 극복 불가능하게 머물러 있다는 것을 보여준다. 그리하여, 유적 존재로서의 인간은 그의 실천의 사실적 기반들에 의해 규정된 방식으로 다른 유들 및 그 표본들과 "관계"한다는 마르크스의 확언이 비로소 이해 가능하게 된다. 헤겔은 이미 《정신현상학》 초반부에서 인간 사고의 출발점이자 인간 사고의 더 높은 발전을 위한 요구로서 단언하기를, 알려진 것은 그것이 알려져 있기 때문에 인식된 것은 아직 아니라고 한다. 그가 이렇게 단언한 것은 일상생활을 하는 인간의 언어 속에서 이미 현실화된다. 뭔가를 언어로 표현할 수 있기 위해서는 말을 통한 그것의 지칭이 이중의 실재적 성질을 포착하고 표현해야만 한다. 한편으로는 각각의 표본이 그 자신의 실상(實相) 속에서 지니는 지속적 동일성을 포착하고 표현해야만 하며, 다른 한편으로는, 이와 불가분하게, 표본과 그 고유의 유적 성질 간의 불가분성을 포착하고 표현해야만 하는 것이다. 그렇기 때문에 초창기 인간의 사고가 대상들을 명명하는 능력을 그 대상들에 대한 지배의 표시로 이해했던 것은 결코 우연이 아니다(짐승들을 명명함으로써 그 짐승들에 대한 인간의 지배를 명시하는 모세의 〈창세기〉가 여기에서도 환기될 수 있을 것이다). 초기에는 명명과 지배의 이러한 일치가 늘 주술적·신비적인 과장을 겪기 마련이지만, 실제적인 실천의 산문(散文, *Prosa*) 속에서 그것은 환경에 대한 인류의 성공적인 능동적 적응의 이론적 기초로 남아 있다.

여기에서는 사회적 존재 속에 이렇게 존재하는 근본적인 관계만 언급하겠다. 언어에서 이러한 관계의 표현이 생겨나는 것 또한 물론 하나의 과정이다. 〔48〕 즉, 한갓 신호적인 것의 한정된 구체성에서부터 환경의 언어적 포착에서 이루어지는 실천적으로 생산적인 "추상"으로 가는 길, 대상복합체들의, 근저에 놓여 있는 이러한 과정들의 복잡한 결합들에 대한 실천적인 처리로 가는 길은 분명 장구한 도정이었다. 우리가 그 길을 오늘날 개관할 수 있는 한에서 말하자면, 적어도 발전의 가장 본질적인 구성요소 가운데 하나는 방금 개괄한 유적 성질의 언어적 고정이었다. 따라서 겉보기에 그 길은 구체적으로 일회적인 것에서 유적인 "추상물"로 가는 길이다. 우리는 "겉보기에"라고 말하는데, 그도 그럴 것이, 예컨대 레비브륄[8]이 기록한 사례를 보면 클라마스 인디언들에게는 가령 여우에 대한 표현이 없는 반면 여우의 하위종들 각각에 대한 표현은 있는데, 그렇다면 그와 같은 사례에서 유에 대한 보다 포괄적인 명칭의 발생(이는 경우에 따라서는 — 다시 말해 결코 무조건 그런 것은 아닌데 — 이전의 분화된 이름들을 밀어내고 이루어지는데)은 더 이상 신호에서 언어로 가는 길이 아니라 언어 내부에서 이뤄지는 통합과정의 길을 걸었던 것이다. 유개념들이 얼마나 넓게 혹은 좁게 파악되든, 이러한 과정 때문에 유와 표본의 언어적 통일성에서 바뀌는 것은 아무것도 없다. 가령 고래는 어류가 아니라 포유동물류에 속한다고 하는, 이후에 이루어진 과학적으로 한층 더 정확한 규정이 이러한 근본관계를 폐기하지 않듯이 말이다.

---

8) **옮긴이**: 레비브륄(Lévy-Bruhl, Lucien, 1857~1939)은 프랑스의 사회학자·철학자다. 뒤르켐 학파의 학풍을 계승하여 인식사회학에 공헌했고, 미개인의 정신구조를 고찰하여 원시심성을 주장했다. 주요저서로는 《콩트의 철학》, 《미개 사회의 사고》 따위가 있다.

근본규정들의 발전능력과 지속성, 신축성과 견고성의 이러한 통일성은 언어에서 이루어지는 존재론적 세계포착의 이 경우를, 사회적 존재에서 성립하는 주체에 대한 객체들의 이러한 관계방식이 표현방식들로서, 의식화의 기관들로서, 실천에 필요한 정립들과 결정들을 준비하고 실행하는 능력으로서 빚어내는 본질적인 변주(變奏)들을 이해하는 데에도 유용하게 만든다. 물론 우리의 정식화는, 사회와 자연 사이에서 이루어지는 신진대사의 계기들을 언어로 고정한 것들 — 이에 대해서는 위에서 고찰했는데 — 은 본질적으로 이미 사회적 성격을 띠고 있었다는 점에서 꼭 정확한 것은 아니다. 객관적으로 보자면, 노동의 모든 활동에는 단지 알려진 것에서 인식된 것으로의 이행이 이미 내포되어 있다. 설사 그 인식된 것이 실제로 의식적인 정신적 반영을 꼭 보존하고 있는 것은 아니라 할지라도 말이다. 인간의 실천을 두고 마르크스가 한 말(이는 역사적 방법론의 토대를 이루는 것인데), 즉 그들은 그것을 모르지만 행한다(*Sie wissen das nicht, aber sie tun es.*)는 말은 노동에 대해서도, 아니, 노동에 대해서야 비로소 타당성을 가진다. 단순히 알려진 것에서부터 전개되어 나오는 인식은 노동의 실천 속에서 틀에 박힌 것, 반사적으로 확정된 것, 자명한 것으로까지 될 수 있다. 이때 그 실천의 객관성을 확정하고 구체화하는 인간의 의식화 활동들 자체는 사유를 통해 즉각 규명될 필요가 없다. 그러나 실천의 객관성에서는 신호에서 언어로 가는, 단순히 알려진 것에서 다소간 인식된 것으로 가는, 〔49〕 사건들에 대한 직접적인 반응에서 대상복합체와 대상과정들에 대한 "행동"으로 가는 그러한 과정이 이미 완수되어 있어야만 한다. 그 과정이 노동 실천의 기반으로서 고정될 수 있기 위해서는 말이다. 그도 그럴 것이, 그래야 비로소 인간은 그 대상성이 이미 전적으로 혹은 주로 사회적 존재의 산물인 존재복합체들과 적절히 관계할 수 있게 된다. 사회에서 나타나는 유적 성질의 질적으로 새로운 존재형식은 맨 처음에는 다원주의적 모습을 보여준다. 즉, 그것은 바로 직접적 실천 속에서 처음부터 더 작은 유적 단위집단들로 분화된다. 그리고 보편인간적인 유적 성질은 비록 — 궁극적으로는 — 주된 경향들의 방향을 규정하는 힘이긴 하지만 한갓된 추상물로서 그것들〔더 작은 유적 단위집단들〕과 직접적으로 마주하고 있는 것처럼 보인다. 우리가 염두에 두고 있는 것은, 유기적 자연에서 개별 유기체들은 직접적으로 그 각각의 유의 표본인 반면, 사회적으로 생성된 인간 유는 직접적으로 자체 완결적인 것으로 보이는 더 작은 단위들로 분화된다는 기본적인 사실이다. 그리하여 인간은 실천 속에서 자연처럼 침묵하는 유를 넘어섬으로써 유적 존재로서의 자기 존재의 규정을 어느 정도 의식하기에 이르지만, 이와 동시에 유의 더 작은 부분형식의 의식적인 구성원으로서만 출현할 수밖에 없다. 따라서 인간의 더 이상 침묵하지 않는 유적 성질은 그 자기의식을, 사회로서 존재 속에 들어오게 될 인류라는 진정한 총체적 유에 바로 붙박아 두는 것이 아니라, 그것의 직접적인 최초의 부분적 현상형식들에 붙박아 둔다. 이러한 분리는 의식적으로 심히 확대되는데, 그리하여 유적 성질의 이 최초의 부분적(물론 부분적인 것으로서도 더 이상 침묵하지 않는) 형식들의 구성원들은 다른 유사 집단들의 구성원들을 같은 인간으로, 동일한 유에 속하는 존재로 다루지 않을 지경이 된다(식인 풍습 등등). 그리하여 더 이상 침묵하지 않는 인간의 유적 성질은 직접적 실천에서는 완전히 자립적인 부분들로 해체되는 것처럼 보인다. 이는 존재론상 자명한 것으로 나타나는데, 그럼으로써 일상생활의 직접적 의식형식들은 이러한 해체를 계속 따라가지 않을 수 없다. 이 점을 아주 분명하게 보여주는 것은, 인간 특유의 유적 성질의 일차적 기관 가운데 하나인 언어의 역사이다. 인간의 유적 성질의 전반적인 발전은 자연에서는 볼 수 없는 다원주의의 모습을 보여주는데, 언어에서도 그렇다. 언어 또한 처음부터 다원주의적으로 존재한다.

그런데 이러한 다원주의는 인간의 유적 역사에서 특이한 변증법을 보여준다. 즉, 한편으로 인간들의 주체적 존재경향들 속에는 그들의 사회적 현존재의 이 원천적 소여방식이 지닌 아주 강력한 지속능력이 내포되어 있으며(그러한 경향들은 오늘날에도 예컨대 브르타뉴 지역이나 웨일스 지역에서 볼 수 있다), 〔50〕 다른 한편으로는 이러한 초기적 분화의 부단한 지양이, 다시 말해 이러한 부분적 단위들의 융합에서 생기는, 점점 더 커지는 통합단위들의 발생이 인류사의 한 중요한 계기로서 나타난다. 지금까지 이러한 지양은 무엇보다도 점점 더 순수해지는 사회적 원리들이 한갓 자연적 원리들을 예전보다 한층 더 강력하게 억누르는 곳에서 민족들〔국민들〕의 발생과 공고화를 낳기에 이르렀다. 이를 넘어서는 한층 더 포괄적인 통합방식의 구체적인 존재형식들에 대해서는, 미래의 경향을 말할 수 있을 뿐이지 실로 구체적인 것을 말하기란 오늘날에도 거의 불가능하다. 한편으로 우리는 의문의 여지없이 객관적으로 전체 인간 유의 통일적인 경제적 존재의 방향으로 쏠려가는, 부단히 증대하는 경제적 통합을 인지하지 않을 수 없다. 초창기 사회형식들의 국지적인 개별특수성[9]을 극복하고 그것을 하나의 경제적 통일체로 융합해내기에 충분할 만큼 강력했던 그런 경제적 통합경향의 기반이 없었다면, 민족도 보다 포괄적인 통일성 형식으로 관철될 수 없었을 것이다. 다른 한편 우리는, 민족들로 통합된 통일성 경향들이 (그리고 우리가 볼 수 있었다시피 전(前) 민족적 또는 원시민족적 성격을 띤 경향들도) 경제적으로 더 고차적인 단계에서 이루어지는 통일의 모든 새로운 형식들에 대해 얼마나 강력하게 저항하고 있는지를 보고 있다. 이러한 경향들 또한 오늘날 경제・사회적으로 여러 가지 성질을 띠고 있다. 지금까지의 인류 역사는, 오늘날까지 결국에 승리를 거둔 것은 더 고차적인 통합형식들이었음을 보여준다. 물론 그 역사가 그러한 통합형식들이 유적 성질을 질적으로 수정하는 이 같은 변형을 어떤 구체적 방식으로 계속 실행해나갈 수 있을지에 대해서는 우리에게 확실히 가르쳐 줄 수 없지만 말이다.

9) **옮긴이**: "개별특수성"은 "Partikularität"을 옮긴 말이다. 낱낱이 단자화된 추상적 개별자로서의 성질을 가리키는 말인데, 예컨대 헤겔의 경우 이 용어는 주체와 객체가 이분화된 근대의 세계상태나 개인이 지니는 보편성이 결여된 주관성의 특성을 나타내는 말로 사용된다. "partikular"나 "partikulär"는 흔히 "특수한" "특이한" "개별적" 등으로 옮겨지고 "Partikularität"은 "특수성"이나 "개별성"으로 옮겨지지만, 우리는 "개별성"으로 옮긴 "Einzelheit"와 "특수성"으로 옮긴 "Besonderheit"와 구분하기 위해 "개별특수적"/"개별특수성"으로 옮겼다.

인간 유에서
유와 개별표본의 관계

지금 우리가 제기하는, 아직은 매우 일반적인 존재론적 문제들에서 무엇보다 중요한 것은, 인간의 유적 성질이 생물학적으로 결정된 침묵을 극복함으로써 그 과정적 성격을 질적으로 변화시켰다는 사실이다. 다윈 이래(아니, 생틸레르[10]와 괴테, 라마르크[11] 이래) 우리는 생명체들의 유적 성질 또한 본질적으로 역사적인 과정으로서 파악하지 않을 수 없게 되었다. 그렇지만 이 역사적 과정은 보다 일반적인 층위에서 단지 유기적 자연의 존재에 부합하는 근본사실만을, 즉 유기체들의 생성과 소멸만을 재생산하는 것이다. 유들의 경우에도 존재상(上) 유사한 방식으로 이루어지는 생성과 소멸이 있다. 이 과정은 낡은 것의 사멸과 새로운 것의 개화를 낳을 수 있지만, 계속해서 — 얼마나 많은 이행형식에 의해 매개되는지와는 무관하게 — 생물학적 의미에서의 유들의 생성과 소멸만을 산출할 뿐이다. 이에 반해 우리가 인류와 관련하여 방금 암시했던 발전과정은, 〔51〕 그 과정 속에서 자기 자신을 그 자체로 보존함과 동시에 더 고차적으로 발전시키는 인간 유의 본질적 존재형식들의 변화에 의거한 것이다. 상향발전으로의 이러한 경향을 추동하는 궁극적인 힘은 여기에서도 경제의 힘, 사회적 존재의 사회적 재생산 방식의 힘이다. 생물학적

---

10) 옮긴이 : 생틸레르(Geoffroy Saint-Hilaire, 1772~1844)는 프랑스의 동물학자다. 진화론의 역사상 라마르크와 다윈을 중계하는 위치에 있으며, 퀴비에와 함께 비교해부학의 확립에 공헌했다.

11) 옮긴이 : 라마르크(Jean-Baptiste Lamarck, 1744~1829)는 프랑스의 박물학자·진화론자다.

인 발전은 직접적으로 유들의 개별표본들 속에서(*in*) 이루어지긴 하지만 그 개별표본들에 의해서(*von*)가 아니라 그것들에 결부되어(*an*) 이루어지는 반면에, 경제적 발전과정의 전개는 오로지 인간들의(직접적으로, 오직 직접적으로만, 개개인들의, 다시 말해 유의 표본들의) 목적론적 정립을 통해서(*durch*)만 이루어질 수 있다. 이렇게 경제는 인간의 실천 속에서 인간의 생산자이자 생산물이 된다. 그럼으로써, 인간들은 비록 자기가 선택한 상황에서 그렇게 하는 건 아니지만 자신들의 역사를 스스로 만든다[12]는 마르크스의 테제는, 인간들의 유적 성질 또한 그 속에 내포된 문제들에 대한 인간들의 의식적이고 실천적인 입장 취함 없이는 발전할 수 없다는 사실을 당연한 결과로 가진다. 이때, 이러한 발전은 인간의 본질적인 생물학적 변화를 통해서 이루어지는 것이 아니라는 점, 그리고 자연적 한계들의 후퇴는 이 과정의 아주 본질적인 계기라는 점을 확인한다고 해서 그 과정의 근본성격에서 본질적 변화가 초래되는 것은 아니다.

여기는 이 문제복합체를 철저하게 다룰 자리가 아니다. 다만 곧바로 언급하지 않으면 안 될 것은, 여기서 암시한 발전조건들만 하더라도 인간 유에서 유적인 것이 표본들에 대해 자신의 일반성을 표현하는 방식은 생물학이 지배하는 영역에서와는 전혀 다를 수밖에 없다는 것을 보여준다는 점이다. 거기에서〔생물학이 지배하는 영역에서〕

---

12) 옮긴이 : 이 말은 《루이 보나파르트의 브뤼메르 18일》 맨 앞부분에 나오는 구절을 약간 변형한 것이다. 마르크스가 한 말을 그대로 옮기면 다음과 같다. "인간들은 자기 자신의 역사를 만들지만 자기 마음대로, 자신이 선택한 상황에서 그렇게 하는 것은 아니다. 그들은 직접적으로 앞에 놓여 있고 주어져 있으며 물려받은 상황에서 역사를 만든다." K. Marx, *Der achtzehnte Brumaire des Louis Bonaparte*, 인용한 곳은 *MEW*, *Bd.* 8, p. 115.

경험이 우리에게 가르쳐 준 것이 있는데, 유적인 것은 하나의 유의 전형적 일반성을 직접적이자 완전하게 표현한다는 것이 그것이다. 개별적인 것과 유적으로 전형적인 것 간의 아주 일반적인 대치(對峙)가 사회성의 변화하는 형식들에도 당연히 없을 순 없지만(그렇지 않다면 유는 유이기를 그칠 것이다) 여기에서는 그러한 대치가 완전히 새로운 내·외적 규정들을 지닌다. 변화와 과정성에 대해서는 이미 말한 바 있다. 지금 중요한 것은, 이러한 과정성을 진행시키고 또 그 진행이 중단되지 않게 하는 사회적 조건, 힘, 제도 등등을 유적 성질의 관점에서 좀더 상세하게 고찰하는 것이다. 우리는 바로 이 문제복합체와 관련하여, 더 이상 침묵하지 않는 유적 성질에 대한 마르크스의 표현방식을 언급한 바 있다. 마르크스는 그것을 사회적 관계들의 앙상블이라고 규정한다. 그럼으로써 유와 개별표본 간 관계의 가장 일반적인 성질이 폐기되지는 않지만 근본적으로 수정된다. 유가 하나의 절합(節合)된, 내적으로 분화된 총체성(*eine gegliederte, innerlich differenzierte Totalität*)이 됨으로써 말이다. 〔52〕 이러한 총체성에 고유한 극히 복잡한 재생산이 소속 개별자들의 특정한 활동, 태도 등등을 전제하고 요구하는 것은 사실이다. 하지만 한편으로 그 총체성은 그렇게 발생하는 개개인들의 목적론적 정립의 동기, 성격, 여지 등등을 야기하고 또 이것들을 폭넓게 구체화하는 가운데 결정하지만, 이와 동시에, 다른 한편으로, 그 전체적 운동에 있어서는 이러한 개별적 동인, 활동 등등에 의해서도 본질적으로 규정된다. 노동에서의 목적론적 정립을 통해, 그 속에서 생겨나는 존재론적으로 완전히 새로운 주체-객체 관계를 통해, 그리고 그 정립의 직접적인 결과(여기에는 의사소통 기관으로서의 언어도 포함되는데)를 통해 창출되는 구조

변화는, 바로 이 총체성 속에서, 모든 개별적 운명들의 형식과 내용에 대한 이 총체성의 객관적인 포괄 속에서, 개별적인 것들의 재생산 과정과 그 전체성의 재생산 과정 간의 상호관계 속에서 비로소 사회적 총체성으로서의 그 성질을, 사회성의 존재수준에 있는 모든 유적 성질의 객관적 기초로서의 그 성질을 갖게 된다.

이전의 유적 형식들과는 다른, 여기에서 결정적으로 새로운 점을 극히 추상적으로나마 분명히 하려면, 이 새로운 유적 성질의 원칙적으로 단일하지 않은 성격을 표면상 형식적으로 (본질상 대단히 내용적인 것을 뜻하긴 하지만) 강조해야만 한다. 중요한 것은, 상당히 원시적인 단계에서 이미 관계들의 그러한 앙상블은 그 앙상블에 포괄되는 개개인들에게 단일한 방식으로 작용할 수 없다는 점이다. 이는 극히 원시적인 분업과 더불어 이미 시작되는 일이다. 유기적 자연에서 일종의 분업과 같은 것이 감지될 수 있다면, 그 분업은 생물학적으로 확립되어 있는 것이다. 일벌은 단지 생물학적으로 수벌의 기능을 수행할 수 없는 것이며, 그 역도 마찬가지다. 이에 반해 채집시기만 하더라도 가령 사냥에서 누가 짐승을 몰고 누가 짐승을 죽일 것인지 등등은 사회적으로 결정될 수밖에 없다. 물론 초기의 분업은, 예컨대 남성과 여성 사이의 분업처럼 아직 많은 면에서 자연적이다. 그렇지만 이미 여기에서도 그러한 자연적 구속성조차 동물세계에서 나타나는 절대적인 성격, 넘어설 수 없는 생물학적 성격을 지닐 수 없다는 것이 드러난다. 남성이 딸기나 버섯을 따 모으는 일은 생물학적으로 볼 때 전적으로 가능한 일이다. 그리고 고대 아마존족의 전설에서부터 잔 다르크와 내전의 여성영웅들에 이르기까지, 여성이 생물학적 무능력 때문이 아니라 사회적 이유 때문에 분업 내부에서 남성의 업무로부터 배제되었다는 사실을 보여주는 수많은 증거자료들이 있다. 이러한 극단적 경우들을 포함하여 모든 분업은 처음부터 사회적인 것이다. 그리고 생산력들의 발전, 생산력들과 더불어 이루어진 분업의 발전은 분업을 점점 더 지배적으로 사회적이게 만든다.

〔53〕 그런데 재생산 과정들에서 지배적인 사회성은 인간들의 실천적 활동방식에서 생겨나는 사회적·자생적인 분화와 다원성을 의미한다. 이러한 사회적 재생산 과정이 발전됨에 따라, 예컨대 허용된 실천의 종류와 금지된 실천의 종류에 대한 법률적 통제가 도입되면, 해당 인간들의 폭넓은 분화가 "저절로" 생겨난다. 즉, 그들은 이러한 통제를 인정하거나 비난할 수 있으며, 그 통제를 확신을 가지고 따르거나 무비판적으로 따를 수 있다. 또, 그들은 규칙들을 겉으로는 준수하지만 그들 자신의 일에서는 이러한 규칙들을 위반하려 할 수 있으며, 공공연하게 — 여러 수단들을 써서 — 이러한 규칙들에 맞서는 행동을 할 수도 있다. 이에 덧붙여 말해야 할 것은, 반응방식의 분화가 그때그때의 법률적 통제 전체와 맺는 관계가 무조건 똑같으리란 법은 전혀 없다는 점이다. 각 사회의 사회적 구성의 결과로서 일정한 종합화 경향들 또한 당연히 나타날 수밖에 없다 하더라도, 그러한 분화 자체는 각각의 구체적 규칙들에 따라 새로이 구성되어 나타난다고 말할 수 있을 것이다. 이것은 물론 우연히 끄집어낸 하나의 사례에 불과하다. 한 사회가 사회적 측면에서 발전하면 할수록, 그 사회는 모든 구성원들에게 한층 더 다양한 세부적 결정들을, 그것도 삶의 전(全) 영역에서 요구한다. 이때 실지로 서로 가까운 영역들도 반응요구에서 큰 차이를 보일 때가 자주 있다. 상점

과 증권거래소, 그리고 아이가 집에서 취하는 태도와 학교에서 취하는 태도 따위를 생각해 보라.

사회의 개별구성원이 사회 전체의 내적 분화를 통해 지속적으로 부추김을 당하거나 강요받는 선택적 결정들은 거의 무한에 가까워 보일 정도로 다양한데, 이러한 다양성이 우리가 보통 개인성〔개체성〕 육성을 위한 인간 교육이라고 부르곤 하는 것의 사회적 기반이다. 개인성을 인간존재의 근본적인, 어떤 의미에서는 인간학적인 근원형식(*Urform*)으로 여기는 관습이 다양한 모습으로 존재했다(오늘날에도 그러한 관습은 결코 소멸되지 않았다). 그것은 제한적으로 옳은데, 통상 인간은 사회적 외부세계에 대한 반응(물론 자연과의 신진대사도 포함된)에서 선택적 결정의 동기들의 분화경향을 포함하는 객관적인 발전경향들을 실천적으로 따르거나 그에 맞설 수 있는 내적 가능성을 가지고 있다는 점에서는 옳다. 그런데 우리는 여기에서 문제는 궁극적으로 하나의 가능성일 뿐이라는 점을, 즉 그때까지 요구되지 않았거나 거의 요구되지 않았던 내적 비축물의 활성화일 뿐이라는 점을 알고 있다. 사회사는 개개인들뿐만 아니라 전체 집단, 계층 등등에 있어 경우에 따라서는 이같이 활성화될 수 있는 비축물들이 부분적으로 혹은 완전히 결여되어 있으며 〔54〕 그렇기 때문에 사회구조에서 큰 변화가 일어날 때 그들은 몰락에 처해질 수 있는 반면, 다른 개개인들이나 집단들은 이러한 운동에 주도적으로 참여한다는 사실을 보여주는 수많은 사례를 기록하고 있다.

그러나 사회의 운동에 의해 제기된 동일한 새 과제들에 대한 반응들이 이처럼 (막 언급한 주도적 역할도 포함하는) 커다란 다양성을 보여준다고 해서, 그 다양성이 이러한 발전의 지배적 추진력은 궁극적으로 개인의 주도에 의해 야기되었다는 것을 의미하는 것은 결코 아니다. 실은 그와는 반대다. 사회적으로 해결해야 할 문제들의 점증적(漸增的) 분화와 그 양상, 내용, 형식 등등은 궁극적으로 언제나 전체 사회의 발전에 의해 의사일정에 오른다는 것을 역사가 보여준다. 그리고 인간은 — 이 점은 우리의 상론(詳論)을 통해 더 구체적으로 밝혀질 것인데 — 대답하는 존재(*ein antwortendes Wesen*)이기 때문에, 이러한 역사적 진행 속에서 그가 하는 역할이란 역사가 제기한 물음들에 대해 실제로 작동 중인 경향들을 촉진하거나 방해하거나 수정할 수 있는 결과를 지닌 대답을 제공하는 데 있다. 이때 물론 대답과 그 대답을 야기하는 물음의 관계를 결코 기계적인 연관관계로 이해해서는 안 된다. 오직 기계적인 연관관계만이 있는 곳에서는 한 사회의 존재적 요소로서의 물음과 대답은 결코 생겨나지 않는다. 대상들, 과정들 등등의 단순 존재적 정황의 직접적인 소여상태는 대답해야 할 물음을 전혀 갖고 있지 않다. 이러한 물음은 생각하고 정립하는 주체의 산물로서 나타나는데, 이 주체는 그때그때 존재하는 낡았거나 새로운 정황, 경향 등등을 사유를 통해 하나의 물음으로 해석하며, 마찬가지로 사유를 통해 일단 대답으로 정식화한다. 의식적이게 된 이 단계에서야 비로소 대답은 실천적인 목적론적 정립의 기반으로서의 역할을 제대로 맡을 수 있다. 유기적 자연에서는 침묵하는 유적 성질의 변화가 개별표본들 속에서 실현되긴 하지만 그것들을 통해서 실현되는 것은 아니다. 이에 반해 사회적 존재에서 이루어지는 침묵하는 유적 성질의 극복은, 개별표본들 또한 직접적으로 유적 성질의 변화의 기관이자 담당자가 될 수 있다는 데에 그 본질이 있다. 물론 이 말이, 마치 이제부터는 개별

표본들이 전권을 쥐고 각 변화의 내용, 형식, 방향 등등을 일차적으로 규정할 수 있는 양 이해되어서는 안 된다. 오히려 다음과 같은 의미로, 즉 전체 사회에서 생겨난 변화들이 유의 구성원들로 하여금, 그들의 경제·사회적 본질을 자신들에게 돌려진 물음으로, 거기에 주어진 대답으로—궁극적으로 몰락의 형벌에 처해지더라도—다루고 목적론적으로 실현하도록 유인(誘引) 한다는 의미로 이해되어야 한다.

이러한 사회적 사태를 이처럼 추상적으로 기술해도, 사회가 그 구성원들에게 하는 요구, 〔55〕 즉 그들의 사회적 존재를 의식적인 목적론적 정립의 형식으로 실현하라는 요구는, 인간들의 공동생활에서 순수 사회적 구성요소가 증대함과 더불어 증가 일로에 있음에 틀림없다는 사실이 드러난다. 사회가 원시적일수록, 자연적 한계들을 근본적으로 밀어내는 경향이 아직 그 사회에 내재하는 정도가 덜할수록, 그 사회가 구성원들에게 그들이 물음과 대답의 길에서만 충족시킬 수 있는 그런 다양한 요구들을 제기하는 경우는 더 드물다. 여기에서 우리의 관심을 끄는 것은, 단순히 양적인 측면에서뿐만 아니라 극히 상이한 삶의 표현들의 증대하는 범위에 있어서도 그와 같은 결정형식들이 증가하고 있다는 사실이다. 그렇게 발생하는—아직은 일반적인, 정말이지 실천의 입장에서 보자면 형식적으로 여겨지는—행위방식들에 대한 고찰은, 이제 사회적으로 그렇게 행위하도록 강제된 인간들의 입장에서, 그들이 사회 속에서 자신들의 존재를 재생산하는 가운데 현실에 반응하는 방식들의 분화를 점점 더 증대시켜 나간다. 이제 우리가 사회에서 생활하는 개개인들의 관점에서 이러한 분화과정을 관찰하면, 점점 더 이질적으로 되어가는, 종종 모순적이기까지 한 행위방식들을 그들 자신 속에서도, 주관적으로도 어느 정도 조화시키려는 다소간 의식적인 노력이 그들에게 자기보존의 불가피성으로서 나타나는 것을 볼 수 있다. 외부세계에 대한 반응들의 내적 통일성 — 이는 자기 존재의 재생산이 모든 유기체에게 강요하는 것인데 — 을 향한 그러한 경향은 이미 유기체의 존재수준에서 발생한다. 거기서는 물론 생물학적 재생산의 유지가 지배적 원리인데, 이 원리는 전반적으로 의식에 의해 주도되지 않은 채 실행되는 것이 상례이다. 생명체가 본질적으로 새로이 형성된 환경에 적응할 때 갖게 되는 주된 어려움의 핵심은, 그 적응이 대개 통일적 복합체로서의 유기체의 기능과 관련되어 있다는 점에 있다. 원시적 단계들의 아직은 광범위하게 "자연적인" 생활조건이 개별자들에게 아직 〔유기체와〕 많이 유사한 재생산 방식들(물론 이미 능동적 적응으로서의)을 지정해 준다는 것은 자명한 사실이다. 여전히 존재하는 유기체 영역과의 그 모든 유사성에도 불구하고, 그와 같은 경우들에 존재하는 능동적 적응의 가장 단순한 형식조차도 질적으로 새로운 계기를 인간의 재생산 과정에 강요한다. 이 새로움은 바로 순수하게 생물학적인 자생적 적응이 다소간 의식적인(비록 아직은 심히 초보적인 것일지라도) 적응으로 점차 교체되는 현상이다. 전환의 토대는 바로 환경에 대한 능동적 적응인데, 이 능동적 적응에서 일정 정도의 의식적 활동은 더 이상 배제될 수 없다. 그럼으로써, 총체적으로 혹은 부분적으로 변화되었거나 변화되고 있는 환경에 대한 생물학적인 적응은, 그러한 생명체들의 재생산과 관련하여 유일한 규제자로서의 역할을 수행하기를 그만둔다. 그 생물학적 적응은 사회적·능동적인 적응방식에 의해 대체될 수밖에 없으며, 〔56〕 여기에서 유와 유의 표본 간의 새로운 종류의 존재적 · 실천적인 관계가 새로운 방식으로 나타날 수 있다.

개체성 문제:
인격, 계급투쟁, 개체성의 발생 등과 관련하여

사회적으로 생성된 인간들의 새로운 재생산 형식의 기관이자 현상방식은 바로 개체성〔개인성〕으로서의 존재방식이다. 개개인의 한갓 자연적(생물학적) 개별성은 원칙적으로 노동에 의해 극복된 자생적 · 생물학적인 재생산단계에 부합하는 것이었다. 그러한 개별성이 (결코 완전히 사라지는 것이 아니라) 뒤로 밀려나는 과정은 불균등하고 모순으로 가득 찬 길고도 오랜 과정이자 한갓 자연적인 것에 대한 사회적인 것의 점증하는 지배의 과정이다. 그렇기 때문에, 사회적 삶에서 개체성이 발생하고 그 주 · 객관적 비중이 증대하는 것도 그러한 규정들〔자연적인 것과 사회적인 것〕을 지닌 하나의 과정일 수밖에 없다. 우리가 이 과정을 그 기본적 규정성들에 입각해 고찰하면, 그 과정이 지배적으로 됨으로써 발생하고 내포적 · 외연적으로 더욱더 유효하게 되는 개체성 또한 그런 특징을 띤 과정을 보여줄 수밖에 없다는 것이 밝혀진다. 우리가 이 과정을 일단 본원적으로 발생하는 그 존재성의 측면에서 올바로 파악하고자 한다면, 우리는 가치 개념들을 끌어들이는 일은 일체 삼가야 한다. 가치 개념은 물론 일시적으로만 배제되는데, 가치 개념 자체는 사회화되어 가는 사회들의 아주 중요한 규정을 이루기 때문이다. 그런데 긍정적이거나 부정적인 가치성은, 그것이 일단 적나라하고 — 따라서 극히 불완전하고 — 단순한 그 존재성에 있어서 우리에게 분명해질 때에만 본질적으로 올바로 파악될 수 있다. 이러한 존재성은, 개체성이 되도록 사회적으로 강제되어 있는 그때그때의 인간의 가능한 한 성공적인(따라서 통일성을 얻으려고 노력하는) 재생산이라는 관점에서, 부단히 그 수가 증대하는 서로 극히 이질적인 반응방식들을 자체 내 실천적으로 작동하고 있는 하나의 위계체계 속에 통합하는 데에 일차적으로 존립한다. 이때 위계질서는 유발 동인들의 이질성과 실제로 자주 나타나는 모순성이 각 인간으로 하여금 특정한 상황에서 각각 특정한 실천을 할 때 서로 어긋나거나 대립하는 요구들 사이에서 선택하도록 강제하고 또 반응방식들 가운데 하나를 다른 하나에 종속시키는 등등의 일을 하도록 강제하는 한에서만 가치와 결부된 성격을 가진다. 어느 정도 발전된 사회에서는 그 누구도 실천적 결정들에서 나타나는 그러한 통일적 경향이 없다면 대충이라도 작동하는 하나의 생활방식을 획득할 수 없을 것이다.

따라서 이러한 과제는 사회적으로 부과된 것이다. 사회적 삶에 대한 어느 정도만이라도 적절한 인식의 입장에서 보자면, 〔57〕 개체성〔개인성〕 범주를 이른바 위인이나 기껏해야 지식인에게만 적용되는 것으로 남겨 두는 통상적인 취급방식을 따르는 것은 극히 잘못된 일일 것이다. 실은 그렇지 않다. 우리가 여기서 집중적으로 다루고 있는 사회적 현상은 훨씬 더 폭이 넓다. 예컨대 하급공무원이 가족(가령 자식들의 교육) 때문에 일을 등한시하는지 아니면 더 열심인지, 누군가가 아무도 모르게 주운 지갑을 주인에게 전달하는지 아니면 돈을 자기가 갖는지, 그가 공중버스에서 할머니에게 자리를 양보하는지 등등과 같은 일들 거의 전부 다가 오늘날에는 인격의 표현방식이다. 원시사회에서는 아직 관습이, 중세 전성기에는 종교가 그러한 행동방식 중 압도적 다수를 — 적어도 경향적으로 — 사회적으로 통일적이게 통제할 수 있었다. 이때 여기서도 “경향적”이라는 말이 추가되어야만 한다. 극히 원시적인 사회상태를 벗어난 이래, 사회적 명령 및 금지령의 효력은 단지 경향적인 통제일 뿐이지, 마치 동물들의 경우에 작용하는 생물학적 통제처럼 자연적인 일반적 통제는 더 이상 아니기 때문이다.[13] 삶(일상생활)이 제공하는 선택적 상황들에 대한 반응의 사회적으로 규정된 고유한 체계인 개체성은, 오늘날에는 이미 사회의 거의 모든 사람들을 특징짓는 것이다. 그리고 객관적·존재적 측면에서 볼 때 그것은 경향적으로 전면적인 사회성을 향해 나아가는 수천 년에 걸친 사회발전의 산물이다. 유의 개별표본들의 재생산 과정에 있어서도 사정은 물론 마찬가지이다.

지금까지는 가치와 평가의 요소가 우리의 서술에서 의식적으로 사상(捨象)됨으로써 생략되었다. 그러나 일상생활을 극히 단순하게 고찰하더라도, 그것은 삶의 존재적 상황 전체에 대해 방법론적으로 사용된 사상(捨象)일 뿐이었음을 알 수 있다. 그도 그럴 것이 모든 목적론적 정립에는 일종의 평가가 내포되어 있다. 위에서 든 예에서, 주운 지갑을 자기가 가질지 아니면 주인에게 전달할지 하는 것은 한편으로 사회적(법적) 금지령을 따라야 하는지 아닌지를 평가하는 입장을 내포하며, 또 이와 결부된 것이지만 이를 넘어서, 내(X라

13) 이러한 측면에서 볼 때, 인간과 지속적이고 — 설정된 과제에 따라 — 복잡한 관계를 맺고 있는 가축의 경우 그와 같이 분화된 반응방식의 싹들이 강제적으로 육성되곤 한다는 것은 특기할 일이다. 개나 말을 한번 생각해 보라.

는 사람 또는 Y라는 사람)가 주어진 경우에서 어떤 평가에 따라 행동해야 하는지 하는 주관적인 평가도 내포한다. 그러나 삶에서는 단지 직접적으로만, 그리고 또 당연히 인위적으로 격리된 상태에서만 그와 같은 개별적 결정이 존재한다. 모든 사람의 인생행로는 결정의 연쇄로 구성되어 있다. 〔58〕 그런데 이 결정의 연쇄는 서로 다른 이질적인 결정들의 단순한 연속을 의미하는 것이 아니라, 항상 이 결정의 주체에게로 자연발생적으로 재(再)연관되는 것이다. 이러한 구성요소들이 통일체로서의 당해(當該) 인간과 맺는 상호관계가 우리가 일상생활에서 올바르게도 개개인의 성격, 개개인의 인격이라 부르곤 하는 것을 형성한다.

물론 사회적 삶에서 언제나 그렇듯이 일상생활의 그와 같은 중요현상은 결코 그 자체에 한정되어 있지 않는다. 부단한 일련의 매개들이 여기에서부터 시작해서 인간의 삶 전반에서 내려질 수 있는 가장 중요한 결정들로 이어진다. 이때 사회의 역사의 입장에서 볼 때 일상생활의 직접성을 뒤로 하며 그것과 연관될 수 없거나 거의 연관될 수 없어 보이는 인식과 평가가 생겨날 수 있다. 예컨대 위대한 정치가와 학자와 예술가들을 평가할 때 결코 사생활(일상생활)이 문제되어서는 안 된다고들 말한다. 가령 우리가 위대한 예술작품은 그 창작자의 인생이력과는 무관하게 평가되어야만 한다고 말한다면, 그것은 부분적으로 방법론적인 의미에서 심지어 옳기까지 하다. 우리가 곧이어 이야기할 이유들 때문에 이러한 방법론적 사상(捨象)은 심지어 일정정도 제한적인 존재론적 정당성마저도 가진다. 따라서 그와 같은 현상들을 올바로 평가하는 데 있어 단지 혼란만 불러일으키면서 진정한 이해의 길에서 벗어나게 할 일상생활이라는, 때로는 거대하기까지 한 전체적 복합체가 있는 셈이다. 그러나 다른 한편, 바로 일상생활에 있어 전형적인 인간들의 반응방식은 사회적 의미에서 최고의 객관화물에 긍정적으로나 혹은 부정적으로 결정적인 영향력 내지는 최소한 일익을 담당하는 영향력을 행사할 수 있다. 일상생활에 만연한 한 계기를 예로 들자면, 인간들이 하는 사회적 활동 중 최고의 생산활동에서 허영심(또는 허영심 없음)이 하는 역할을 생각해 보라.

이러한 — 어중간한 — 한정은 그렇기 때문에 존재론적으로 그릇된 것도 한갓 우연적인 것도 아니다. 사회적으로 중요한 과제들은 개개인의 선택적 결정에 의해서만 존재로 전환될 수 있다는 말이나, 그 결정적인 특징에 있어서 사회적으로 규정되어 있지 않은 한갓 개인적인 선택적 결정이란 성립할 수 없다는 말은 추상적·일반적인 차원에서 다 옳다. 그러나 이와 동시에 그러한 복합체들에 대한 모든 공정한 고찰은 그 〔사회적으로 중요한〕 과제들의 중요성이 두 극(사회 전체와 개개인)에서 극히 상이하게 발현되곤 한다는 것을 보여준다. 전체 인민(대다수의 주민)을 움직이는, 많은 경우 실지로 중요한 사회적 변화들에서부터, 거의 눈에 띄지 않게 인민들을 스쳐지나가는 듯이 보이는 변화들에까지 이르는 매개들의 전체 등급이 있다. 〔59〕 개개인의 삶에도 이행과정들의 그러한 등급이 있는데, 그것이 유의 표본들의 사적인 삶에서 일종의 변혁을 야기하는 사회적 사건들과 개체성 자체의 발전에는 전혀 혹은 거의 영향을 미치지 않는 사건들을 연결하고 분리한다. 사회가 더 사회적으로 됨에 따라 개체성의 내·외적 작용범위가 더 많이 확장되면 될수록, 두 극에서 이루어지는 이러한 상호작용은 더욱더 많은 등급으로 나누어지고 경향적으로 될 수밖에 없다. 따라서 사회적 환경에 대한 인간들의, 점점 더 분화되어 가는 이러한 반응방식들에서 문제는, 단지 그런 식으로만 인격 속에서 주체적으로 통합될 수 있는 삶의 문제들이 거의 무한해 보일 정도로 증대했다는 것만이 아니다. 사회적 비중과 관련하여 이미 일상적으로 생겨나는 그것들의 등급 또한 문제인 것이다. 구체적으로 말하자면, 선택적 상황 속에서 결정되는 사회적 내용만 문제인 것이 아니라 결정 주체의 개인적〔인격적〕 삶과 관련하여 그 결정이 가지는 무게도 문제인 것이다. 두 계열은 어떤 인간에게서도 서로 무관하게 진행되지는 않는데, 그렇지만 결정이 그 개인에 대해서 가지는 의미와 그 개인의 내적인 발전 사이의 관계는 결코 일반적 · 합법칙적으로 파악될 수 있는 것처럼 보이지 않는다. 겉보기에 아무런 가치도 없어 보이는 것이 개개인에게 삶을 결정할 정도로 중요한 것이 될 수 있는가 하면, 객관적으로 극히 중요한 갈림길을 그가 부주의하게 지나칠 수도 있다.

그리하여 우리의 한층 상세한 — 여전히 가치중립적인 — 고찰은 일종의 비합리주의적 혼란을 향해 가는 것처럼 보인다. 하지만 비합리성의 이러한 가상(假象)은 다음과 같은 두 가지 요소, 즉 개별 결정들의 사회적 · 역동적인 종합과 그것의 분석적 해체로 이루어지는 그때그때의 일반적인 유적 성질의 구성이라는 요소와, 진정한 인격, 꾸며낸 인격 등등에 대한 일반적인 유적 성질의 반작용이 이루어지는 가운데 자아의 통일성을 자기 자신으로부터 조형(造形)해내려는 시도들에서 어떤 변주들이 생겨나는지를 인식하려는 시도라는 요소가 그 직접성에 있어서 아주 이질적인 과정들인 것처럼 보이는 데서 생겨나는 것일 따름이다(이 과정들의 통일성을 올바로 조명할 수 있는 길은 두 요소에 대한 아주 일반적이면서 동시에 아주 구체적인 분석뿐이다). 존재의 직접적인 소여상태에서 나타나는, 다시 말해 실재적 총체성과 실재적 개별표본으로의 유의 양극화에서 나타나는 이러한 근본적 이원성은, 우리가 가치와 평가의 요소를 사유 속에 포함함으로써 우리의 지금까지의 고찰방식, 즉 순전히 존재로 정향된 가운데 가치와 평가를 추상적으로 배제했던 그 고찰방식을 확장한다 하더라도 극복될 수 없다. 그도 그럴 것이, 그렇게 한층 더 포괄적으로 볼 때, 그 시각이 계속해서 존재에 기초를 두고 있다면, 모든 것을 직접적으로 가동시키는 선택적 결정의 구성요소로서의 가치와 평가는 사회적 존재의 계기들에 속하며, 〔60〕 또 — 대부분의(대개 인식론적으로 정향된) 부르주아 철학자들이 주장하곤 하는 것과는 달리 — 결코 사회적 존재의 복합성과 그렇게 절대적으로 대조를 이루면서 확연히 구별되지는 않기 때문이다.

우리는 심지어 다음과 같이 말해야 한다. 개별성 일반의 극복으로서의 인간적 개체성이 생겨나오는 결정들의 복합체를, 전체과정의 평가하고 평가되는 실재적 계기들로서 이해하는 법을 배우지 않고서는, 역사 발전의 실질적인 동력이자 인간 유의 역사에 존재하면서 작동하는 요소로서 결정적으로 중요한 원동력인 계급투쟁과 관련해 마르크스의 방법이 거둔 성취, 직접적으로 아주 강력하게 영향을 미치는 그 성취가 완전히 이해될 수는 없다고 말이다. 마르크스는 이러한 사정을 그의 중요한 청년기 저작 《철학의 빈곤》(*Elend der Philosophie*)에서 아주 명확하게 해명했다. 일군의 주민들을 노동자로 변화시키는 것은 바로 객관적인 경제적 발전이다. 그것이 그들에게 공통적 상황, 공통적 이해관계를 창출함으로써 그렇게 변화시키는 것이다. 하지만 그럼으로써 객관적으로 그렇게 생겨나는 계급은 "이미 자본에 대해서는 하나의 계급"이긴 하지만, "그러나 아직 대자적(對自的)으로는 하나의 계급이 아니다." 항상 작동하고 있는 개개인들의 선택적 결정 없이는 그 직접적 발생이 이해될 수 없는 투쟁 속에서야 비로소 마르크스가 올바르게도 "대자적 계급"(*Klasse für sich selbst*)이라 부른 것이 발생한다. 이때부터 비로소 진정한 전개로 고양된 투쟁 곧 정치적 투쟁이 가능하다.[14] 우리가 지금 다루고 있는 문제와 관련하여 아주 중요한 계기, 즉 레닌의 말대로 그와 같은 실천에 없어서는 안 되는 적합한 행위의식은 "오로지 외부로부터만, 다시 말해 경제적 투쟁 바깥에서, 노동자와 기업가 간의 관계 영역 바깥에서 노동자에게 전달될 수 있다"[15]는 계기를 추가하면, 우리는 개체성이 된 각 노동자의 모든 선택적 결정은 사회적 존재의 발전의 일정한 단계를 토대로서 전제한다는 것을 인식하게 되는 한편, 이와 동시에 다른 한편으로, 이로부터 발원하는 집단적 실천(직접적으로 개인적인 수많은 선택적 결정들의 실천적 종합)은 객관적인 사회적(경제적) 발전의 한갓 직접적인 기계적·인과적인 결과일 수 없고, 오히려 수많은 사람들의 개인적인, 그렇기 때문에 상이한 선택적 결정을 전제로 한다는 것을 인식하게 된다. 〔61〕 물론 이때, 이러한 선택적 결정들은 모두가 다 경제적 존재에 의해 초래된 것이며 따라서 그것들의 유일하게 실재적인 여지는 궁극적으로 규정되어 있다고 하는 근본적 현실이 무조건 적어도 같이 고려되어야만 한다.

---

14) Marx: *Elend der Philosophie*, Stuttgart, 1919, p. 162.

15) *Lenin Werke*, *IV*/2, Wien/Berlin, pp. 216~217.

우리에게 정해진 방향으로 계속 나아갈 수 있으려면 그 전에 해야 할 일이 있다. 기본적으로 당연한 것이지만 여태껏 명시적으로 정식화되지는 않았던 것을 오해의 여지가 없도록 분명하게 표현해야만 하는데, 그것은 다음과 같다. 개개인을 규정하고 있으며 그들의 실존과 실천을 통해 형성되는 유는, 점점 더 강력하게 분화되고 그 결과 계속 새로운 분화를 창조하는 그런 과정일 뿐만 아니라 또한 — 일정한 발전단계부터는 — 그 과정의 존재적 본질의 견지에서 보면 사회적으로 자극된 서로 투쟁하는 힘들의 결과이기도 하다. 다시 말해 사회적 존재의 역사 속에서 진행되는 계급투쟁들의 과정이기도 한 것이다. 따라서 실천의 선택적 결정들을 통해 스스로를 사회적으로 재생산하려 노력하는 개개인은 아주 많은 경우에 있어 — 얼마나 의식적으로 그렇게 하는지와는 무관하게 — 다음과 같은 점에 대해서도, 즉 그가 그러한 결정들에 매개되어 스스로를 개체적으로 재생산하고 있는 곳인 사회의 현재와 미래를 어떻게 생각할지, 그 사회가 어떠하기를 바랄지, 또 자기 자신의 삶 및 그의 이웃의 삶의 최적의 진행에 대한 그의 관념에 부합하는 것은 그 과정의 어떤 방향일지 등등에 대해서도 입장을 취해야만 한다.

사회 전체의 발전과정과 관련하여 계급투쟁이 갖는 핵심적 효력으로 인해 제기되는 문제복합체를 여기서는 아직 구체적으로 논할 수 없다. 그런 까닭에 일단 개체성과 관련하여 계급투쟁이 하는 역할의 발생 및 효력 문제에 멈춰 선 채 다음과 같은 사실을 확인해 둘 필요가 있다. 즉, 사회의 사회화는 이미 초기단계에(나중에는 외연적·내포적으로 강화된 상태에서) 개인적 발전과 전(全)사회적 발전 간의 일치 혹은 불일치의 문제를 부단히, 그리고 인간들의 재생산 활동 전체의 본질을 규정하는 가운데 제기한다. 사회적으로 확립된 인간의 유적 성질은 더 이상 침묵하는 것일 수 없으며 어떠한 방식으로든 더 이상 침묵하는 것이 아니라는 사실이 바로 여기서 오해의 여지없이 분명하게 표현된다. 개인은 정태적 상태에서가 아니라 대립적으로 존재하는 힘들이 맞부딪치는 부단한 과정의 한가운데에서 결정을 해야 하는데, 이로 인해 그의 삶에서 이루어지는 개별적인 선택적 결정들의 분화는 더 강화된다. 중요한 것은 이것만이 아니다. 이러한 결정들(수많은 과도적 단계를 지니고 있는 두 가지 결정, 곧 의식적으로 내려진 결정이거나 무의식적으로 내려진 결정) 또한 사회를 움직이는 실천적 모순들에서 나오며, 또 그 모순들의 결말에 — 결정을 내릴 때 그 결말과 관련하여 가졌던 의식과는 대체로 무관하게 — 객관적 · 실천적으로, 비록 미미하게라도 어떤 식으로든 영향을 미친다는 점 역시 중요하다. 〔62〕 따라서, 인간의 개체화〔개인되기〕를 가능한 한 다면적이고 객관적으로 이해하기 위해서 우리가 내용적으로나 형식적으로나 극히 이질적인 개별 현상들을 인격의 역동적 요소로서 자체 내에 통합하는, 인간 삶에 필수불가결한 시도를 이해하고자 한다면, 이같이 언제나 역동적이고 언제나 진행과정 중에 있는 복합체에 있어 모든 계기는 유적 성질의 매(每) 단계의 사회적으로 실재적인 문제들에서 나오며, 어떠한 실천으로 옮겨지든 결국에는 바로 이 유적 성질에 합류한다는 사실을 늘 유념해야만 한다. 이럴 때에만 그러한 이해가 가능하다.

따라서 그러한 기원도 그와 같은 결말도 없는 어떤 개체성을 상상하는 것조차도 존재론적으로 불가능한 일이거니와, 외따로 고립되어 있는 것으로 생각된 개체성의 존재와 그 개체성의 — 여기에서 보자면 명목상의 — 독자적 운동을 실제로 개체성을 이끄는 통합적 원리로 여기는 것이 존재론적으로 불가능한 일이라는 것은 더 말할 나위도 없다. 만연해 있는 뿌리 깊은 선입견들에 대한 이론적으로 단호한 이러한 부정은, 주체적 운동요소들의 직접적인 일차적 효력이 부인되어야 하는 것이 아니라 반대로 전적으로 인정되어야만 한다는 점이 설명과정에서 추가되어야 한다고 해서 약화되지 않는다. 그도 그럴 것이, 개인들의 삶의 직접성에서 이러한 존재성을 인정하지 않는다면, 개인들은 개체성이 아니라 사회발전의 한낱 기계적 산물이 될 수밖에 없을 것이며, 또 이를 통해, 사회적 존재를 다른 모든 존재와 구별짓는 사회적 존재 고유의 특징 전체는 관념적으로 다시 지워져 버리고 말 것이다. 하지만 사회적 존재의 존재론이라면, 그것이 사회적 존재의 존재연관들을 왜곡하고자 하지 않는 이상, 그 존재연관들 고유의 특징을 그 본래의 실상(實相) 속에서 포착하려고 해야만 한다. 사회적 존재 속에서 비로소 발생했고 사회적 존재에서만 가능한 인간적 실천복합체들의 운동과정들 전체는, 그 발생에 있어서는 사회의 그때그때의 발전방식 속에, 사회의 경제 속에 토대를 두고 있으며, 고유한 특성 깊숙이까지 사회에 의해 규정되어 있는 반면, 그 직접적인 동역학에 있어서는 아주 폭넓은 독자적 삶, 독자적인 역동적 전개를 특징으로 한다고, 그것도 형식적으로뿐만 아니라 내용적으로도 그렇다고 말할 수 있다. 이것이 바로 사회적 존재의 심히 결정적인 특징이다.

그 모든 직접적인 이중성에도 불구하고 분리될 수 없는 이러한 통일성에서, 유적 성질의 이러한 전개단계에 있는 더 이상 침묵하지 않는 유적 성질의 본질이 분명하게 표현된다. 유와 표본들 사이에 있었던 이전의 보다 긴밀한 한낱 "유기적인" 결합들은, 모든 객관적 발전성과에도 불구하고 아직 많은 측면에서 자연상태에 있는 침묵하는 유적 성질에 속하는 것들이다. 〔63〕 그런 까닭에, 객관적으로 유효한 그 모든 변화에도 불구하고 여기서 유적 성질은 아직 뭔가 요지부동으로 고정된 것으로서 나타나며, 또 유적 성질에 대한 개별표본의 태도는 인간에게 영원한 자연적 천성으로 나타난다. 비교적 발달한 사회의 사회화에 의해서야 비로소 유와 그 표본들의 관계는, 표본들의 실천적·활동적인 상호작용에서 유적 성질 자체가 사회·역사적으로 진행과정 중에 있는 것으로서 출현하는 그런 이중적 과정으로 바뀔 수 있다. 물론 존재물들(*Dinge*)의 이러한 상태 또한 결코 역사목적론의 산물이 아니다. 앞서 우리는 인간들이 지니는 그와 같은 태도의 직접적인 환경을 암시한 바 있다. 마르크스는 이미 아주 일찍이 경제적 상황에 대한 정확한 묘사를 제공했다. "신분에서는(종족에서는 더욱더) 이러한 점이 아직 은폐되어 있다. 예를 들면 귀족은 어디까지나 고상한 사람이고 평민은 어디까지나 상놈으로서, 그들의 여타 관계들과는 별도로 그들의 개체성과 분리할 수 없는 하나의 질(質)로 머물러 있는 것이다." 자본주의에 들어와서야 비로소 "인격적 개인과 계급적 개인의 구별, 개인에게 있어 생활조건들의 우연성"이 등장한다. "개인들 서로간의 경쟁과 투쟁이 비로소 이러한 우연성 자체를 창출하고 발전시킨다. 관념 속에서 개인들은 부르주아계급의 지배 아래에서 예전보다 더 자유로운데, 그들의 생활조건이 그들에게 우연적이기 때문이다. 물론 현실에서는 더 자유롭지 못한데, 더 많은 이들이 사실상의 폭력〔강제력〕 아래 종속되어 있기 때문이다."16) 이를 통해 그러한 계급대립의 사회 속에서 살아가는 개인의 태도를 구체화하는 특수한 형식들이 규정되어 있다.

그렇기 때문에, 각 사회가 스스로를 유적 성질의 한 단계로서 실천적으로 관철시키기 위해 이겨내야만 하는 저 투쟁들에서 개체성이 기존 사회를 지지하거나 반대하는 입장을 취하는 데에서도 개체성은 표현될 수 있다. 개체성은 이를 과거의 이름으로 행할 수도 있고 미래의 이름으로 행할 수도 있는데, 여기서 미래는 현재적인 것에 대한 개량적·점진적인 변형을 의미할 수도 있고 혁명적 변혁을 의미할 수도 있다. 역사적·내용적으로 그렇게 폭넓게 걸쳐 있는 이러한 등급은, 개개인을 도와 아직은 몹시 이질적인 영역과 수준에서 내려진 결단들을 그의 인격 속에서 주체적·역동적으로 통일되게 고양시키도록 하거나, 아니면, 그로 하여금 이러한 통일성의 추구에서 내적 좌절(물론 이는 삶 전체의 외적 실패도 낳을 수 있는데) 을 겪도록 하는 그런 아주 중요한 계기 가운데 하나이다. 물론 이것은 그렇게 발생해서 작용하는, 무한한 것처럼 보이는 가능성 중 한 사례에 불과하다. 〔64〕 지금까지 도달한 구체화 단계에서 이러한 가능성들을 한층 더 명확하게 정리하려 시도할 경우, 그 시도는 애당초 실패할 것이 뻔해 보인다. 오늘날 가능한 한도 내에서 최대한 체계적으로 전개된 사회적 존재의 존재론을 통해서야 비로소, 더 구체적으로 말하면, 이러한 존재론에 입각해서 인간의 사회적 실천의 여러 형식과 단계 및 그것들 속에서 형식적·내용적으로 작용하는 유적 성질을 다루는 존재론적인 이론을 통해서야 비로소 우리는 여기에 있는 문제들을 얼마간이라도 적합하게 표현하는 데 도움을 받을 수 있을 것이다. 여기서

---

16) *MEGA I/5*, pp. 65~66. 〔《칼 맑스/프리드리히 엥겔스 저작선집 1》, 최인호 외 옮김, 김세균 감수, 박종철출판사, 1997(7쇄), 247쪽〕

는 일단 필연적으로 아직 추상적인 상태에 머물러 있는 극히 일반적인 몇 가지 암시로 그칠 수밖에 없다.

지금까지의 서술만 보더라도, 인간의 개체성이란 결코 인간의 본래적이고 천성적인 특성일 수가 없고 오히려 인간들의 사회적 삶의 사회화의 길고 오랜 과정의 결과이자 인간의 사회적 발전의 한 계기, 그 존재성뿐만 아니라 전망상의 가능성들도 역사에 근거할 때만 그 참된 본질에 따라 파악될 수 있는 그런 계기라는 점이 특히 분명해졌다. 부르주아 사회의 사회과학과 철학은 공히 개체성을 인간 존재의 핵심범주로, 모든 것을 근거지우며 어떠한 연역도 필요로 하지 않는 그런 핵심범주로 여기는 경향이 있는데, 이 때문만이라도 우리는 사회·역사적으로 결정된 인간적 개체성의 발생을 단호히 그러한 분석의 중심에 놓아야만 한다. 어떤 것에 의해서도 근거지어지지 않고 어떤 것에 의해서도 근거지어질 수 없는 그와 같은 출발점은 개인〔개체〕이 된 우리 당대의 인간들에게는 너무나도 당연한 것으로 나타나므로, 그들 대부분은 근거짓기의 필요조차 느끼지 않으며 역사적·발생론적으로 도출해내려는 시도 일체에 대해 직접적인 반감에서 생겨난 거부의 태도로 반응하기까지 한다. 보편적 조작에 맞서는 투쟁, 따라서 실증주의 및 신실증주의에 맞서는 투쟁에서 생겨난 최근의 존재론들(야스퍼스(K. Jaspers), 하이데거, 초기 사르트르)은 인간의 현대적인 사회적 발전의 완전히 특수하고 시대에 제약된 특징들을, 인간과 "세계"의 관계에 있어서 시대를 초월하는 존재론적 근본범주들로 고양시키는 경향을 분명하게 보여주고 있다. 이로부터 일시적인 매력이 생겨날 수도 있다(많은 측면에서 유사하게 초점이 맞추어진 동시대의 문학조류들에서 그랬던 것처럼 실제로 매력이 생겨나기도 했다). 하지만 거기에서는 그러한 특징들의 특수한 사회·역사적 발생과, 이로부터 전개되어 나오는 전망과 난관들에 대한 존재론적 설명을 향해 방법론적으로 나아갈 수 있는 길이 생겨날 수 없다. 특징적인 사례로서, 하이데거의 "도구"(*Zeug*)에 대한 현상학적 분석만 보도록 하자. 〔65〕 "도구"는 사실 현대인의 직접적인 일상생활에서, 오직 이 일상생활에서만 "손안에 있는"(*zuhanden*) 데, 이와 같은 실재적인 사회적 발생(노동)은 완전히 그의 고찰 바깥에 있다. 현대적 일상생활의 어떤 한 계기에 대한 무비판적 일반화를 내포하는 이러한 전제조건으로부터, "인간 일반"과 관련하여 중요한 존재론적 추론이 이루어진다. 하이데거는 다음과 같이 말하고 있다. "오직 도구가 이러한 자체 존재를 가지고 있으며 단지 그 자리에 있는 것이 아니기 때문에, 그것은 가장 넓은 의미에서 손에 익을 수 있고 마음대로 사용될 수 있다."[17] 여기에서 우리가 이렇게 추상화를 통해 단순화된 방식으로 인간의 유적 성질의 발전에서 나타나는 상대적으로 새로운 이 단계를 다룰 수 있으려면, 이 단계에서 발생하는 근본적으로 전형적인 상황들을 그 전제조건들 및 결과들과 더불어 일반적으로 해명하는 것이 언제나 전제되어 있어야만 한다.

이미 지금까지 그랬듯이 무엇보다도 먼저, 사회·역사적으로 규정된 유적 성질의 이 단계에 내재하는 두 계기복합체의 불가분하게 동시적인 사회적 존재의 윤곽이 분명하게 그려져야만 한다. 인간 개체성의 현재적 발전이 낳는 실천적 객관화물들은 인간 개체성이 순

17) Heidegger: *Sein und Zeit*, Halle, 1941, p. 69. 〔《존재와 시간》, 마르틴 하이데거, 이기상 옮김, 까치, 2007(8쇄), 102쪽의 번역을 따름.〕

수하게 실천적으로 현실화된 것이거나 또는 실천적 문제들을 철학적, 예술적 등등으로 객관화하는 가운데 현실화된 것인데, 이 실천적 객관화물들에서 나타나는 모든 문제들은 내용적·형식적으로 다음과 같은 이중적 규정성을 지닌다. 즉, 한편으로 개별 경우에 있어서 그 실천적 객관화물들은 유적 성질의 일정한 단계에서 필연적으로 발생할 수 있는 다양한 가능성 가운데 하나를 보여주며, 다른 한편으로 개별적 결정들로서 그것들은 막 현실화된 유적 성질의 현행적 문제들을 (직접적·즉각적으로, 또는 직접성에서 벗어나 일반화된 상태로) 시사한다. 따라서 궁극적으로, 단지 궁극적으로만 통일적으로 규정된 두 과정의 존재관계에서 발원한 상호관계가 언제나 문제이다. 일반적인 유적 성질의 과정, 그리고 개별표본들을 재생산하는 실천적 과정에서 나타나는 유적 성질의 실재적인 현상방식, 이 양자에서 발원한 상호관계가 항상 문제인 것이다. 첫 번째 과정이 두 번째 과정의 개별 활동들의 사회적 종합에서 직접적으로 발생한다는 것은 자명한 사실이다. 그런데 이 자명한 사실은 개별 활동들의 이질성, 아니 대립성이라는 사실을 폐기하지 않을 뿐만 아니라 곧바로 그것을 초래하기까지 한다. 이 과정은 자신의 진행에 대립적인 계기들도 종합적으로 자체 내에 포함하고 있다는 사실을 결코 잊어서는 안된다. 우리가 다루는 문제와 관련하여 아주 근본적인 사실인 계급투쟁의 필연적 결과로, 〔66〕 그때그때 실제로 수행된 결정의 구성요소인 계기들 각각이 얼마나 많은 부정(어떤 힘, 어떤 성질 등등에 대한 전향적이거나 퇴행적인 부정)도 같이 포함하고 있는지가 이 과정 속에 있는 각 계기의 진정한 존재에 극히 특징적이게 된다. 그리고 이는 다시, 모든 그와 같은 계기는 그 자체로 극히 복잡한 종합일뿐더러 현재로서뿐만 아니라 과거로서도 매우 다양한 방식으로 사회적으로 평가되지 않을 수 없다는 것을 필연적 결과로 갖는다. 현재 이러저러하게 행동하는 모든 사람들 대부분의 경우 각자가 내리는 결정의 기반이 되는 것은 비단 현재의 사회적 존재만이 아니다. 이와 불가분하게, 이 사회적 존재가 어디에서 온 것인지, 또 어떤 미래로 방향을 잡으려 의도하고 있는지 하는 것도 그러한 결정의 기반이 된다. 이러한 평가들 또한, 그것들을 야기하는 실재 과정이 진행되는 와중에 극히 다양한 변화에 종속되어 있다. 하지만 그렇게 원칙적으로 이중적인 이러한 변화 속에서야 비로소 유적 성질의 역사적 진행은 사람들에게 그들 자신의 역사가 될 수 있다. 다음과 같은 사실을 부언하는 건 아마도 불필요한 일이겠지만 그래도 굳이 덧붙이자면, 이중적으로 진행되는 이 과정의 현실적인 구성요소는 사회 및 이 사회를 끌고 나가는 개개인들의 직접적으로 실제적인 실천적 활동 속에 있을 뿐만 아니라 인류의 역사적 발전이 만들어낸 모든 것 속에도 있다. 과학, 예술, 철학은 한층 더 좁은 의미에서의 인간들의 활동 못지않게 인간적 가치들을 정립하고 파괴하는 계기들을 이룬다. 정말이지 그러한 계기가 과거의 것이 될수록 더욱더 그렇다. 실재 행위들 대부분은 잊혀 사라져 버리고, 그 본질, 의미, 가치 등등이 유적 성질의 어떤 발전단계의 계기로서 의식 속에 들어와 있는 것들만 이후의 평가를 위한 재료가 된다. 우리는 이것을 사회에 의해 생산되었고 또 생산되고 있는 본질적인 이데올로기라고 말할 수 있겠다.[18]

18) 사회적 갈등들을 의식하고 싸워내는 수단으로서의 이데올로기라는, 앞에서 이미 인용했던 마르크스의 규정을 다시 한 번 상기하자.

유적 성질의 이중적 과정과 사회적 존재의 역사성

이렇게 그 사회적 존재에 있어서 현재로서뿐만 아니라 서로 다르게 평가되긴 하지만 여하튼 현재의 행위에 영향을 끼치는 과거로서, 또 가시화된 전망으로서 서술되는 객관적인 과정이 인간들의 개별 활동들로써 조립·구성된다는 것은 이미 우리가 알고 있는 사실이다. 우리가 이러한 개별 활동들에 주의를 기울이면 그것들에서 적잖게 복잡다단한 진행과정을 보게 된다. 그러한 활동들은 무엇보다도 그때그때 개개인의 사회적 재생산 과정에서 직접적으로 필요한 활동이다. 〔67〕 그 활동들이 일차적으로 대답, 즉 인간들이 자기재생산을 위해 사회적 상황, 과정 등등에 제공하게끔 유발되는 그런 대답이라는 것도 우리는 알고 있다. 지금 중요한 것은 여태껏 서술한 것을 보완하면서 진척시켜 나가는 가운데, 사회적 환경에 대한 이러한 반응활동들의 주체적인 통합(이는 개개인에 의해 다소간 의식적으로 추구되는데) 은 인위적으로 극히 단순화된 직접성 속에서만 한층 더 좁은 의미에서의 순수 주체적 활동들로 평가될 수 있다는 점을 확인하는 것이다. 궁극적으로 그러한 활동들을 야기하는 것은 사회에 의해 제기된 물음에 대한 "대답"을 산출하도록 하는 동인이다. 뿐만 아니라, 그 활동들의 내용은—비록 그 내용의 직접적인 의도는 주체 자신에게서 비롯되는 것이라 할지라도—그 결정적 내실에 있어서 무엇보다도 해당 인간의 유적 성질로 정향된 것일 수밖에 없다. 인간이란 결코 아무도 없는 텅 빈 상황에서 행위할 수 없기 때문에(심히 고집스러운 행동을 포함하여 모든 행동이 다 그러한데), 또 극히 개인적인 생각이나 감정이라 하더라도 그것을 현실화하려는 시도는 모두가 다 인간공동체에서 출발해 여하튼 인간공동체로 합류하기 때문에, 마르크스의 말을 빌려 다음과 같이 말하지 않을 수 없다. "인간은 말〔言〕의 가장 본래적인 의미에서 무리지어 사는 동물(*ein geselliges Tier*) 일 뿐만 아니라, 오로지 사회 속에서만 개별화될 수 있는 동물이기도 하다."[19] 이렇듯 그와 같은 결정들 하나하나에 있어서나 더욱이 그 결정들을 개인적〔인격적〕 특성으로 통합하는 종합에 있어서 그 결정들의 가장 진정한 개인적 내실은, 실제로는 여하튼 그때그때 사회의 문제들로 정향되어 있을 수밖에 없으며, 또 그때그때 생겨나는 유적 성질 속에서 인격에 적합한 일정한 역할을 하려는 지향을 — 그것이 어떠한 의식적 내용과 방향을 지닌 것이든 — 함유할 수밖에 없다. 물론 인간의 그와 같은 자기구성의 성공 여부는 직접적으로는 그에게 개인적으로 주어져 있는 것들(재능, 도덕적 소질 등등)에 의해 규정되어 있다. 그러나 그것들이 그때그때 나타날 수 있는 방식, 그것들이 외부를 향해 작용하는 방식, 또 이를 통해 정립하는 인간에게 다시 영향이 되미쳐지는 방식 등등은 그것들을 작동시키는 사회적 반응들과 분리해서는 파악될 수 없다.

이 모든 것은 그와 같은 활동들의 단순한 사실성에서 이미 드러난다. 비록 우리가 그 활동들을 발생, 작용, 반작용, 다른 것들에 미치는 영향력 등등의 가치문제를 사상(捨象) 한 채 고찰한다 하더라도 말이다. 그러나 가치정립, 평가, 가치의 연속성 및 불연속성 등등의 활동을 현상들로 여길 수 있다고 생각하며 인간의 인격을 자립적이고 독자적인 존재적 소여(*Seinsgegebenheit*) 로, 〔68〕 심지어 사회적으로

19) *Rohentwurf*, p. 6. 〔《정치경제학 비판 요강 I》, 52쪽〕

확립된 유적 성질에 대한 저항력으로 규정할 수 있다고 생각하는 사람들은 바로 — 가치와 관련하여 — 핵심적인 존재문제들을 간과할 수밖에 없다. 현실에 대한 반응방식들을 통합하여 인격을 구축하는 일의 성공 여부는 궁극적으로 단지 주관적 · 개인적인 성격을 띨 뿐이라는 것은 참이 아니기 때문이다. 다름 아닌 가치와 관련해서 보면 사정은 반대다. 인격의 입증은 다른 사람과의, 사회적 환경과의 상호관계 속에서만 관철될 수 있거나 실패할 수 있다. 자아 속에 그대로 머물러 있는 고독한 결단은 사회적 실재성뿐만 아니라 개인적 실재성도 없다. 그도 그럴 것이, 그 어떤 인간도 그의 결단이 현실적으로도 하나의 결단인지, 다시 말해 적어도 현실화하려 시도라도 되는 그런 결단인지, 아니면 그의 주관에 특징적인 것일 필요조차도 없는 한갓 일시적 착상에 불과한지에 대해 선험적 확실성을 가질 수 없기 때문이다. 아주 깊은 내면적 감정도 여하한 방식으로든 행동에 옮겨짐으로써만 참됨을 입증할 수 있다. 그리고 그러한 행동은 오로지 다른 인간들과의 공동생활 속에서만(따라서 오로지 사회적으로만) 가능하다.

물론 이것이 인격의 사회적 관철이나 실패가 인격의 진정한 실체나 참되지 않은 실체에 대한 가치 척도가 되어야만 한다는 것을 뜻하는 것은 결코 아니다. 이미 고대로마에 다음과 같은 말이 있다. "승리한 대의는 신들의 마음에 들었다. 그러나 패배한 대의는 카토의 마음에 들었다(*Victrix causa diis placuit, sed victa Catoni*)."[20] 그러나

---

20) 옮긴이 : 이 말은 루카누스(Marcus Annaeus Lucanus)의 《내란기》(*De bello civili*) 제 1권 128절에 있는 구절로서, 공화정의 대의를 내세운 폼페이우스와 이에 맞선 카이사르 사이의 전쟁에서 카이사르가 승리한 것을 표현한 것이다. 카토는 공화정의 대의를 고수하며 카이사르에 끝까지 맞섰다가 자살로 생을 마감했다.

이로부터, 현대적 주관주의가 자주 천명하듯이 주관은 애당초 사회적 환경에 비해 가치가 우월하다는 결론이 나오는 것은 결코 아니다. 이로부터 나오는 결론은, 궁극적으로는(단지 궁극적으로만) 통합되어 있으면서 직접적으로는(단지 직접적으로만) 분리된 채 진행되는 유적 성질의 두 과정, 곧 유적 성질 전체의 과정과 그 (인간적, 개인적) 구성요소들의 과정 속에서 나타나는 관계의 아주 중요한 한 가지 새로운 규정일 "뿐"이다. 여기에서 다시, 자연의 침묵하는 유와 인간의 사회적 존재에서 이루어지는 이러한 침묵의 극복 사이의 새로운 결정적 차이가 나타난다. 자연의 침묵하는 유에서는 그저 유의 존재 혹은 비존재가 문제일 따름이다. 그러한 침묵의 극복은 그 유가 다른 유로 바뀌는 것과 연관된 것으로서, 어떤 유의 몰락에서 새로운 다른 유가 생겨난 것이다. 침묵의 극복과 더불어 비로소 유적 성질의 근본적으로 새로운 한 형식, 곧 부단한 변화과정 속에서 스스로를 폐기함과 동시에 보존하는 실체가 발생한다. 이러한 변화과정 속에서 과정들의 연속성과 불연속성의 변천은 변화의 내·외적인 상황에 따라서 혁신의 담당자가 될 수도 있고 또 정체(停滯)의 담당자, 심지어 몰락의 담당자가 될 수도 있다.

따라서 우리가 침묵하는 유적 성질의 사회적 극복이라는 마르크스의 근본적인 확언을 사회·역사적 존재에 생산적으로 적용하고자 한다면, 〔69〕 그렇게 새로이 발생한 유적 성질을 극복된 유적 성질과 다음과 같은 점에서도, 즉 전자는 모든 자연존재에 비해, 또 그때그때 선행했던 사회적 존재에 비해 원칙적으로 달리 진행되는 것일 뿐만 아니라 과정 자체에서 이미 — 바로 그 존재의 성격과 관련하여 — 완전히 근본적으로 새로운 특징들을 보여준다는 점에서도 구분해야만 한다. 우리는 이 새로운 특징 가운데 몇 가지는 이미 다루었으며, 또 보다 구체적인 분석을 진행하면서 몇 가지 특징을 더 상세하게 다루어야 할 것이다. 여기에서는 현재의 문제상황에 따라서 유적 성질 그 자체의 성질에서 일어나는 변화만 특별히 강조하도록 하겠다. 방금 암시했듯이 유적 성질은 (비록 몰락에 처해진 것이라 하더라도) 더 이상 고정된 것이 아니라, 이 측면에서도 유적 성질의 존재적 성격을 규정하고 있는 이중적 과정의 종합이다. 마르크스가 자연적 한계들의 후퇴, 유와 그 표본의 관계가 질적으로 상이한 성질을 띠는 상이한 발전 수준을 갖는 구성체들의 발생 등등에 관해 구체적으로 설명할 때, 그는 명백히 이 문제를 가리키고 있다. 우리가 이미 알고 있는 전체과정에 대한 규정, 즉 지금까지의 역사 전체, 발전된 공산주의에 이르기까지의 역사가 단지 인간의 유적 성질의 전사(前史)로서 파악되는 그 규정에서 이 점은 한층 더 분명하게 드러난다.

우리가 여러 측면에서 서술한 점점 더 분화되어 가는 반응들, 즉 유의 개별표본들이 그들을 그때그때 통합하는 사회에 대해 행하는 그 반응들은 이를 통해 새롭게 조명된다. 그 속에서 표현되는 각각의 유적 성질은 (자연에서의 유들처럼) 더 이상 존재적으로 단일한 것이 아니다. 그것은 자연에서의 유들이 보존되는 동안 지니는 상대적인 고정성과는 달리 명백히 과정적일 뿐만 아니라, 그 자신의 전사(前史)가 중단되고 현실적〔진정한〕 역사에 도달하는 단계로 가는 길(물론 경향적으로만 나타날 수 있는) 위에서 이루어지는, 유적 성질의 여러 단계들의 과정적 종합이다. 극히 원시적인 도구, 최초의 언어, 직접적으로는 아직 "자연적인" 것처럼 보이는 사회성원들 간의 최초의 사회적 질서(분업 등등)는 이미 그 자체 내에서 자연적 유의 침묵을 극복하고 있다. 비록 그 사회적 내실이 아직 심히 초기적이고, 인간의 실천 속에서 현상하는 방식이 아직 심히 단순하며, 인간들의 반응방식 사이의 차이가 아직 심히 미미하고, 또 주어진 유적 성질의 고정성이 아직 심히 장기 지속적이라 할지라도 말이다. 이미 채집시기에 선택적 결정으로서의 인간의 행위방식을 결정했던 사회적으로 근본적인 사태는, 점점 더 증대하는 반응방식들의 분화에 자생적으로 부합하는 존재방식이다. 〔70〕 물론 처음에 이러한 반응방식들은 거의 "자연적으로" 작동하는 종족적 전통의 연관관계 속에 들어가 있다. 그러나 이 연관관계는 어쩔 수 없이 재차 새로이 생겨나는 과제들에 적응해야만 하며, 그에 따라 더 세분화될 수밖에 없다. 그럼으로써 초창기의 침묵은 점점 더 느슨해지면서 인간들의 개별적 결정을 위한 모종의 여지가 허용된다. 역사는 이러한 발전경향이 결국 일반적 · 지배적인 경향이 되어가는 것을 보여준다.

계급들(계급적 대립물들)의 발생은 행위를 유발하는 인간생활의 존재기반들 속에 이제 공공연하게 드러나는 이해관계의 대립성이라는 새로운 요소를 집어넣는다. 하지만 그때그때 전체 사회를 대표하는 더 이상 침묵하지 않는 유적 성질은 이를 통해 필연적으로 대립되는 평가들의 사회적 대상이 되는데, 이 대립적인 평가들은 개개인들의 재생산 방식도 대립적인 방식으로 규정한다. 이 자리에서 역사적인 세부사실들을 상세히 다루는 것은 당연히 불가능한 일이다. 그러나 누구나 다 분명히 알아 두어야 할 것이 있다. 그러한 경우들에서 바로 지배적 체제에 대한 긍정과 부정이 두 측면에서 유의미한 등급을 보여준다는 것이 그것이다. 이 등급은 전적인 순응에서부터 공공연한 반란까지, 이러한 대립을 알지 못했던 과거에 대한 동경에서부터 이러한 대립을 더 이상 알지 못할 미래에까지 걸쳐 있다. 그와 같은 긍정과 부정은 사회적 존재 속에서 서로 투쟁하면서 각자의 규정들을 만들어낸다. 따라서 우리가 그러한 경우들에 있어 객관적인 사회적 측면에서 현존하는 합법칙성이라 여기는 것이 직접적·실천적으로는 그와 같이 투쟁하는 힘들의 결과로서 나타나는 것이 사실이지만, 그러나 그러한 사회적 존재의 본질은 바로 이 투쟁들 속에서 표현된다. 이때 그 투쟁의 전면적인 드러남, 투쟁의 실재적 대립물들은 그 투쟁의 단순한 실재적 결말보다 한층 더 깊고 완전하게 그때그때의 유적 성질의 객관적 본질을 존재적으로 구현하고 있다. 스파르타쿠스[21]는 그의 시대에 적어도 그를 눌렀던 승자들, 곧 그 당시 로마의 공식적 지도자들만큼이나 명확하게 유적 성질을 구현하고 있다.

그런데 사회적 존재의 역사성은 역사성의 이 같은 직접적인 진행에 한정된 것이 아니다. 인간이란, 그의 과거가 그 자신의 과거의 형식으로 그의 현재의 존재 및 활동의 중요 계기를 이룬다는 점에서도 근본적으로 사회·역사적 존재다. 이미 개개인은 개별자로서, 자생적으로 자기 자신의 삶을 역사적으로 체험하고 형성한다. 자신의 전사(前史)에 대한 기억들이 그가 그때그때 내리는 선택적 결정들에서 중요한 요소를 이룰 뿐만 아니라 그 선택적 결정들을 그의 인격 속에 통합함으로써 그렇게 체험하고 형성하는 것이다. 이는 사회적 존재수준에서 훨씬 더 분명하고 강력하게, 또 많은 경우 훨씬 더 구체적으로 나타난다. 〔71〕 과거와 현재를 종합하는 연결 — 그것이

---

21) 옮긴이: 스파르타쿠스(Spartacus, ?~BC 71)는 고대로마 노예반란의 지도자로 기원전 73년 70여 명의 동료 노예와 함께 검투사 양성소를 탈출, 목동·농노·빈농을 규합하여 반란을 일으켰다.

제대로 된 것이든 잘못된 것이든 — 이 없다면, 사회적 행위는 개개인의 차원에서도 사회적 차원에서도 존재하지 않는다. 사회가 발전할수록, 사회적으로 될수록 더욱더 그렇다. 그런데 과거는 더 이상 변동될 수 없는 것이며, 현재의 모든 실천적 행동은 과거의 이 취소 불가능성을 고려할 수밖에 없다(혹은, 적어도 고려할 수밖에 없을 것이다)는 것은 직접적으로 근본적인 사실에 속한다. 여기에서 우리가 말했던 것은 단지 현상적인 표면적 차원에서만 이와 같은 확고부동한 진리와 모순된다. 지나간 일을 일어나지 않은 일로 바꿀 수 있는 사람은 아무도 없다. 사회적 데마고기[22]의 특정 형태로 그와 같은 시도가 행해진다면, 그 시도는 사회적으로 결국에는 실패할 게 뻔하다. 여기에서 문제는 전혀 다른 것이다. 진행과정 중에 있으며 더 이상 침묵하지 않는 인간의 유적 성질에 있어서 역사적 동역학의 보다 폭넓은 규정이 문제인 것이다. 따라서 문제는 결코 역사학의 특정한 성과들이 아니다. 비록 여기에서 그 성과들이 점점 더 많이 인용되곤 할지라도 말이다.

그런데 여기에서 역사는 그저 단순한 지식이 아니다. 그것은 과거에서 비롯하는 저 추동력들, 즉 인간들이 그들 자신의 유적 성질과 맺고 있는 현재 관계를 현재의 단순한 사실들보다 한층 더 입체적으로 표현할 수 있을 그런 — 실천에 옮겨질 수 있는 지나간〔과거의〕 모티프들로서의 — 추동력들을 밝히는 것이다. 그렇기 때문에 그와 같은 — 실천의 동력으로서의 — 역사의식의 내용들은, 유적 성질을

---

22) 옮긴이 : "데마고기"란 선동 정치가가 특정한 문제에 대하여 정치적 의도로 유포시키는 허위 선전을 일컫는 말이다.

과정으로서, 자기 자신의 성취로 가는 인간의 도정으로서 밝히고, 또 그리하여 인간으로 하여금 이 층위에서 자신을 인류의 유적 발전의 부분으로서 실현하도록 돕는다는 점에서 그러한 역동적 작용을 할 능력을 지닌다. 그와 같은 (많은 경우 뚜렷하지 않고 무의식적 상태에 머물러 있지만 목표에 부합되게 작용하는) 모티프들에 의해 움직여짐으로써 이러한 과거 역시 부단한 변동에 종속되어 있다. 오로지 이를 통해서만 현재의 실천을 과거의 — 긍정적이거나 부정적인 — 계승·발전으로서 조명하는 일이 시작되는데, 이 일은 현재의 행위에 긍정적이거나 부정적인 자극을 줄 수 있다. 그런 까닭에 과거는 현재의 과정과 함께, 현재의 과정에 결부된 채 계속해서 그 내용, 형식, 가치 등등을 바꾸어나간다. 따라서 그것은 마르크스적 의미에서의 이데올로기, 즉 현재의 갈등들을 의식하고 싸워내기 위한 사회적 도구다.[23] 〔72〕 그렇기 때문에 어떤 한 시점(時點)의 유적 성질을 올바르게 파악할 수 있으려면 그 유적 성질이 긍정적 의미에서든 부정적 의미에서든 현재 및 미래와 유관한 그 자신의 과거를 어떻게 파악하는지를 알아야만 한다. 동의하면서 모범으로 내세우는 식으로 파악하는지 아니면 거부하면서 경고하는 식으로 파악하는지를 알아야만 하는 것이다. 따라서 우리는 그때그때의 유적 성질을 단지 과정으로서뿐만 아니라 여기서 개괄된 모든 계기들의 과정적 종합으로서도 파악해야만 한다. 우리가 그것의 본질성을 단지 과정으로

23) 역사학에서 작동하는 이데올로기가 여기에 기반을 두고 있는 경우는 아주 빈번하다. 여기서 드러나는 것은, 이데올로기란 결코 허위의식과 동의어가 아니라는 사실이다. 이와는 반대로, 역사학의 이 같은 이데올로기적 구성요소들이 역사학에 위대하고 중요한 발견으로 가는 길을 열어 준 경우가 자주 있었다.

서만 고찰한다면, 우리의 고찰은 형식적 · 피상적으로 머물러 있는 것이다. 이 과정의 진정한 인간적 의미, 자연의 침묵하는 유적 성질에 대한 이 과정의 현실적 간극은, 그렇게 얽히고설킨 그와 같은 복합성 속에서만 드러날 수 있다.

그런데 이는 또 다른 중요한 결과를 가진다. 즉, 특정한 발전단계에서 그때그때 통일되어 있는 더 이상 침묵하지 않는 인간의 유적 성질은 점점 더 동시적으로, 그 존재의 서로 다른 작용수준들을 존재적 · 과정적으로 표현한다. 수준의 이러한 차이들에 관해서는 이미 대략적으로 지적한 바 있다. 이 수준의 차이들은, 그때그때 주어진 구체적인 국지적 사회질서(물론 여기에서 자연적 침묵은 이미 추월되어 있다)에 거의 아무 생각 없이 단순히 적응하기에서부터, 많은 경우 어렴풋하게만 떠오르는, 대개 갈등적 형식을 띠고 나타나면서 실천으로 옮겨지는 통찰에 이르기까지 폭넓게 펼쳐져 있다. 진정한 인간적인 유적 성질이란 인격으로의 고유한 발전에 있어 인격 특유의 특수한 과제를 그 인격을 유적 성질로 고양하는 가운데 실현하려 하는 데에서만, 그리고 바로 이 점을 고유한 인격의 실현의 척도로 여기는 데에서만 존립할 수 있다는 것이 그러한 통찰의 내용이다. 유와 표본의 그와 같은 통일성을 의식적으로 지향하는 인격적 욕구를 지닌 인간들만이 침묵상태의 최종 잔재들을 실제로 완전히 극복할 수 있고, 또 완전히 발전된 인격으로서 인류의 진정한 역사의 활동 주체가 될 수 있다. 그 역사의 경제 · 사회적 전제조건이 무엇인지에 관해서 당장은 말할 수 없다. 마르크스에 의해 우리는 그와 같은 "자유의 나라"가 경제("필연의 나라")의 어떠한 완성을 전제로 하는지, 그리고 마르크스적 사회주의 이론을 통한 유토피아의 극복은 왜 이런 방식으로만 가능해 보이는지를 알게 되었다. 하지만 오늘날, 동일한 발전이 동시에 인간의 현존재의 맥락에서도 "자유의 나라"를 위한 준비여야만 하며, 또 거기로 향해 가는 발전이 인간의 그러한 성질을 어떤 식으로든 촉진하지 못한다면 경제적 기반도 유토피아적인 것을 완전히 극복할 수 없다는 것이 숙고되는 경우는 몹시 드물다.

그런데 그런 일은 유적 성질의 올바로 이해된 현실화 과정 바로 그 속에서 일어난다. 〔73〕 앞서 우리가 사회적으로 발전되어가는 유적 성질의 서로 다른 수준들이라 불렀던 것이 여기에서 그 참된 존재론적 모습을 보여준다. 왜냐하면 우리가 기술한 유적 성질의 수준 차이들은 거의 처음부터 — 특히 위기 때에 — 거듭 이러한 단계로까지 치닫는다는 것이 입증되기 때문이다. 삶으로 산 행동이나 형상화된 행동 속에서 인간과 개인적으로 고유한 유적 성질의 이러한 관계가 표현되지 않았다면, 철학과 특히 예술의 특정 형식들(일반적으로 아직도 이해될 때가 드문 비극 형식을 생각해 보라)이 발생해서 지속적으로 효력을 갖는 일은 불가능했을 것이며, 삶을 영위하는 방식을 통해 지속적으로 영향을 미치는 특정 인격들은 결코 그러한 영향력을 획득할 수 없었을 것이다. 지금까지는 물론 주로 예외로서 그러했다. 그러나 그것들이 바로 예외 그 자체로서 본보기 역할을 하면서 역사적으로 영향을 미쳤던 반면, 그것들 옆에서 정상적·도덕적으로 유에 부합했던 것들은 아무런 본질도 없는 것으로 퇴색하고 잊혀 사라져 버리는 것처럼 보인다. 소포클레스의 작품에서 아주 의식적으로 형상화된 안티고네와 이스메네의 충돌을 생각해 보라. 또, 부유한 젊은이와 이야기를 나누는 나사렛 예수를,[24] 그리고 역사적 반박에도 불구하고 근절될 수 없는 브루투스 전설[25]을 생각해 보라. 그리고 "시대는 혼란에 빠졌다. 원통하구나, 내 그걸 바로잡으려 태어났다니!"[26]라는 햄릿의 절망적인 말이나 스탕달과 발자크, 톨스토이와 도스토옙스키 등등의 작품에서 나폴레옹의 생애가 미치는 영향 따위를 생각해 보라.

위대한 예술, 위대한 인격, 위대한 철학 등등이 오랜 시간에 걸쳐 생생히 영향을 미치는 세계사를 주의 깊게 연구한 사람이라면, 또 이로부터 인간들의 인격 형성의 어떠한 수준이 그들에게 전사(前史)에 대한 인류의 기억 속에서 지속되는 지위를 부여하는지 미루어 살필 수 있는 사람이라면, 이때 문제는 무엇보다도 고유한 유적 성질의 발전 속에서 이루어지는 모종의 정화과정이라는 것을 분명히 알게 될 것이다. 물론 이 또한 비(非)목적론적인 과정적 방식으로 이해되어야만 한다. 한편, 그와 같은 현상들이 꼭 긍정적인 성격을 지닐 필요

---

24) 옮긴이 : "낙타가 바늘귀로 들어가는 것이 부자가 하느님 나라에 들어가는 것보다 쉽다"는 예수의 유명한 말이 나오는 대목.

25) 옮긴이 : 브루투스(M. J. Brutus, BC 85~42)가 왕이 되고자 하는 카이사르(G. J. Caesar, BC 100~44)의 야심을 알아채고 로마의 공화정을 지키기 위해 그를 암살했다는 이야기를 지칭하는 듯하다. 아니면, 기원전 6세기 말 로마공화국을 건설한 사람으로 알려진 브루투스를 지칭하는 말일 수도 있다. 신생 공화국을 지키기 위해 자신의 두 아들마저 죽였다는 이야기가 "브루투스의 결단"이라는 이름으로 형상화되기도 했다. 대표적인 작품으로 자크 루이 다비드(J. L. David)가 그린 〈브루투스에게 아들들의 시체를 날라 오는 형리들〉이 있다.

26) 옮긴이 : 《햄릿》 1막 5장 마지막 부분에 나오는 대사다. 번역본마다 조금씩 다르게 옮겨져 있는데, 최근에 출간된 한 국역본에는 "나사 빠진 시간이다. 오 저주받은 양심, / 내가 어쩌다 태어나 그걸 수리해야 하다니!"(《햄릿》, 김정환 옮김, 아침이슬, 2008, 51쪽)로 되어 있다. 우리는 루카치가 인용한 독역본의 문구대로 옮겼다.

는 없다. 심히 문제적인 것(돈키호테), 심지어 유적 성질을 부정적인 방식으로 건드리는 중요한 특징들의 절정(타르튀프)[27] 조차도 후세의 의식 속에서는 널리 퍼진 속담처럼 친숙해질 수 있고 이데올로기적으로 작용할 수 있다. 인간의 부정성도 그 수준에 따라 유적 성질로의 고유한 전개에 대해 인간들이 갖는 심상(心象) 속에서 효력을 발할 수 있다. 다른 한편, 인간 유의 이러한 기억은 하나의 거대한 과정의 계기일 뿐만 아니라, 그 과정 속에 편입된 채 그 자체가 과정적인 성격을 띤다. 〔74〕 모순적 전망들을 지닌 미래의 경향들을 향한 현재의 열망이 어떤 내용인가에 따라 그러한 형상들은 사라질 수 있으며 또다시 나타날 수도 있다(예컨대 봉건시대 때 호메로스가 이데올로기적 영향력이라는 점에서 볼 때 수백 년 동안 베르길리우스[28] 에 의해 뒷전으로 밀렸다가 초기 자본주의에 들어와서야 비로소 베르길리우스를 뒷전으로 몰아냈던 양상을 생각해 보라).

27) **옮긴이**: 타르튀프(Tartuffe)는 프랑스 극작가 몰리에르가 창작한 희극의 제목이자 그 주인공의 이름이다. 주인공의 이름인 타르튀프가 프랑스어로 "위선자"를 뜻하는 일반명사가 될 정도로 유명했다.

28) **옮긴이**: 베르길리우스(Vergilius Maro, Publius, BC 70～19)는 고대로마의 시인이다. 트로이의 대장 아이네아스의 일생을 그린 로마 건국 서사시 《아이네이스》가 그의 대표작이다.

필연성과 우연성,
자유와 필연

과정적인 유적 성질의 모든 침묵을 근본적으로 극복해간 그러한 과정들은 매우 중요하다. 마르크스주의가 인류발전에 관한 보편적인 학설로서 지니는 영향력을 상실하게 되는 데 크게 기여했던 마르크스주의의 속류화에 있어 하나의 주요한 동인은 바로 모든 이데올로기를 그때그때의 경제적 관계들에 따른 한갓 "자연필연적인 산물"로 보는 기계론적 관점이었다. 이에 대해 마르크스주의 내부에서 이루어진 대항은 대부분 이데올로기의 부르주아적·인식론적인 "자립화"로 이어졌는데(막스 아들러[29] 등등), 이것이 그러한 존재론적 곤경에서 벗어날 그 어떤 출구도 보여줄 수 없었던 것은 당연한 일이다. 그도 그럴 것이, 모든 자연성에 비해 사회적 존재에 특유한 새로움을 편견 없이 분석하는 것만이 진정한 존재상태로 나아갈 수 있다. 인과연관 일반의 문제에 있어서 속류 마르크스주의적인 "정통성"을 비판하는 것은 이를 위해 필수불가결한 전제조건이다. 왜냐하면 어떤 대상복합체가 다른 대상복합체에 의해 초래된다고 해서 그렇게 초래하는 것에 가치와 연관된 전면적인 존재적 우월성이 부여될 수 있는 양 여기는 것은 기계적·자연주의적인 편견에 불과하기 때문이다. 설사 원인과 결과의 그때그때 구체적인 인과관계가 역사적으로 필연적인 항구성을 보여준다 하더라도(경제와 상부구조가 그

29) 옮긴이: 막스 아들러(Max Adler, 1873~1937)는 오스트리아 마르크스주의의 대표적 철학자로서 칸트의 영향을 강하게 받았다. 주요저서로는 《사상가로서의 마르크스》가 있다.

런데), 한갓된 인과연관은 결코 가치관계를 창출할 수 없다. 인간들이 그들 자신이 창조한 것을 초월적 힘 덕분으로 여기는 원시적 종교 이데올로기에 와서야 비로소 창조자와 피조물 간의 전혀 근거지어질 수 없는 그와 같은 가치위계가 성립하는데, 이 가치위계는 속류 유물론에까지 이르는 여러 경로들에 계속 영향을 미칠 수 있었다. 초래된 것〔결과〕에 대해 원인〔초래하는 것〕이 지니는 — 따라서 여기서는 상부구조에 대해 토대가 지니는 — 폐지 불가능한 사실상의 존재적 우선성에 관한 그와 같은 해석은, 특정한 원시적인 목적론적 왜곡들을 인간연관화하면서 잘못 왜곡시켜 사회적 존재의 성질로 옮겨 놓은 것에 다름 아니다. 전도된 종교적 존재론들 — 노동하는 인간이 자기 활동의 산물과의 관계에서 스스로를 투사한 것인 "창조주" — 에 대한 유물론적인 비판은 비판으로서 극히 한정된 역사적 정당성을 가졌지만, 엥겔스가 후기에 누차에 걸쳐 보여주려 했듯이, 사회적 문제들을 탐구하는 데 있어서 이론적 곤경에 빠져들 수밖에 없었다. 〔75〕 따라서 사회와 관련하여 그런 식으로 생겨나는 모든 필연성 원리를 처음부터 매우 비판적으로 고찰하는 것은 필수 불가결한 일이다.

이 비판은 목적론적인 것을 정립하는 선택적 결정의 근본적 의의에서 출발해야만 한다. 물론 계속 염두에 두어야 할 것이 있다. 이 선택적 결정 또한 단지 인과계열들만 가동시킬 수 있으며, 그리하여 목적론적으로 정립된 것과는 다소간 다른 것이 실제로 발생하는 경우가 자주 있다는 점이 그것이다. 그렇기 때문에 마르크스가 경제의 이러한 존재론적 성격을 강조하고, 또 실질적으로 기초를 이루는 경제의 성질에 대한 어떠한 물신화(物神化)도 허용하지 않았을 때, 그것도 인류의 "전사"(前史)에 있어서만 그랬던 것이 아니라 진정한 인류사에서 "자유의 나라는 … 그 토대로서의 저 필연의 나라(곧 경제 - 루카치) 위에서만 꽃필 수 있다"[30]는 점에서도 그랬을 때, 그는 언제나 옳았다.

이 모든 것을, 진정한 문제상황으로 안내하는 실마리로서 미리 말하지 않을 수 없다. 왜냐하면 마르크스가 여기에서 서술된 유적 성질과 그 표본 간의 근본적으로 새로운 관계를 실제로 산출하는 저 존재적 토대를 경제의 역사에서 제시하기 때문이다. 이 새로운 발전방식은 처음부터 작용하고 있다. 즉, 동물들은 그 전체 존재에서나 직접적으로나 항상 각각의 유의 표본인 반면, 인간의 유는 처음부터 종족들로 분할되어 있다. 군거동물은 군거동물로서 직접적인 유의 표본이며, 이와 마찬가지로 비(非)군거동물은 비군거동물로서 직접적인 유의 표본이다. 그러나 종족은 인간들 속에서 유효한 유적 의식의 침묵하지 않는 복합체를 만들어내는데, 이 복합체에는 종족에 속하지 않는 것들에 대한 전적인 혹은 부분적인 부인(否認)이 오랜 기간 포함되어 있다(식인 풍습). 인류가 민족 등등으로 전반적으로 통합됨과 더불어, 더 이상 침묵하지 않는 이 유적 객관화물들은 점점 더 커지는데, 그렇다고 국외자를 인간 유에서 배제하는 일이 완전히 극복되는 것은 아니다(그리스인과 야만인, 백인과 "유색인" 등등). 그리고 비록 경제의 통합과정이 세계시장으로까지 진척되었지만, 민족, 민족체 등등의 유적 성질은 직접적으로 실천적이고 유효한 것으로서 계속 존속한다. 물론 유적 성질에 대한 이중적 관점이

---

30) Marx: *Kapital III/II*, p. 355. 〔《자본 III-2》, 강신준 옮김, 길, 2010, 1095쪽〕

— 물론 오랜 기간 순전히 이데올로기적으로 — 발전했는데, 여기서 인간 유의 본래적인 통일성은 실천적·사회적으로 작동하고 있는 유적 성질을 위한 배경, 단지 관념적일 뿐이지 실천적으로는 대개 폭넓은 영향력을 상실한 그런 배경을 이룬다. 따라서 이러한 입장에서 보더라도 포괄적이고 더 이상 침묵하지 않는 인간적인 유적 성질은 서서히 모순적으로 작동하는 하나의 과정이자, 이를 넘어서 하나의 — 물론 점점 더 강력해지고 있는 — 경향이며, 〔76〕 많은 경우 결코 실제로 실천에 옮겨지지 않은 사회도덕적인 요구일 뿐이다. 따라서 전사(前史)의 중단은 이와 관련해서도 실질적인 경제적 토대의 발생을 전제로 한다.

이미 여기에서 더 이상 침묵하지 않는 유적 성질이 침묵하는 유적 성질에 비해 갖는 본질적으로 새로운 특징이 드러난다. 침묵하는 유적 성질은 생물학적으로 확립되어 있다. 그렇기 때문에 그것은 매개하는 의식을 필요로 하지 않고 직접적으로 작용한다. 인간적인 유적 성질은 이러한 직접성을 처음부터 지양한다. 그렇기 때문에 그것이 작동할 수 있기 위해서는 항상 의식적인 매개행위가 필요하다. 새로운 존재가 자연적 대상성에서 이렇게 분리되는 것은 처음부터 있는 일이다. 가장 하찮은 노동수단, 노동의 산물 따위조차도 이미 본질적으로 사회적인 존재를 갖고 있다. 이러한 것들이 어떠한 이유에서든 이러한 기능을 상실하자마자 그것들은 단순한 자연성으로 다시 전락하고 만다.[31] 하지만 인간 자체에 있어서 노동과 언어활동에 매개되어 침묵하는(단순히 생물학적인) 유적 성질을 넘어선 도약은

31) *Ibid.*, *I*, pp. 145~146.

더 이상 무효화될 수 없다.

물론 이것이 이러한 도약과 더불어 인간의 진정한, 더 이상 침묵하지 않는 유적 성질은 바로 존재상(上), 이제부터 저지할 수 없고 또 당연하게도 지극히 불균등한 과정(다름 아닌 경제발전이 폐지할 수 없는 기초를 이루고 있는 그런 과정)을 시작한다는 것 이상을 의미하는 것은 아니다. 현재 우리가 다루고 있는 유적 성질의 문제에 더 구체적으로 다가가기 위해 우리는 마르크스가 자연적 한계들의 후퇴이라고 불렀던 문제복합체로 다시 넘어가야만 한다. 인간 유의 표본들의 아직 자연적인 개별성에서 어떻게 개체성이 발생했는가라는 문제를 다룰 때 이미 우리는 마르크스에 의거한 바 있다. 그는 지금까지 발전해온 계급사회 중에서 가장 명백하게 사회적인 형태인 자본주의적 형태를, 거기에서는 개개인과 사회의 관계가 우연적인 관계가 되었다는 말로 특징지었다. 이러한 확언의 특수한 의미, 여기에서 우리에게 본질적인 그 의미는 마르크스가 제시한 사회적 대비를 통해서야 비로소 아주 명확해진다. 마르크스는 이전 발전단계와 대립되는 점을 다음과 같이 강조한다. 즉, 이러한 사회화에서 "각 개인이 인격적인 한에서의 그의 삶과 각 개인이 어떤 노동부문 및 거기에 속하는 조건들 아래에 포섭되어 있는 한에서의 그의 삶 사이에는 어떤 구별이 생겨난다. … 신분에서는(종족에서는 더욱더) 이러한 점이 아직 은폐되어 있다. 〔77〕 예를 들면 귀족은 어디까지나 고상한 사람이고 평민은 어디까지나 상놈으로서, 그들의 여타 관계들과는 별도로 그들의 개체성〔개인성〕과 분리할 수 없는 하나의 질(質)로 머물러 있는 것이다."[32)]

---

32) *MEGA I/5*, p. 65. 〔《칼 맑스/프리드리히 엥겔스 저작선집 1》, 247쪽〕

앞의 고찰에서 우리는 인간의 인격의 발생에 있어 사회적으로 우연적인 계기에 큰 비중을 두었는데, 이미 거기서 그러한 발전경향은 우리의 주도원리였던 셈이다. 경제적 토대와 인격의 사회적 결합이 생활방식의 사회적이자 개별인간적인 형식으로서 우리 관심사의 중심에 놓여 있는 여기에서 우리에게 다음과 같은 점이 분명해진다. 즉, 이전 사회의 당시 지배적인 경제에 의해 규정된 사회적 편성(신분 등등)은 개개인에게 그의 현행적이고 고유한 유적 성질과 연관된 사회적으로 실재적인 매개들을 객관적으로 제공하는 반면(카스트, 폴리스시민의 사회적 상황, 귀족 따위를 생각해 보라), 자본주의에서 개개인은 그와 같은 사회적 매개들 없이 이러한 그의 유적 성질과 직접 대면하게 된다. 물론 이것이 사회적 평등을 의미하는 것은 결코 아니다. 자본주의는 빈부의 차이를 이전의 모든 경제구성체보다 더욱더 날카롭게, 더욱더 중요하게 부각시킨다. 그러나 바로 우리 문제의 관점에서 보자면 이전의 존재매개들이 폐기되는 사태가 벌어진다. 즉, 가난하게 된 귀족은 그래도 계속 귀족에 속했지만 가난하게 된 자본가는 더 이상 자본가일 수 없다. 지금 우리가 이같이 경제적으로 규정된 생활기반을 중심에 놓는다면, 그것은 개개인이 개체성으로 향해가는, 그럼으로써 두 경우에 상이한 방식으로 유적 성질로 향해 가는 길을 규정했던 바로 그 사회적 매개들(내지 그것들의 결여)이, 계급편성의 이러한 질적 변화를 통해 작동한다는 점을 더욱더 분명히 하기 위해서이다. 마르크스가 강조한 이러한 차이는 따라서 일차적으로, 그리고 존재상 결정적인 방식으로 경제에 의해 그 기초가 확립된 것이다.

그런데 토대와 이데올로기 간의 그러한 연관관계에 대한 인식은 우리에게는 순수 방법론적인 차원에서도 유의미하다. 우리가 여러 차례 밝혔다시피, 실제로 경제의 기초를 이루고 있는 인과계열들은 그 직접적인 존재적 작용에 있어 목적론적인 것을 전혀 내포하고 있지 않다. 바로 그렇기 때문에, 사태를 단순화하여(통속화하여), 이러한 경제적 발전은 인간들의 삶의 형식으로서의 개체성을 생산하며 따라서 개체성은 경제발전의 직접적인 산물에 불과하다고 말하는 것은 존재론적으로 잘못된 것이다. 순수하게 인과적으로만 보더라도 이는 맞지 않는 말이다.

〔78〕 물론 경제가 원인으로 작용함에 따라 이전에 있었던 계급편성이 파괴될 수 있었으며, 또 그럼으로써 이전에 아무런 제한 없이 작용했던 사회적 매개들의 존재가 사회적으로 극복될 수 있었다. 그러나 그럼으로써 그 작용은 개개인과 전체 사회의 유적 관계에 있어 우연성을 불가피한 객관적 존재형식으로 고양시켰을 뿐이다. 극히 구체적으로 작용하던 이전의 매개들의 자리에 그 자체로는 공허한 우연성이 대신 들어선 것이다. 이에 직면하여 그러한 사회의 개개인은, 이러한 객관적 사태를 그 자신의 생활방식 내에서 "무엇을 할 것인가?"라는 관점에서 하나의 물음으로 전환시키도록, 자신의 삶의 욕구, 삶의 관심사, 삶의 능력에 걸맞게, 어느 정도까지 — 몰락의 형벌에 처해지더라도 — 실천적으로 그리고 많은 경우 이론적으로도 대답해야만 하는 그런 물음으로 전환시키도록 유인된다. 이런 식으로 경제적 발전의 필연성은 인간을 그의 생활방식 속에 있는 심히 문제적인 균열 앞에, 자신의 유적 실존의 우연성이라는 문제 앞에 서게 만들었다. 그리고 실천적으로 현실화될 수 있는 대답들의 객관적인 여지는 경제적으로 몹시 한정되어 있고 — 이러한 여지 내부에

서 이루어지는 — 개별적 대답들의 우연성은 거의 극복될 수 없다. 경제적 발전은 이러한 우연성을 개개인이 행하는 모든 실천의 객관적 토대로 만들 수 있다. 그 우연성을, 인간들 스스로가 자신들의 생활방식 속에서 정립한 유적 성질의 새로운 내용으로 채워서 지양하는 것은, 오로지 실천만이, 인간들 자신의 사고와 행위만이 할 수 있는 일이다.

개개의 목적론적 정립에 의해 직접적으로 가동된 사회의 객관적인 진행에 관철되고 있는 인과성의 지배에서 우연은 제거될 수 없다. 그렇지만 경제적 과정 자체의 영역에서는 이러한 우연성들이 경향적으로 상호 지양되고 전체과정을 지배하는 경향적인 통일성으로 종합될 수 있다(가령 시장을 생각해 보라). 이에 반해 일상생활의 단계에서는 자동적으로 작동하는 그와 같은 조정원리가 훨씬 약하게 작용한다. 마르크스는 이러한 차이를 분명하게 보았는데, 이 점을 그는 대개는 자신의 역사 연구물들에서 두드러지게 부각시켰으며 다른 곳에서도 결코 시야에서 놓치지 않았다. 그리하여 그는 쿠겔만[33]에게 보낸 편지에서 파리코뮌에 대해 다음과 같이 적고 있다. "투쟁이 확실히 유리한 기회들의 조건에서만 개시되는 것이라면 세계사는 물론 아주 편하게 만들어질 수 있겠지요. 다른 한편, 만약 '우연성들'이 아무런 역할도 하지 않는다면 세계사는 아주 신비로운 성질을 띨 것입니다. 이러한 우연성들은 물론 그 자체가 발전의 일반적인 진행과

33) **옮긴이**: 쿠겔만(Ludwig Kugelmann, 1828~1902)은 마르크스와 엥겔스의 절친한 친구였으며 직업은 의사였다. 그는 특히 독일에서 《자본》이 보급되는 데 큰 역할을 했다. 루카치가 말하는 편지는 마르크스가 1871년 4월 17일 런던에서 보낸 편지다.

정 속으로 흘러들고 다른 우연성들에 의해 재차 조정됩니다. 하지만 촉진하고 지체시키는 것은 아주 많이 그러한 '우연성들'에 달려 있는데, 〔79〕 그 우연성들 중에는 무엇보다도 운동의 지도적 위치에 있는 사람들 성격의 '우연'도 있습니다."[34] 여기에서 중요한 것은, 마르크스가 객관적인 전체과정에 있어 우연성들의 상호조정을 인정하고 있지만 전체과정의 속도, 전체과정의 국면들, 그리고 무엇보다도 매 시기의 지도자의 자질을 폐지 불가능한 우연성에 종속된 것으로 파악하고 있다는 점을 분명히 하는 것이다. 발전의 필연적 진행의 방식은 전체 중 해당 부분의 사회적 성격에 따라 분화되는데, 바로 여기에서 마르크스주의의 이중적 속류화(한편으로는 기계적 유물론으로서의 속류화, 다른 한편으로는 관념론으로서의 속류화)가 나타나곤 하느니만큼 그러한 분화는 더욱더 정확하게 이해되고 설명되어야만 한다.

엥겔스는 마르크스 사후(死後)에 지칠 없는 열정으로 속류화 경향에 맞서 싸웠는데, 하지만 그 자신이 살짝 오해를 불러일으키는 상황에 빠질 때가 가끔 있었다. 슈타르켄부르크(A. H. Starkenburg)에게 보낸 편지[35]에서 그는, 우리가 바로 그가 펴낸 마르크스 텍스트에서 알게 되었던 것과 동일한 문제를 거론하고 있다. 그는 여기서 생겨나는 문제들을 주노선에서는 마르크스와 유사하게 풀고 있다. 그렇지만 그가 결말(나폴레옹 1세의 지배, 역사적 유물론의 발생)에서 "그 남자〔나폴레옹 1세〕는 그가 필요할 때마다 나타났다"는 결론이나, 마르

34) Marx: *Briefe an Kugelmann*, Berlin, 1924, pp. 87~88.
35) 옮긴이: 1894년 1월 25일 런던에서 보낸 편지다.

크스의 학설을 위한 시간은 이미 성숙했으며 "그리하여 그것은 바로 발견될 **수밖에 없었다**"는 결론에 도달했을 때에 그는 마르크스의 노선, 즉 〔마르크스가〕 조심스럽게 다루었던, 이 수준에서 펼쳐지는 역사적 진행의 경향적 성질에서 이탈하고 있는 것이며 또 — 존재론적으로 단순화하는 가운데 — 가장 엄격한 의미에서의 경제를 제외한 사회적 존재에게는 과장된 탓에 생소한 그런 필연성을 선포하고 있는 것이다. 그도 그럴 것이, 나폴레옹 보나파르트 같은 사람이 없었을 경우 사회적 욕구는 다른 장군(예컨대 모로[36])을 독재자로 만들었을 것이라는 말은 옳지만, 이 독재자가 보나파르트를 19세기 전반에 걸쳐 영향력이 느껴질 수 있는 역사적 인물로 만들었던 그 "우연적" 능력들을 가졌을지 여부는 마땅히 의심될 수 있다. 이는 마르크스주의 자체에 더 분명하게 적용되는 말이다. 마르크스주의적 방법의 근본문제들이 객관적으로 정신적 발전의 의사일정에 올랐다는 것은 분명히 맞는 말이다. 그러나 다른 맥락에서, 마르크스를 역사적으로 "대리"할 수 있는 유일한 실질적 후보자인 엥겔스 자신이, 마르크스의 일생의 작품을 마르크스 없이 완성할 능력을 자기가 가졌는지 의심하고 있다. 여기에서는 실제로 인간들 스스로가 자신들의 역사를 만든다. 비록 우리가 인간들 자신에 의해 선택되지 않은 상황의 실질적 힘을 고려에 넣는다 하더라도, 〔80〕 여기에서는 엄격한 의미에서의 경제 자체의 영역에서와 유사한 성질을 지닌, 우연성들의 필연적인 상호조정이 일어날 수가 없다.[37]

---

36) **옮긴이**: 모로(J. V. M. Moreau, 1763~1813)는 나폴레옹 보나파르트가 권력을 장악할 수 있도록 도왔던 장군이다. 하지만 뒤에는 나폴레옹의 라이벌이 되었고, 결국 미국으로 추방되었다.

사회적 실천의 이 두 층위의 질적으로 상이한 작동에 대한 그러한 통찰만이, 인류의 역정(歷程)에 내재하는 자유와 필연의 관계에 대한 존재론적으로 올바른 견해를 낳을 수 있다. 마르크스 자신은 우리가 이미 거듭 인용했던 "자유의 나라"와 "필연의 나라"의 관계에 대한 구절에서, 후자를 전자의 토대라고 지칭함으로써 이를 분명히 표현했다. 그렇지만 양자의 상호관계에 있어 범주관계들(무엇보다도 필연성, 우연성, 자유)이 불가분한 동시적 결합과 질적인 차이의 측면에서 파악되지 않는다면, 자유는 초월적인 "기적"의 정상적인 발전의 산물이 되거나(관념론) 아니면 발전의 불가피한 산물이 된다(기계적 유물론). 이 두 경우에 자유와 필연 — 이 양자의 변증법 속에서 다름 아닌 인간의 유적 성질의 역사적 성격이 그 본질에 적합하게 표현되는데 — 사이의 상동성과 상이성, 구속성과 상대적으로 자기활동적인 성장의 저 실재적이고 다변(多變)하며 불균등한 과정적 상호관계는 사라지고 만다.

다음 절에서 우리는 여기에서 가능했던 것보다 한층 더 넓은 맥락 속에서, 한층 더 상세하게 이러한 범주들의 본질과 사회적 작동을 집중적으로 다룰 것이다. 그렇기 때문에 여기에서는 이러한 범주연관들에 대해 이렇게 대략적으로 말하는 것으로 만족하도록 하자. 우리가 극히 중요하지만 결코 홀로 작용하지는 않는 유적 성질의 복합체에 고찰을 거의 전적으로 집중시켰던 만큼 더욱더 그럴 수밖에 없다. 이 고찰을 마치면서 간략히 총괄하여 한 번 더 반복하자면, 분리될 수 없는 이 범주 쌍(유-개별표본)의 사회화 과정에 있어 우리는 자

---

37) Marx-Engels: *Ausgewählte Briefe,* Moskau/Leningrad 1934, p. 412.

연적 침묵이 중단하는 바로 그 와중에서 원래의 단순성과 대립되는 극도의 복잡성을 관찰할 수 있었다. 그 결과〔그러한 극도의 복잡성의 결과〕, 인간의 실존에 아주 본원적인 이러한〔유와 개별표본의〕범주적 연관이 유기적 자연의 존재수준에서는 당연히 침묵하면서, 유의 표본들의 의식성 없이, 결정적인 관계들을 당연한 관계들로 처리하는 가운데 작동했다면,〔81〕여기에서는〔사회화 과정에서는〕바로 그것〔그 범주적 연관〕의 의식성 때문에, 그리고 이와 깊이 결부되어 있는, 객관적으로 증대하는 그것의 중요성 때문에 적절한 사상적 이해를 사회적으로 거의 전혀 관철시킬 수 없었다.

인간의 유적 성질에 대한 그릇된 접근방향들: 개체, 자연, 이성과 관련하여

지금까지 우리는 올바른 관계에 접근하려 시도하는 가운데 인간의 유적 성질에 대한 직접적으로 그릇된 사상적 반응 중 첫 번째 유형과 이미 본질적으로 단절했다. 즉, 인간의 개체성 — 이는 실제로는 아주 장구한 경제적 과정의, 따라서 또한 사회·역사적 과정의 결과인데 — 을 마치 인간 존재 일반의 근원적인 소여성(所與性)인 양 여기는 관념과 단절했다. 그러한 관념 때문에 특히 최근에 인간적 개체성에서 출발하여 우리의 사회적 삶의 복잡한 연관관계를 적절하게 개념화할 수 있는 양 여기는 미신이 만연해 있다. 이와 관련해서는 앙드레 지드의 "무상(無償)의 행위"를, 그리고 여러 가지 색채를 띤 실존주의를 상기시키는 것으로 충분할 것이다. 물론 존재에 대한 그와 같은 입장이 시작된 것은 훨씬 더 이전의 일이긴 하지만 말이다.

마르크스는 이미 〈포이어바흐-테제〉에서 이러한 견해와 이론적으로 단절했다. 우리가 거듭 인용한 문장, 즉 인간적 유를 "사회적 관계들의 앙상블"로 규정하고 있는 문장에서 그는 포이어바흐의 인간관의 결론을 논박한다. "인간의 본질은 각 개인에 내재하는 추상물이 아니다"라고 말이다. 포이어바흐의 인간관을 따르면, 다시 말해 인간의 본질을 그와 같은 추상물로 파악하게 되면, 유는 개체성의 실재적 존재와는 별도로 순전한 사고의 구성물로서, 개념적으로 획득된 추상물로서 나타날 것이다. 이어서 마르크스는, "역사적 진행"을 도외시하면 필연적으로 "추상적으로 — **고립된** — 인간적 개체를 전제하게" 된다고 지적한다. 이 간단명료한 방법론적 논박이 나오기 직전에 역사적 논박이 있었다. 즉, 그 당시의 과학적 통념에 따르면 자연에서 원자에 할당되던 그런 역할을 인간 사회에서 개인이 대표하는 양 여기는 견해가 《신성가족》(*Die heilige Familie*)에서 "그 〔부르주아 사회의 이기적 개인〕의 비감성적인 표상과 활력 없는 추상물"이라고 거부되고 있는 것이다.[38] 비록 조금 더 상세하긴 하지만 〈포이어바흐-테제〉에서와 마찬가지로, 그러한 개인의 맞은편에 구체적인 경제에 토대를 둔 그 당시의 생동하는 사회가 설정되는데, 이 사회 속에서 개인에게 원자와 같은 존재방식이 할당되는 것은 추상적 상상 속에서나 겨우 있을 수 있는 일이다. 이때 일반방법론의 차원에서 중요한 것은 다음과 같은 점이다. 〔82〕 즉, 마르크스주의

---

38) *MEGA I / 3*, p. 296.

는 개체성이 근원적인 것이고 사회적 삶의 기반을 규정하는 역할을 한다고 하는, 존재와 관련된 과도한 주장을 일반존재론의 차원에서 계속 거부할 뿐만 아니라 이와 동시에, 인류의 발전과정의 한 특수한 단계만이 개별성의 개체성으로의 이러한 발전을 낳을 수 있으며, 따라서 개체성은 인류의 전체 기반이 변하는 과정의 한 특수한 성과이고, 그러므로 전체과정에 그 기초를 두고 있는, 전체과정의 한 특수한 산물이지, 결코 사회성을 존재론적으로 정초할 수 있을 그런 존재형식은 아니라는 것을 증명한다.

이와 반대되는 방향은 현재 훨씬 덜 활발하지만, 이 방향 역시 인간의 유와 관련된 문제들의 복합체에 대한 이데올로기적으로 그릇된 접근을 보여주기는 마찬가지다. 가치로서 파악된 자연을 사회와 대조시키는 것이 그것인데, 이 방향에서는 전자 곧 자연의 "초시대적"·추상적인 완전함이 그때그때 구체적 형식을 띠는 사회의 구체적 오류를 정정해야 한다고 한다. 여기에서 직접적으로 중요한 것은, 인간의 유적 성질은 처음부터 그리고 지금도 완전히 끝나지 않은 장구한 시기들을 거치는 동안 서로 매우 다른 특수한 국지적 부분구성체들에서만 실현될 수 있었다는 점이다. 이러한 상황의 내적 문제들은 자주 그리고 다양하게 아주 일찍부터 눈에 띄게 되었고 또 원칙적 차원에서 행해지는 비판을 낳았다. 이러한 비판에서는 — 지금 우리가 전적으로 몰두하고 있는 문제가 이것인데 — 그때그때의 국지적·구체적 구성체에서 지배적인 인간의 유적 성질의 형식들보다 더 고차적인, 당시에는 아직 전혀 또는 거의 현실화될 수 없는 인간의 유적 성질의 형식들이 이데올로기상으로 발언을 신청하는 그런 구상들이 아주 빈번히 표현된다. 이러한 해결시도에 있어서도 가장 흥미로운 것은 현대적 존재론을 위한 방법의 토대들이다. 사회의 모범으로서의 자연, 이른바 이데올로기의 더 높은 망루에 있는, 사회의 시금석의 척도로서의 자연은 무엇보다도 세속화된 종교적 관념과 많이 닮았다. 신은 인간을 완전한 존재로 창조했거니와, 그때그때 주어진 그릇된(죄 많은) 세상에서 이 완전성으로 되돌아가는 것이 중요하다는 식의 관념 말이다. 언젠가 있었던 "황금시대"라는 표상은 많은 경우 실지로 그런 종교적 관념의 변주 가운데 하나에 지나지 않는다. 이때 유적 성질의 본질에 대한 존재론적 관점의 역사와 관련하여 두 가지 모티프가 중요하다. 첫째는, 오늘날에도 완전히 극복되지 않은 것으로서, 사회적으로 문제가 있다고 평가된 현상들을 자연을 끌어옴으로써 치유하는 것을 정정(訂正)의 전범으로 보는 관점이다. 궁극적으로 그러한 입장들에 의거하고 있는, 점차 세속화되어가는 경향들 속에서 자연은 일종의 이상상(理想像)으로 나타난다. 이러한 이상에서 벗어나는 개별 사회들의 실제적·문제적인 일탈이 원칙적으로 존재하지 않는 그런 이상상으로서 말이다. 〔83〕 그렇기 때문에 인간은 자연에서 획득된 명령을, 그때그때 사회의 한낱 일시적이고 자체 내에 모순으로 가득 찬 명령보다 한층 더 단호하게 좇아야만 하고, 또 후자의 명령은 오히려 전자의 명령의 정신 속에서 변형되어야 한다고 한다. 여기에서 재차 드러나는 것은, 사회발전에서 발원하는 갈등들을 처리하려는 이데올로기적 시도들의 역사에 있어, 유적 성질의 진정한 문제들과 내용적으로 맞부딪치는 것이 그렇게 생겨나는 비판을 정초하는 데 있어서의 사실적인 정확성보다 사회적으로 영향력이 더 크다는 점이다. 사회발전의 "영원한" 척도로서의 자연이란 물론 있을 수 없다. 그렇지만 자연의 이름으로 올바르고 또 실현 가능한 요구들이 그때그때 지배적인 규제원리들에 맞서 내세워진다면, 여기에서 결정적으로 중요한 내용들이 실천적으로 유효한 사회적 의미를 획득할 수 있다. 가령 자연법의 이름으로 실정법에서 적잖게 이루어졌던 정정을 생각해 보라. 따라서 여기에서 우리는 — 그 사회적인 결과에 있어서 — 올바르게 작용할 때가 자주 있는 이데올로기, 자신의 이러한 역할을 순전히 허구적인 관념적 사실의 토대 위에서(따라서 "허위의식"을 통해서) 수행하는 그런 이데올로기와 관계하고 있는 것이다.

사회에 맞서 자연에 호소하기는, 자연적 한계들의 후퇴 원리가 사회적으로 더 많이 관철되면 될수록 그만큼 더 근거 대기가 (물론 불균등한 방식으로) 힘들어질 수밖에 없으며 사회적 효력도 줄어들 수밖에 없다. 따라서 경험적인 사회적 존재와는 대조적으로 자연과 이성에 처음부터 잠재되어 있는, 양자의 직접적 통일성으로서 작용하는 그런 동일성이, 바로 르네상스에 들어와 깨진 것은 결코 우연이 아니다. 이미 모어[39]의 유토피아와 더불어, 진정한 인간적인 유적 성질의 실현 목표 및 실현 경로를 사회적으로 확립하는 것으로서 설정된 사회구조의 이성적 상태가 비판과 전범성(典範性)의 모티프로서 등장한다. 이미 "유토피아"라는 제목에서 이성적 상태란 존재하지 않는 것이지만 동시에 존재해야만 하는 것이라는 점이 전면에 내세워진다. 비록 이 두 경향이 그 사회적 요구들에서 수렴될 때가 왕왕 있긴 하지만, 순수한 사회적 이성이 점하는 이 새로운 중심적 위치와 더불

---

39) **옮긴이** : "Morus"(83쪽)로 적혀 있는데, 《유토피아》의 저자로 유명한 토마스 모어(Thomas More, 1477~1535)일 듯하다.

어 사상적 정초에 있어서도 사회적으로 새로운 모티프가 등장한다. 자연은 언제나 실존했으며 그래서 자연의 요구들을 충족시키는 것은 사회적으로 "아직 존재하지 않는 존재"(*noch nicht seiendes Sein*)를 생겨나게 하는 것인 반면에(가령 "황금시대"를 생각해 보라), 이 새로운 구상에 따르면 이성은 당대에야 비로소 새로운 것으로서 어떤 정신적 힘을 얻는다. 즉, 지금까지의 비이성적 존재와는 대립되는 이성적 당위를 이 비이성적 존재를 변형하기 위해 이용하는 그런 정신적 힘을 얻는 것이다. 여기에서 미래가 명확하게 미래로서 파악되는 한, 이러한 입장은 우리가 알고 있다시피 사회적 존재 속에서 "우연히" 생성된 인간이 지닌 태도를 부분적으로, 단지 부분적으로만, 이전에 가능했던 것보다 더 적절하게 표현한다. 〔84〕 더 적절하다고 하는 까닭은, 이성적인 것의 아직-아닌-존재(*das Noch-nicht-Sein*)[40]가 한층 더 분명하게 인식될 수 있고, 그럼으로써 또한 유적 존재로서의 인간의 "우연성"도 한층 더 분명하게 인식될 수 있기 때문이다. 하지만 이성의 전능함과 무능함을 동시에 설정해야만 한다는 점은 이 적절성의 한계를 보여준다. 다른 한편, 변형을 위한 모범으로서의 "자연"은 현재에 대한 비판에서만 존재와 접촉하는 유토피아보다 더 쉽게 그때

40) 옮긴이: 우리가 "아직 존재하지 않는 존재"나 "아직-아닌-존재"로 옮긴 용어는 아마도 에른스트 블로흐(Ernst Bloch, 1885~1977)에게서 빌려온 것으로 보인다. 독일의 철학자로서 젊은 시절 루카치와 깊이 교류했던 그는 1930년대 후반에 이른바 "표현주의 논쟁"을 통해 루카치와 일대 논전을 벌인 바 있다. 그의 철학은 흔히 "희망의 철학"으로 요약되곤 하는데, 이를 달리 말하면 "아직-아닌-존재"의 존재론이라 할 수 있다. 그가 볼 때 인간은 아직 완결되지 않은, 완성되지 않은 존재이며, 자신의 모든 본질을 실현하려고 노력하는 존재다. 이렇게 완성되지 않은 존재를 블로흐는 "아직-아닌-존재"라고 명명한다.

그때의 사회적 존재의 실재 사실들과 관계할 수 있고, 또 그 사회적 존재의 요소들을 개량시킬 수 있다는 점이 드러난다. 따라서 유토피아적인 것이라는 새로운 방법이 "자연"에 대한 보다 오래된 호소를 결코 완전히 내몰 수 없었던 것은 전혀 우연이 아니다. 루소(J.-J. Rousseau)와 그의 자코뱅파적 추종자의 급진적 이데올로기도 이러한 방법론적 문제에서는 여전히 보다 오래된 전통에 가깝다. 유토피아 사상가들의 이성적 기반이 기존상태에 대한 단순한 비판에서 중요한 성과들을 드러낼 수 있었던 것은 사실이지만, "올바른" 새것을 통한 그릇된 옛것의 대체를 구체화하는 제안들에서는 이론적 곤경에 빠질 수밖에 없었다. 이와 관련해서는, 푸리에[41]가 자본주의 사회에 가했던 날카롭고도 많은 경우 적확한 비판을, 그리고 이와 동시에 자본주의 사회의 무의미하고 소외된 규정들을 놀이〔유희〕로 변한 노동을 통해 극복하려 한 그의 이론적 목표설정을 생각해 보라.

이러한 주마간산식의 언급은 여기서 거론되는 방향들에 대한 암시적 서술과 비판마저도 전혀 요구하지 않는다. 우리의 언급은 고유한 유적 성질처럼 그렇게 본원적으로 주어져 있는 사회적 존재의 문제복합체들조차 사유를 통해 대략적으로나마 제대로 파악하는 일이 인간 사고에 얼마나 어렵게 되었는지를 암시하고자 할 뿐이다. 여기서 대략적으로 개괄되고 비판된 그 방향들은 — 유적 성질의 기초이자 규준으로서의 개체〔개인〕가 문제이든, 그 방법론적인 규정기반들로

---

41) 옮긴이 : 푸리에(Fourier, Francois Marie Charles, 1772~1837)는 "공상적 사회주의"의 대표자로 알려진 프랑스의 사상가다. 그는 자본주의 사회의 모순을 날카롭게 지적하고, 자유로운 생산자의 협동조합인 "팔랑지"를 실현할 것을 주장했다.

서의 "자연" 혹은 "이성"이 문제이든 간에 — 예외 없이 모두가 다 존재적인 것으로 억측된, 하지만 존재와는 생소한 전제조건들에서 출발했다. 따라서 그것들은 유적 성질의 본래적인 존재적 문제들 그 자체를 여하튼 놓칠 수밖에 없었다. 그러나 그것들은 인간적인 유적 성질의 역사적 시기들이 비록 용어상으로는 그릇된 것일지라도 사안의 본질에 따라서 보면 완전히 잘못되지는 않게 반영되어 나타나고 빈번히 적절하게 작동하고 있는 그런 성과들을 거의 언제나 (많은 경우 확실하게) 포함하고 있다. 이는 우리에게 결정적으로 중요한 인식을 내포하고 있는데, 인류의 발전이 진행되는 와중에 고유한 유적 성질이라는 (순수 이론적으로 은폐된) 문제가 실천과 의식형태들의 의사일정에서 완전히 사라진 적은 결코 없었다는 것이 그것이다.

〔85〕 따라서 마르크스주의가 이 문제를 마르크스주의 학설의 본질인 역사연구의 중심에 둔다면, 마르크스주의는 과학적 방법론에서는 지금까지의 모든 설명 대다수와 현저히 대립하는 것이 사실이지만, 그러나 이와 동시에, 존재에 의해 객관적으로 조건지어진 문제 연속성의 측면에서는 지금까지의 인류사에서 이 문제복합체를 규명하고자 했던 모든 진정한 시도들의 가장 철저한 계승자이다. 모든 유토피아적인 추구를 극복하는 것이 늘 마르크스의 사유작업의 중심에 있었던 이유가 바로 여기에 있다. 마르크스가 모든 현상을 그 구체적인 역사성에 입각해 파악하고자 지침 없이 노력하고 또 이러한 복합체에서 생겨나는 과오를 자주 비웃으며 비판하는 것은 이러한 경향의 한 측면일 따름이다. 이러한 경향의 다른 측면, 아마도 더 중요할 그 측면은, 실천적 반응의 경향들이 어떻게 사회적 존재에서 생겨나는지를 날카로운 눈으로 주의 깊게 추적하는 것이다. 거기에서 이러

한 생장(生長)을 현실적 존재자에 대한 정확한 통찰을 통해 적시에 인지하고 효과적으로 촉진하는 진정한 실천의 규준이 생겨난다.

마르크스는 파리코뮌의 실천을 특징지으면서, 노동자계급은 "이상을 현실화할 필요가 없다. 그는 와해되어 가고 있는 부르주아 사회의 품 안에서 이미 발전해온 새로운 사회의 요소들을 해방시키기만 하면 된다"[42] 고 말했는데, 이는 우연이 아니다. 이렇게 해방시키는 것은 마르크스 방법론의 핵심지점 가운데 하나다. 유토피아주의자들은 이성에 복종하면서 지금까지 있었던 것보다 더 좋은 것을 낳고자 한다. 이와 달리 마르크스는 인류의 발생과정에서 — 언제나 그렇듯이 — 어떤 식으로든 존재해 있는 것이 자신의 진정한 존재를 사회적 존재 속에서 실현할 수 있도록 사유를 통해 돕고자 할 따름이다. 물론 그러한 실현이 언제 어디서나 실제로 가능한 것은 아니다. 그러나 주어진 순간에 잠재적 경향들의 그러한 해방이 사회적 존재에게 가능해지도록 하고 쉬워지도록 하기 위해서는 과학적으로 정확한 관찰과 파악이 이루어져야만 한다. 이것이 적절한 인간적인 유적 성질의 발생에 관한 마르크스 학설의 의미이기도 하다. 즉, "자유의 나라", 전사(前史)의 종말, 유의 역사의 시작을 가능케 만드는 토대로서의 저 경제적 발전수준은, 그것이 — 많은 경우 오래전부터 — 이미 있어온 삶의 경향들을 "단지" 해방시키기만 하면 되는 것이 아니라 이러한 삶의 경향들을 먼저 고안하고 그에 따라 "창조"해야만 한다면 결코 현실화될 수 없을 것이다. 〔86〕 마르크스주의의 복잡성과 — 자주 비난의 대상이 되었던 — 외관상의 모순성은 여기에서 진

42) Marx: *Bürgerkrieg in Frankreich*, Leipzig, pp. 59~60.

정한 존재적 명확성을 띠고 나타난다. 한편으로, 사회적 존재에서 실천을 규정하는 범주가 될 수 있는 것은 그 시대의 경제에, 따라서 또한 그 시대의 유적 성질에 어떤 식으로든 현실적인 뿌리를 두고 있는 것들이다. 이와 동시에 다른 한편으로 이 경제적 결정성은 그 어떤 경우에도 직선적이고 일의적(一義的)으로 "필연적인" 규정성이 될 수 없다. 불가피한 토대로서의 경제는 그 실천적인 결과들에 있어서 선택적 결정들을 가능하게 만들 뿐만 아니라 경향적으로 불가피하게 만든다. 마르크스와 엥겔스가 이미 《공산당 선언》(*Manifest der Kommunistischen Partei*)에서 명확하게 표현했던, 과정과 그것의 전반적인 전망에서의 이러한 이중성은, 마르크스의 사회적 존재의 존재론에서 아주 중요한 계기이지만 또한 오해되기 일쑤인 계기이기도 하다. 그러므로 아래의 고찰에서는 이를 가능한 한 명확하게 만들려고 시도해야만 한다.

III

존재의 근본 성격으로서의 역사성

〔86〕 우리는 마르크스주의의 올바른 이해에서 존재의 근본적 성격인 존재의 역사성이 전체 문제의 올바른 이해를 위한 존재론적 출발점을 이룬다는 점을 이미 누차에 걸쳐 강조한 바 있다. 마르크스가 자신의 사상을 형성해가던 과정의 초기에 이미 단호하게 표명했던 이러한 진리는, 그것이 실제로 점점 더 모든 존재에 대한 모든 성공적인 사상적 처리의 기반이 된 후인 오늘날에 와서야 비로소 현실에 대한 우리의 지식 전체와 연관될 수 있고 또 연관되어야만 하는 과학적 근거를 얻게 되었다. 우리 세기에 이루어지고 있는 이러한 방법론적·내용적·형식적 변혁은 곳곳에서 볼 수 있다. 비록 거기서 올바른 존재론적 결론도 같이 도출되는 경우는 극히 드물긴 하지만 말이다. 이 점에서는〔올바른 존재론적 결론을 도출하지 못한다는 점에서는〕 마르크스주의를 따른다는, 오늘날 활발해진 고백들 또한 마르크스주의 방법의 구체적인 본질에 따라서 보자면 예외인 경우가 드물

다. 근본사실은 극히 단순하며, 또 — 추상적으로, 무엇보다도 결론을 이끌어내지 않은 채 언명되면 — 진지하게 취급될 만한 저항에 부닥치지도 않을 것이다. "사물들"과 "과정들"을 이원론적으로(한편은 정태적인 것으로, 다른 한편은 동태적인 것으로) 보는, 몇십 년 전까지 지배적이었던 관점은 과학적으로 유지될 수 없게 되었다고 보는 견해, 〔과거의〕 그러한 관점은 광범위하게, 거의 모든 곳에서 통계적 확률계산으로 교체되어야만 한다고 보는 견해가 오늘날에는 이미 일상의 통념이 되어 버린 듯하다. 〔87〕 물론 이렇게 통념이 된다는 것이, 이러한 방법의 실제적인 우세로 인해 존재 자체에 대해 — 비록 이론상으로 의식적으로 이루어진 것은 아닐지라도 사실상(*de facto*) — 무엇이 진술되었는지에 대한 이해도 이루어진다는 뜻은 전혀 아니다. 중요한 것은 요컨대 플랑크[1]나 B. 러셀[2] 같은 중요한 학자들이 이미 오래전에 방법론상 명확히 인식했던 것, 즉 우리가 현실에서 포착할 수 있는 현상들 가운데 압도적 다수는 궁극적으로 존재상 불가역적인 과정들이라는 점이다. (대개 뉴턴의 이름으로 부르곤 하는) 더 예전의 과학 방법론이 지배하고 있었을 때에도 이미 이러한 사실은 점점 더 강력하게 효력을 발휘했다. 예컨대 과거에 천문학이 우리 태양계 및 이를 포함하는 우주의 필연성과 합법칙성을 어떻게 파악했건 간에 지구와 관련해서는 지질학과 고생물학이

1) 옮긴이 : 플랑크(Max Planck, 1858~1947)는 독일의 물리학자다. 열역학의 체계화에 공헌했으며 양자론의 발전을 초래했다.

2) 옮긴이 : 러셀(Bertrand Russell, 1872~1970)은 영국의 논리학자 · 철학자 · 수학자 · 사회사상가다. 주요저서로는 《수학원리》, 《철학의 제(諸) 문제》 등이 있다.

독립적 과학으로서 발전해왔는데, 그 지질학과 고생물학은 우리 행성의 존재 및 그것이 산출한 생명은 본질적으로 불가역적인 과정들이라는 점을 밝혔다. 칸트가 청년기에 쓴 천재적인 천문학 저작[3]—이는 라플라스[4]의 연구를 통해 세계적으로 유명해졌는데—역시 이러한 존재방식〔불가역적 과정으로서의 존재방식〕이 우리 태양계 전체의 존재방식이기도 하다는 점을 보여주고 있다. 즉, 재생산하는 존재 내에서 불변의 상태로 머물러 있는 것이 아니라, 우리 앞에서 희미하게 사라져가고 있는 처음과 아주 멀리 조망하는 가운데서야 비로소 가시화되는 끝을 가진 하나의 과정, 바로 불가역성이 그 본질적 성질인 그런 과정이 존재한다는 것을 보여주고 있는 것이다. 이후의 연구들도 계속 이 방향으로 진행되어 나갔다. 생명형식들의 발생과 전개에 관한 인식에서는 다윈과 그의 위대한 선행자들 이래 과정성 및 이 과정성의 불가역성에 의해 그 본질적 내실이 구체적으로 형성되는 존재방식이 가시화된다. 그 후 길은 사회과학들로 넘어간다(이 말이 연대기적 의미에서 하는 말은 아니다). 사회과학들에서 이루어진 수많은 개별 연구들은, 이러한 존재방식의 중요 계기들이 그와 같은 종류의 발전형식들에 어떻게 복속되어 있는지, 또 그것들이 어떻게 그런 발전형식들로부터만 존재적으로 파악 가능하게 될 수 있는지 등등을 보여준다. 여기에서 통계학이 운위된다면, 〔통계

3) 옮긴이 : 칸트가 1755년에 저술한 《일반자연사와 천계론(天界論)》(*Allgemeine Naturgeschichte und Theorie des Himmels*)을 말한다.

4) 옮긴이 : 라플라스(Pierre Simon de Laplace, 1749~1827)는 프랑스의 천문학자 · 수학자다. 뉴턴의 《프린키피아》와 맞먹는 명저로 간주되는 《천체역학》을 남겼다.

학이라는〕 하나의 과학적 방법 그 자체를 지지하거나 반대해서 하는 말로 봐서는 안 된다. 물론 통계학이 보편적으로 관철되었던 양상은 결코 사소한 일이 아니지만 말이다. (우리의 고유한 존재도 같이 포함된, 아니, 이것이 일차적으로 고려된) 존재에 대한 우리의 관계 전체를 혁명적으로 바꿀 토대가 여기에 있다는 사실은 생각지도 못한 채 그 방법을 적용하거나 혹은 그러한 적용을 적어도 과학적으로 긍정하는 사람들이 많이 있느니만큼 더더욱 사소한 일이 아니다.

일상생활과 일상적 사고의 존재론적 한계

다시 인간의 일상생활로 시선을 돌리면, 일상생활의 존재기반들은 생물학적으로 결정된 상태로 그리고 사회적으로 극복하기 극히 어렵게 된 상태로 있다는 것을, 〔88〕 그리고 인간들(개개인들 및 유) 속에서 그들 자신의 이러한 역사성에 대한 인식은 거의 이루어질 수 없었다는 것을 볼 수 있다. 비록 모든 개개인에게 자신들의 인생이 불가역적 과정으로서 바로 직접적으로 주어져 있음에도 불구하고, 일상생활에서는 자기 자신의 존재에 대한 이러한 이해가 수많은 선입견들을 극복함으로써만 겨우 관철될 수 있다고 말할 수 있다.

극히 피상적으로 보더라도, 인간이 자기 자신을 생성된 존재로, 불가역적 과정의 주체이자 동시에 객체로 이해하는 것이 얼마나 어려운 일인지가 드러난다. 존재론적으로 일차적인 그 이유는, 일상생활의 직접성 속에서는 사회적 존재로서의 인간의 자기재생산이 결정적 지점들에서 생물학적 자기재생산에 의해 은폐된다는 데 있을 것이다. 이는 무엇보다도 인간의 인격이 처음 형성되기 시작했던 과정과 관계가 있다. 맨 처음 과정이 동물의 경우보다 훨씬 더 오래 걸린다는 것은 일반적으로 잘 알려져 있다. 하지만 이처럼 긴 삶의 초기가 본질적으로 인간의 사회화에 의존하며 (비록 그 시기의 모든 현상방식이 직접적으로는 생물학적으로 표현될 수밖에 없다 하더라도) 사회적 성격을 띤다는 사실에 대한 의식은 덜 일반적이다. 초기의 존재적 전제조건만 하더라도, 다시 말해, 보통 있는 상당한 정도의 안전만 하더라도 이미 사회적인데, 새로 태어난 아기의 속수무책의 상태는 이 안전을 통해 비로소 비교적 긴 시간 동안 지속되는 것이 가능해진다. 그런데 결정적으로 작용하는 모티프는, 가장 원시적인 사회적 삶조차도 가장 고도로 발달한 동물적 삶과는 질적으로 다르게 형성하는 저 증가한 요구들에 의해 야기되고 조정된다. 이와 관련해서는, 새로 태어난 아기가 이 발전 초기에 "습득"해야만 하는 것에는 언어의 취급도 포함된다는 사실을 지적하는 것으로 충분하다. 따라서 어린 동물은 생의 이 초기단계에서 가장 중요하고 지속적인 유적 기능들만 전유하면 되는 반면, 생성 중인 인간의 경우 이와 동일한 발전단계는 내용과 형식에서 더 복잡할뿐더러 질적으로도 달리 이루어진다. 자라고 있는 어린애는 더 고차적인 새로운 존재방식으로 성장·전화해야 하며, 이 존재방식에 완전히 정착해야만 한다. 기억의 발달은 이 과정의 한 요소를 이루기 때문에, 대부분의 인간들에게 기억은 본질적으로 이 첫 이행기가 끝나고 난 후에야 비로소 작동하기 시작한다는 것은 쉽게 이해할 수 있는 일이다. 인간들에게 의식적인 삶, 기억에 보존된 고유한 삶은 대개 여기에서 비로소 시작된다. 그런데 진짜 인간적인 성격 형성은 — 잘해야 — 이 단계부터 비로소 말할 수 있는 것이기 때문에, 대부분의 사람들이 자기 자신의 성격을 확정되어 주어진 것으로 여기지 생성된 것(그들 자신의 생성과 함께 생성된 것)으로 여기지 않는 것은 당연한 일이다.

〔89〕 인간발전의 초기단계에 자연적 한계들의 후퇴는 극히 초보적인 상태에 있다. 바로 이러한 사실 탓에 인간에 고유한 성질의 그와 같은 정태적·고정적인 성격이 인간의 의식 속에 단단히 굳어진다. 그도 그럴 것이, 오랜 관례에 의해, 전통과 관습 등등에 의해 통제되는 일상생활에서는 생성 중의 인간이 그가 주위 세계에 하도록 정해져 있는 반응들의 "이유"에 대해 자기 것으로 만드는 대답은 과거에 대한 호소를 압도적으로 우세하게 포함할 수밖에 없다. 축적되고 전통이 된 경험들의 사례가 필연적으로 현재의 선택적 결정의 길잡이가 되며, 이러한 선택적 결정을 현실화하는 가운데, 그리고 그러한 현실화를 통해서, 생성 중의 인간은 본래적 인간, 인간 사회의 진정한 구성원으로 된다(교육된다).

그런데 일상생활과 일상적 사고 때문에 존재의 참된 성질에서 빗어지는 왜곡의 과정이 이것으로 남김없이 다 논의된 것은 아니다. 여기에서도 우리는 일상적 사고 및 일상적 실천의 자연적 기반인 우리 존재의 직접적인 현상형식들이 존재를 실제로, 그 자체로〔즉자적으로〕 있는 그대로 파악하는 일에서 오랫동안 극복할 수 없는 방해물 역할을 했던 그런 경우와 대면한다. 여기에서 기본적 사실들을 우리는 이미 다른 맥락들에서 누차 지적해야만 했다. 문제는, 인간에게 대상성들의 외부세계가 직접적으로는, 그 직접성 속에서는 극복 불가능하게 사물형식으로 주어져 있다는 것이다. 그 결과, 단지 자연존재에서만 자명하고 확고해 보이는 고정된 현존재 형식이 생겨나는 것이 아니다. 문제가 되는 것이 산이건 돌이건, 집이건 가구건 간에 사물성은 그 자체가 폐지될 수 없는 것처럼 보이는 대상성 일반의 근원형식인 양 여겨진다(우리 시대에 발전하고 있는 고체물리학에 의해서야 비로소 사물성 발생이 과학적 문제로 제기된다). 이러한 "사물들"은 자연의 산물일 뿐만 아니라 노동의 결과일 수도 있다. 인간의 인간화에 있어 노동("사물들"의 산출 혹은 변형)이 차지하는 비상한 중요성 탓에 자연의 "사물들"을 창조적 노동활동의 — 물론 고차적인(인간을 닮은) 존재의 — 산물로 여기는 유추가 아주 쉽게 이루어진다. 이를 통해 사고 속에서 인류의 과거 전체가 바뀌게 된다. 즉, 원래 의심할 여지없이 인간 자신이 행한 행위의 결과였던 것이 대상적인 "사물"형식들에서는 그와 같은 고차적 존재의 생산물로, 그 고차적 존재에 의해 인류에게 전해진 것으로 나타난다. 이와 연관해서는 인간의 목적을 위해 불을 사용하기 시작한 것을 상기해 보는 것으로 충분하다. 명명백백하게 인류 역사의 산물인 이것이, 〔90〕 가령 프로메테우스 전설에서는 인간 형상을 본떠 창조된 그 고차적 존재의 행위 결과이자 선물로 나타난다.

인간들에게 환경으로 직접 주어져 있는 현실의 대상적 성질 탓에 그와 같이 그릇된 존재변형의 초기적 상태가 수천 년이 지나도록 살아남을 수 있다. 예컨대 마르크스는 자기 자신의 시대를 기술하는 가운데 물신화로서의 그와 같은 "사물화"에 관해 이야기하고 있다. 실제로는 사회적으로 진행되는 대상성인 상품의 존재적 성질이 물신화되어 다음과 같이 현상한다. "따라서 상품형식의 신비는 상품형식이 인간 자신의 노동이 갖는 사회적 성격을 노동생산물 그 자체의 대상적 성격으로, 그 사물들이 자연적으로 가지고 있는 사회적인 자연적 특성으로 인간에게 되비추며, 따라서 총노동에 대한 생산자들의 사회적 관계도 그들의 외부에 존재하는 대상들의 사회적 관계로 되비추는 데 있다. … 그것은 인간 자신들의 일정한 사회적 관계에 지나지 않는데, 이 관계가 여기에서는 인간들에게 사물들 간의 관계라는 마술환등적〔환영적〕 형식을 띠고 나타난다. 따라서 이와 유사한 것을 찾으려면 우리는 종교적 세계의 몽롱한 영역으로 달아나야만 한다."[5] 이 인용문을 통해서 여기서는 단지 다음과 같은 사실만 지적하고자 한다. 즉, 여기서 문제는 결코 현실관의 "원시적" 방식이 아니라 인간의 현존재 자체 속에 깊이 뿌리박혀 있는 어떤 입장이다. 이러한 입장은 고도로 발달하고 폭넓게 사회화된 사회에서도 인간의 사고를 지배할 수 있다. 그리고 이 입장을 극복하자면, 수많은 과학이 수많은 영역에서 그와 같은 "사물화"가 이론적으로 지탱될 수 없음을 입증한 이후인 오늘날에도 여전히 강력한 저항들을 이겨내야만 한다. 그럴 때에만 그 입장은 올바른 존재관에 더 이상 방해가 되지 않는다.

"사물"과 "에너지"의 이원성에 지배되는 존재상들

여기는 중요한 변화들 속에서도 근본적 입장을 보전했던, 존재와 관련된 선입견들의 그 복합체가 겪은 변화들, 그 복합체의 역사를 상세히 다룰 자리가 아니다. 여기서는 이러한 존재관이 일상생활의 직접성 속에 — 그 직접성의 자생적 명증성(체험에서의 존재적 명증성)

5) *Kapital I*, pp. 38~39. 〔《자본 I-1》, 134~135쪽〕

에 의해 지지받는 가운데 — 얼마나 깊이 뿌리박고 있는지, 그것을 사유를 통해 극복하기가 얼마나 어려운지를 보여주는 것이 중요했을 뿐이었다. 그도 그럴 것이, 인간이 가졌던 세계상들의 역사를 보면 분명해지는 것이 있다. 창조된 후 변화되거나 보존되거나 하는 등등의 상태에 있는 "사물"과 "에너지"의 "창조주"라는 관념이 초기의 유비적인 신화적 형태 그대로 계속 있으라는 법은 없다는 것이, 〔91〕 그리고 세계 존재의 "본질"(*Was*)과 "양상"(*Wie*)을 직접적으로 생겨난 그와 같은 존재표상을 통해 파악하려는 시도는 언제든 다시 생겨날 수 있으며 또 생겨날 수밖에 없다는 것이 분명해지는 것이다. 따라서, 의인화된 창조주를 비판적으로 제거한다고 해서 직접적으로 주어진 존재구조의 대상적 성질 자체에 대한 견해까지 자생적·동시적으로 변화되는 것은 결코 아니다. 극복 불가능하게 주어진 듯이 보이는 "사물"과 "에너지"의 이원성은 초월적인 "창조주"가 없더라도 인간의 일반적인 존재상(存在像)을 지배할 수 있다. 스피노자의 연장(延長)되고 생각하는 실체[6] 도 여전히 이러한 표상복합체의 요소를 내포하고 있다. 신에 의한 세계창조를 대신하는 최초의 위대한 이데올로기적 대체물〔곧 스피노자의 "실체"〕이 세계의 영원불변하는 현존재로서 나타나곤 하는 것이다. 문명의 발달과 더불어 언제나 거듭해서, 많은 경우 아주 일찍이, 이러한 방향의 운동들이 생

6) **옮긴이**: "다른 것에 의존함이 없이 그것 자체에 의해 존재하는 것"으로 정의되는 "실체"를 데카르트는 생각이라는 속성을 가진 실체로서의 정신과 연장(延長)이라는 속성을 지닌 실체로서의 물질로 나누어 보았다. 이에 비해 스피노자의 경우에 실체는 단 하나로서, 그것은 물질적 속성과 정신적 속성을 동시에 가지고 있다. 즉, "실체"는 "연장되고 생각하는" 것이다.

겨나는 것이 사실인데, 물론 그 운동들 대부분은 근본적인 존재론적 토대는 전혀 건드리지 않는다. 한편에는 플라톤과 그 후계자들에서 볼 수 있는, 존재세계의 보편적인 유심론적 "사물화"로의 억제할 수 없는 충동이 있고 다른 한편에는 현세적·내재적으로 구상된 대립상인 원자론이 있는 고대적 사유의 역사는 이에 대한 의미심장한 증거를 제공한다. 그도 그럴 것이, 전자의 경우부터 보자면, 현세적 존재의 정신적 창조의 기반인 이데아 세계는 현세적 존재의 사물적 구조에서 본질적인 것을 전혀 바꾸지 않는다. 사물의 부동성, 에너지의 비물질성은 전혀 변하지 않은 채 있으면서 다만 이러한 특성들에다 구원의 신성(神性)을 부여하는 듯이 보이는 어떤 숭고하고 초월적인 영역으로 고양될 따름이다.

이로써 물론 그와 같은 세계상들이 갖는 지속성의 또 다른 중요 계기가 언급된 셈인데, 이데올로기적 계기가 그것이다. 개개인 및 인간 유에게 단지 ― 마르크스의 표현을 따르자면 ― "편협한 완성"만을 가능케 하는 시대의 사회들 대부분에 있어, 우리 세계의 대상성 방식들에 어떤 초월적 신성을 부여하는 저 세계관들은 보호의 요소, 전통의 요소, 사회형식의 요소이자, 바로 이러한 보수적 이상들에 부합하는 것이다. 그렇기 때문에 그와 같은 철학들은 ― 원래의 의도가 늘 그랬던 것은 아니지만 ― 해체되어가고 있는 고대 신화와 기독교라는 새로운 일신론 사이의 역사적 매개자로서 이데올로기적으로 작용한다. 이 모든 것을 통해 한 가지 유력한 이데올로기적 계기가 암시되기를 바랄 뿐이다. 우리의 고찰과 관련하여 결정적으로 중요한 점은, 이 모든 초월적인 사상적 세련화는 사물성의 기초를 떨쳐낼 수 없으며 또 그럴려고 진지하게 추구하지도 않는다는 것이다.

새로이 발전되어 나가는 기독교의 "천국"에서 사물성은 더없이 신성하게 변용(變容) 된, 뿐만 아니라 실제로 더할 나위 없이 일관성 있는 현상방식을 획득한다. 일체의 가능한 변화 맞은편에 있는 완전한 존재의, 감정적으로 기반이 구축된 "엘레아학파적"[7] 영속성을 획득하고 있는 것이다.

〔92〕 다른 한편, 사물과 에너지의 이원성을 유지하는 가운데 모든 초월성에서 벗어나는 경향은 원자론 쪽으로 방향을 취했다. 자연철학적으로 일반화하는 그와 같은 입장들에서는 순수 존재론적으로 보수적인 근본경향이 관찰되는데, 대개 이 근본경향은 그 의도에서는 첨예하게 갈라지는 철학 사조(思潮) 들이, 예컨대 엘레아학파의 학자들과 헤라클레이토스[8]가 창안한 학설의 계승자들이 궁극적으로 수렴되는 데에서 드러난다. 전자, 곧 엘레아학파의 학자들의 경우 사정은 비교적 단순하다. 날아가는 화살이 극소화된 기간에는 멈추어 있다는 것은, 대상적 세계의 운동과 변화를 가상(假象) 이라고 철학적으로 비방하려 하는 사유방식의 "사물적인" 존재론적 기반에

---

7) 옮긴이: "엘레아학파"는 기원전 5세기경 고대 그리스에 있었던 철학의 한 분파다. 진실한 의미에서 존재하는 것은 불생불멸(不生不滅) 의 유(有) 뿐이라고 하는 일원론의 입장에서, 많은 것〔다(多)〕의 존재와 운동・변화의 존재를 부정했고, 현상계의 다양한 모습과 그 운동・변화를 지각하는 우리의 감각을 미망(迷妄) 이라고 했다. 파르메니데스, 크세노파네스, 엘레아의 제논, 멜리소스 등등이 이 학파에 속하는 대표적 인물이다.

8) 옮긴이: 헤라클레이토스(Herakleitos, BC 540?~480?) 는 그리스의 철학자로 "만물은 유전(流轉) 한다"는 말로 유명하다. 우주에는 서로 상반하는 것의 다툼이 있고, 만물은 이와 같은 다툼에서 생겨난다는 뜻에서 "싸움은 만물의 아버지요 만물의 왕"이라 했으며, 그러한 다툼 중에 숨겨진 "반발조화"(反撥調和) 를 발견했다.

서 비롯되는 논리적 귀결에 불과하다. 그러나 사상적으로 정반대에 있는 헤라클레이토스학파의 발언, 즉 우리는 결코 같은 강물에 몸을 담글 수 없다는 발언 또한, 정태적인 "사물성"에 대해 진행과정 자체가 갖는, 추상적으로(따라서 유리된 상태로) 머물러 있는 존재론적 우선성이 정태적인 "사물성"을 진정으로, 다시 말해 존재적·현실적으로 극복하는 대안을 내놓기가 얼마나 어려운지를 보여준다. 여기서는 사물성의 정태성을 단지 외관상 넘어서고 있을 뿐인데, 이 넘어섬의 계기가 현실적으로 고양될 때에만, 따라서 그것이 사물성 자체는 객관적·존재적으로 과정성으로 지양될 수밖에 없다는 것을 보여줄 수 있을 때에만 그러한 대안 제시가 가능할 것이다. 하지만 이는 헤라클레이토스학파에게는 전혀 불가능한 일이다. 사물적인 것처럼 보이는 요소들이 전체과정(진정한 것으로 공포된 대상성)의 구성부분들이 되는 그런 과정적인 대상성 방식으로서의 강물은 여기에서는 아직 완전히 결여되어 있다. 같은 강물에서 한 번 이상 동일한 (사물적인 것으로 생각된) 물방울과 접하기란 실제로 전혀 불가능한 일이다. 그리고 이러한 — 외관상의 — 역설적 사태는 일회적 행동에서도 나타난다. 그러나 진행과정의 종합적인, 대상성 형식들을 창조하는 성격은 이와는 아무 상관도 없다.

에피쿠로스의 원자론과 이에 대한 마르크스의 해석

실로 역설적이고 실로 진정한 과정성을 지향하는 유일한 시도는 에피쿠로스[9] 에서, 다시 말해 직선에서 벗어나는 원자의 편위(*Deklination*)라는 문제복합체에서 나타난다. 그의 체계의 이러한 존재론적 정초는, 사회이론을 대신하는 그의 윤리학이 폴리스 도덕의 최종적 붕괴 이후 많은 영향을 끼쳤던 것에 비해 궁극적으로 아무런 영향력도 가지지 못했다. 그의 체계의 이러한 존재론적 정초를 우리가 여기서 거론하는 유일한 이유는, 에피쿠로스의 바로 이 시도가 — 흥미롭게도, 그러나 순전히 우연인 것은 결코 아닌데 — 마르크스의 박사학위 논문〔《데모크리토스와 에피쿠로스 자연철학의 차이》(*Über die Differenz der demokritischen und epikureischen Naturphilosophie*)〕에서 마르크스 존재론의 최초의 정식화들을 자극했기 때문이다. 이때 우리가 일차적으로 관심을 가지는 대목은, 대다수 이전 해석들과는 대부분 원리적으로 다른 청년 마르크스의 해석이 오늘날 역사적으로 적절한 것으로 보이는지 하는 문제가 아니다. 〔93〕 우리에게 규명할 가치가 있어 보이는 것은, 이미 여기에서 마르크스의 전혀 새로운 존재론이 표현되기 시작한다는 점이다. 앞에서 다루었던 맥락들에서 이미 우리는 사회존재론적 문제들을 헤겔이 논리학화한 데 대해 청년 마르크스

9) 옮긴이 : 에피쿠로스(Epicurus, BC 341?~270?)는 공포를 통해 사람들을 지배하는 종교와 미신에 반대했고, 삶을 즐거운 것으로 만들 수 있는 여러 지혜들을 설파했다. 그리고 마르크스가 박사학위 논문에서 주장하고 있듯이 데모크리토스와 함께, 정확히 말하면 데모크리토스를 넘어서, 사상사에 유물론을 도입했다.

가 가했던 날카로운 비판을 보여준 바 있다. 그 비판에서, 청년 마르크스가 헤겔에서 벗어나는 방법론상의 분리가 일반적으로 생각되는 것보다 훨씬 전에 이루어졌다는 것이 드러난다. 이 문제복합체에 있어 박사학위 논문이 헤겔의 에피쿠로스 해석에 대한 직접적인 비판을 제공하지는 않는다. 헤겔의 그 해석이 청년 마르크스의 주된 관심사였던 문제에는 아무런 의미도 없는 것이었기 때문이다. 여기에서 마르크스는 키케로[10]에서부터 베일[11]에 이르기까지 나타나는 현저히 잘못된 해석들에 맞서 싸우면서, 직선에서 벗어나는 원자의 편위라는 결론이 나오는 에피쿠로스의 출발점이 존재론적 성격을 지닌다는 것을 보여준다. 그는 에피쿠로스를 해석하면서 다음과 같이 말하고 있다. "원자는 순수하게 자립적인 물체, 또는 오히려 천체(天體)처럼 절대적 자립성을 지닌 것으로 생각된 물체다. 그렇기 때문에 원자는 천체처럼 직선으로 움직이는 것이 아니라 사선(斜線)으로 움직인다. **낙하운동은 비자립성의 운동이다.**"[12]

이러한 견해에 따르면 원자는 더 이상 물질세계의 추상적인 "원소"(元素)가 아니라(만약 원자가 그러한 "원소"라면 물질세계의 대상성 형식들은 원자 속에서 극히 일반적이고 무내용적인 것으로 환원되어 — 따라서 추상적인 사물성 일반으로서 — 나타날 수밖에 없다) "요소"이긴 하

10) **옮긴이**: 키케로(Marcus Tullius Cicero, BC 106~43)는 로마의 정치가이자 법률가이며 철학자이자 작가다.

11) **옮긴이**: 피에르 베일(Pierre Bayle, 1647~1706)은 《역사와 비평 사전》으로 유명한 철학자다. 이 사전은 종교와 철학, 역사 등에 대한 많은 인용과 일화, 주석, 주해 등을 담고 있는 매우 독창적인 백과사전이었다.

12) *MEGAI/1, Erster Halbband*, p. 28. 〔《데모크리토스와 에피쿠로스 자연철학의 차이: 맑스 박사학위 논문》, 칼 맑스, 고병권 옮김, 그린비, 2001, 75쪽〕

지만 동시에 실로 구체적인 존재자로서 존재한다. 그 속에 물질세계의 모든 특성들이 비할 나위 없이 참되게 있으면서 구체적으로 유효하게 작동해야만 하는 그런 존재자로서 말이다. 통념에서 벗어나는 원자의 이러한 존재양식에서 곧바로 나오는 결과는, 원자 속에는 물질세계의 본질적 존재규정들이, 따라서 에피쿠로스의 구상에 따라서 보자면 현실세계 전체의 본질적 존재규정들이 이미 내포되어 있음에 틀림없다는 것이다. 에피쿠로스에 대한 이러한 해석 속에는 《경제학-철학 수고》(*Ökonomisch-philosophische Manuskripte*)에서 드러나는 마르크스의 기본사상, 즉 그로 하여금 낡은 유물론을 변증법적으로 극복하고 더 나아가도록 만든 그 기본사상이 이미 맹아적으로 함축되어 있는데, 물질의 진정한 근원형식은 구체적인, 구체적으로 전개된 대상성임에 틀림없다는 것이 그것이다. 우리가 이미 말한 바 있고 앞으로도 계속 자주 말하게 될 이 테제에서 청년 마르크스는 존재론적으로 낡은(추상적인) 유물론만 넘어선 게 아니다. 그 테제는 동시에, 사실 여기서는 아직 바로 표명되지는 않았지만, 칸트의 "물자체"에 대한 거부와 추상적이고 아무런 특성 없는 존재에서 존재구성을 시작하는 헤겔에 대한 거부도 함축하고 있다.

청년 마르크스는 에피쿠로스의 원자론이 얼마나 보편적인 것으로 의도된 것인지를 아주 분명하게 인식하고 있다. 에피쿠로스의 원자론에서 설정되어 있는 과제는, 보다 좁은 의미에서의 물질의 발생과 작동을 명확히 하는 데에 국한된 것이 아니었다. 〔94〕 그것은 윤리학에서 정점에 이르는, 전체 존재의 포괄적 정초원리를 제시할 의도도 갖고 있는 것이었다. 만약 그 의도가 실현되었더라면, 전체 존재는 궁극적 통일성에도 불구하고 극히 상이한 양상을 띨 수 있는 여러 존재영역을 규정하면서 관철되는 그런 과정으로 파악되었을 것이다. 이러한 사유의 진행 속에서 — 우리가 마르크스의 에피쿠로스 해석을 에피쿠로스에 대한 정확한 해석으로 여기든 마르크스 자신의 구상으로 여기든 간에 — 존재 전체가 구체적으로 진행과정 중에 있는 어떤 것으로 나타나리라는 것은 의심의 여지가 없다. 마르크스 자신은 이 점을, 여기서 문제는 "지금껏 완전히 간과되었던 지극히 중요한 한 계기"라고 미리 언급함으로써 아주 단호하게 천명하고 있다. 이에 바로 이어서 그는 주된 문제에 대해 다음과 같이 말하고 있다. "**말하자면, 직선으로부터의 원자의 편위는 에피쿠로스 자연학에서 우연히 나타나는 특수한 규정이 아니다. 편위가 표현하고 있는 법칙은 오히려 에피쿠로스 철학 전체를 관통하고 있거니와, 물론, 당연하게도, 그 법칙 발현의 규정성은 그것 [그 법칙] 이 적용되는 영역에 의존해 있다.**" 13) 이러한 설명을 통해 우리는 그와 같은 존재론적인 전체 구상이 마르크스에게서 얼마나 일찍부터 나타나고 있는지를 보여주고자 했을 뿐이다. 그것이 에피쿠로스에 대한 해석으로서 견실한 것인지 여부와는 전혀 무관하게 말이다. 이러한 문제, 곧 에피쿠로스 해석으로서의 견실성 여부의 문제는 우리에게 부차적인 의미를 지니는데, 왜냐하면 전반적인 과학발전의 과정에서 — 에피쿠로스는 말할 것도 없고 — 마르크스조차도 그러한 해석에 반박의 여지없이 확고한 근거를 제공하기가 객관적으로 불가능했기 때문이다. 에피쿠로스의 일반철학적 영향은 낡은 양식의 유물론으로 흘러들어갈 수밖에 없었다(가상

13) *Ibid.*, p. 29. 〔《데모크리토스와 에피쿠로스 자연철학의 차이: 맑스 박사학위 논문》, 77쪽〕

디[14]). 마르크스는 물론 이러한 유물론을 훌쩍 넘어섰다. 정말이지 직접적인 존재 자체에서부터 존재의 최고 수준의 범주문제들(이 문제들이 그의 저작들에서 오해의 여지없이 분명하고 깊이 있게 나타나지는 않을지도 모르지만) 까지에 있어 과정으로서의 존재규정보다 더 중요한 존재규정은 없다고 말할 수 있다(이 점을 우리는 이미 앞에서 밝히려 했고 또 앞으로도 거듭해서 밝히려고 시도할 것이다). 여기에 바로 미래의 발전을 천재적으로 선취하는 마르크스의 사상적 위대성이 있다. 우리가 이미 밝혔다시피 몇 년 후 그는 역사성이 모든 존재의 근본성격을 이룬다는 점을 주목하게 만들었다. 물론 그 당시에는 아직 그 누구도 불가역적인(곧 역사적인) 과정이 이후의 과학을 통해 운동의 형식으로서, 모든 존재의 본질로서 입증되리라는 것을 알 수 없었다(이로부터 적절한 철학적 결론들을 끌어내지 않았던 것은 물론이고, 정말이지 대다수의 경우에는 그러한 결론들에 특별히 주목하지도 않았다). 〔95〕 물론 마르크스 자신은 여기에서도 이후의 발전을 철학적으로 선취했다. 또 그는, 예컨대 동시대인들이 그 당시 이룩된 과학적 세계상에서 잘못된 존재론적 결론들을 추출할 때면 자주 날카로운 반론을 제기하기도 했다(우리는 인간을 사회와 국가의 "원자"로 보는 브루노 바우어의 주장에 대한 비판을 기억한다). 그러한 경우들에서 언제나 궁극적으로 중요한 것은 잘못된 존재론적 입장에 대한 철학적 반박이다.

---

14) **옮긴이**: 가상디(Pierre Gassendi, 1592~1655)는 프랑스의 물리학자·철학자다. 아리스토텔레스·데카르트의 학설에 반대하고 에피쿠로스적 원자론과 행복주의적 윤리학을 전개했다.

르네상스 이래 과학의 발전방향 및 그것과 철학의 관계

이제 존재에 대한 일반적인 사상적 처리로 되돌아가서 보자면, 르네상스에서 승승장구하며 시작된 반론, 곧 세계를 초월적 힘의 창조물로 보는 견해에 대한 반론 역시 사물을 세계상의 존재기반으로 여기는 관념을 아직 근본적으로 넘어설 수 없었다는 사실을 알게 된다. 그렇다고 해서 — 진정한 존재론의 관점에서 볼 때에도 — 이 발전단계가 지니는 세계사적 의의를 과소평가해서는 결코 안 된다.

자기 자신을 무한히 똑같이 재생산하는 독자적 존재방식으로서의 현실이란 중세에 비하면 엄청난 진보다. 우주의 통일적인 고유 법칙성만 하더라도 우주의 중심으로서의 지구, 따라서 신학의 결정적인 우주적 사건들(최후의 심판, 천국과 지옥, 더 이전에 이루어진 천상계와 지상계의 분화 등등)의 무대로서의 지구와 〔이론적으로〕 단절을 이룸으로써 이 점〔즉, 중세에 비하면 엄청난 진보라는 점〕을 아주 분명하게 보여준다. 이것은 통일적인 그리고 통일적으로 고유법칙을 따르는 만유(萬有)에 대한 과학적 선언을 의미하는데, 이 만유 속에서 모든 인간적 사건들, 특히 종교적·역사철학적으로 요청된 사건들이 벌어지는 지구는 단지 미미하기 그지없는 한 점을 나타낼 수 있을 뿐이다. 공간과 시간의 무한성은 그와 같은 전체적 구상에 따라서만 그 참된 성질 속에서 파악될 수 있었고, 또 유한한 현상들의 인식을 위해 적용될 수 있었다.

법칙적 인식의 기관으로서 수학의 발전은 무엇보다도 그와 같은 토대 위에서 이룩될 수 있었다. 이러한 새로운 자연관과 상호작용하는 가운데 전개된 수학적 통찰의 거대한 약진을 통해서야 비로소 과학과 철학은 이 새로운 세계상에 하나의 — 얼추 적합한 것에 불과한 것이긴 하지만 — 표현을 부여할 수 있게 되었다. 이와 동시에 세계에 대한 사고에서는 예전보다 질적으로 더 고차적인 성질을 띤, 현실에 더욱더 부합하는 탈인간연관적 사고형식이 생겨난다. 현실에 대한 인식을 인간연관화·유비화하는 오류의 원천들을 사라지게 하거나 적어도 감소시킬 수 있도록 현실을 순수하게 사유를 통해 그 존재에 부합되게 파악하는 수단이 현실의 제반 현상에 대한 수학적 표현 속에서 발견된 것처럼 보였다. 〔96〕 하지만 이때 빈번히 잊곤 하는 사실이 있는데, 인간연관화하는 경향들은 탈신화(脫神化) 된 현실을 사상적으로 처리할 때에도 아주 강력하게 존재하기 때문에 그 경향들은 — 실천의 경험과 이데올로기적 욕구에 의해 뒷받침된 가운데 — 현실을 수학적으로 처리하는 방법 속에도 파고들어올 수 있다는 사실이 그것이다. 이 현실 자체는 — 제대로 이해하자면 — 하나의 통일적 과정 내부에서 일어나는 양적인 증가나 하락과는 아무런 상관이 없다. 이에 반해 인간 실천은 비록 모든 계산에서는 수학에 의존한다 할지라도 바로 이러한 점에서(질적인 점에서) 극히 민감하다. 즉, 모든 실천에 있어 그 객관적 성질에 따라 늘 실질적으로 고려되는 것은, 수학화될 수 있는 무한한 것 중 일정한 여지에 불과하다. 양적으로 많거나 적은 것에 대한 분화된 인식은 실천에서는 실상 전혀 중요하지 않다. 가령 천문학적 현상과 같은 운동복합체들의 경우, 수백만 년에 걸친 시공간 내에서 일어나는 과정들의 편차는 모든 실천에 아무 상관도 없는 것으로 나타난다. 따라서 그와 같은 과정들 자체는 실천에 대해서는, 실천 속에서는, 똑같은 과정들로서, 궁극적으로 정태적인 과정들로서 나타난다. 그리고 그 시대의 중대한 이데올로기적 주도이념이 "영원하고 확고하며 위대한 법칙들"에 대한 욕구에서 발원했기 때문에, 과학과 철학이 세계현상의 실천적으로 실질적인 이 측면을 전면에 부각시키는 것은 당연한 일이었다. 세계관적으로 그렇게 발생했던 "신 또는 자연"(*deus sive natura*)은 중세·봉건적 우주관에 대한 가장 기념비적이고 가장 매혹적인 이데올로기적 대답이었다. 이로부터 18세기에 새로운 주도계급의 투쟁 이데올로기가 광범위하게 발전해 나왔다. 그럼으로써 그 투쟁 이데올로기는 이데올로기적 자기정당화에서 모든 과정적인 것, 모든 역사적 발생을 사상적으로 제거해나갔다. 그것은 자기 자신과 자신의 적들에게 하나의 역사적 결과물이 아니라 역사의 고정 불변하는 토대이자 역사와는 대극(對極)에 있는 것으로 나타난다. 〔개인은〕 "인간의 본성에 관한 그들의 관념에 따라 자연에 부합하는 개인으로서, 역사적으로 발생하는 개인이 아니라 자연에 의해 정립된 개인으로서" 사고될 수밖에 없었기 때문에, 마르크스는 이 시기의 사고방식에 대해 말하면서 즉각 다음과 같이 덧붙이고 있다. "착각은 지금껏 모든 새로운 시대에 고유한 것이었다."[15]

유적 성질을 다루면서 우리는, 이러한 이데올로기적 입장은 경제적인 주노선에서 전반적으로 승승장구하던 계급투쟁의 와중에 다름 아닌 존재관과 관련해서 많이 약화될 수밖에 없었다는 것을 이미 지적한 바 있다. 〔97〕 이러한 약화의 주된 원천은 교회 및 종교와의 타협이었으며, 그 사상적 도구는 새로이 생겨나고 있던 인식론이었다. 그러나 이러한 타협의 궁극적 목적이 구체적 연구가 방해받지 않고 계속되도록 그 연구를 일체의 개입에서 보호하는 것이었기 때문에, 그러한 타

15) *Rohentwurf*, pp. 5~6. 〔《정치경제학 비판 요강 I》, 52쪽〕

협의 영향은 내용상으로 볼 때 그때그때 이루어진 연구 자체보다 그 연구의 존재론적 특징들에서 더 많이 드러난다. 이 모든 것으로부터, 과학관의 이러한 변주들 또한 직접적으로 우리의 문제와 관련해서는 궁극적으로 본질적인 것을 가져올 수 없었다는 것이 분명해진다. 이와는 반대로, 그와 같은 인식론들의 영향을 받은 과학론〔학문론〕들에서는 존재의 반(反) 역사적 요소들이 점점 더 견고하게 정착되었다. 예컨대 19세기 후반기에 새로운 역사이론들이 생겨났을 때(딜타이,[16] 리케르트[17] 등등), 그것들은 한편으로 자연과 자연과학에 대한 강화된 반(反) 과정적 관점을 보여주었다. 그것들에서 역사는 개체적인 것, "일회적인 것" 따위의 표현으로서, 따라서 일반적 법칙성에 의거하는 자연 및 자연과학의 반역사적 성질과 대립하는 본질을 지닌 일종의 문화형식으로 나타난다. 인식론적으로 기초가 세워진 과학론들의 발전을 보면, 자연과학 연구가 거듭 제기했던 구체적인 존재적 문제복합체들에 개입하지 않도록 전반적으로 조심하는 경향이 우세하긴 하지만, 자연에서 인식할 수 있는 존재적 대상성 방식의 즉자존재(卽自存在, *An-sich-Sein*)에 맞서 벌이는 싸움은 자연 연구자 자신의 현실관에 적지 않은 영향력을 행사한다. 19세기의 명망 있는 수많은 학자들이

16) 옮긴이: 빌헬름 딜타이(Wilhelm Dilthey, 1833~1911)는 독일의 역사학자이자 심리학자이고, 해석과 의미에 대한 연구를 한 해석학 연구자이자 철학자다. 흔히 "생철학"의 창시자로 불린다. 자연과학과 구분되는 정신과학의 영역을 방법론적으로 정초했으며, 칸트의 비판정신에 영향을 받아 "역사적 이성 비판"을 주창했다.

17) 옮긴이: 하인리히 리케르트(Heinrich Rickert, 1863~1936)는 독일의 철학자다. W. 빈델반트와 함께 신칸트주의의 서남(西南) 독일학파(바덴학파)의 대표자다. 대상의 세계를 자연의 세계와 문화의 세계로 구분하고 문화의 세계에 대한 인식의 논리적 구조를 해명하고자 노력했다.

원자의 실재 존재를 의심하기 시작했던 것만 하더라도 우연이 아니다. 물론 그렇게 의심하기 시작했다고 해서 자연상(自然像) 전체에 끼치는 사물화하는 영향력이 작용을 멈추란 법은 결코 없다. 그렇지만 자연 전체가 ― 방법론의 전체 구조에서는 본질적인 이론적 갱신 없이 ― 더 이상 물질적으로 주어진 존재로서 파악되는 것이 아니라 그때그때의 과학적 작업방법론에 따른, 일차적으로 사유에 의한 산물로서 나타남으로써, 이제부터는 어떠한 일반적 관점도 개별 연구에 주도적으로 영향을 미치는 철학으로서, 전체에 규정을 부여하면서 일반화하는 사상으로서 작용할 수 없게 되었다. 개별 연구들의 "순수한" 과학성은, 예전에는 강력하게 작용했던 철학과의 접촉을 점점 더 많이 상실하게 되었다. 연구에서 지배적으로 된 실증주의와 신실증주의는 철학적으로 일반화하는 면모들을 점점 더 많이 없애나갔으며, 그리하여 개별 연구들의 순수 실용적인, 한갓 효과적인 총괄로서, 개별 연구들에 완전히 종속된 방법론으로서 작동한다.

〔98〕 철학과 개별과학이 이같이 결정적으로 분리된 결과, 개별과학에게는 오로지 "정밀성"의 요구에 의해서만 제약된 듯 보이는 거의 무한한 활동여지가 부여되었다. 그러나 이러한 "자유"란 개별과학이 물질적 생산을 위한 기능에 점점 더 폭넓게 통합되고 시장의 합리성에 따라 조직되는 현상의 이면(裏面)에 불과하다. 이러한 상황은 직접적으로 연구해야 하는 개별문제들에서의 전적인 방법론적 자유와 시장에 따라 고려된 효용성에 광범위하고 강력하게 구속된 상태가 기묘하게 착종된 기이한 통일성을 낳는다. 당대의 이러한 사회적 정황이 개별과학들의 발전에 있어서, 그리고 그것들과 철학의 상호관계에 있어서 낳는 전체 결과를 더 자세히 고찰할 때가 아직은 아니

다. 우리는 일반존재론과 관련하여 지극히 중요해진, 이러한 발전의 특정한 원리적 측면들로 다시 돌아가게 될 것이다. 지금 이러한 발전방향 중 우리에게 가장 중요한 계기는, 과학적 실천에서 이미 오래전부터 연구방식들이 비상하게 다종 · 다양해졌다는 사실이다. 다시 말해서 불균등 발전이 여기에서 예전보다 한층 더 발달된 방식으로 관철될 수 있었다는 사실이다. 지금 우리가 다루는 문제와 관련하여 이것이 의미하는 것은, 모든 존재의 불가역적 과정성에 대한 사상적 파악을 낳는, 객관적 현실의 저 구체적이고 실제적인 경향들이 이미 개별 연구들에서 자주 실제로 활용되었고 또 개별적 결과들로서 인정되었다는 것이다. 비록 그 경향들이 제반 과학의 일반적, 철학적 입장과 방법론상 해소할 수 없는 모순관계 속에 있는 것처럼 보일 때가 자주 있었지만 말이다. 우리는 이러한 사태를 이미 앞서의 사유과정에서 지적한 바 있다. 지금 분명히 해 두어야 할 것은, 플랑크 및 그 후계자들의 위대한 발견을 통해 역동적이고 불가역적인 과정으로서의 원자에 대한 분석이 실제로 가능하게 되었을 때는 이미 새로운 방향이 다양한, 많은 경우 아주 중요한 연구성과들을 이룰 수 있었던 그런 지식영역이 꽤 많이 있었다는 사실이다.

그럼에도 불구하고 이러한 승리가 기존의 연구성과들에 따라서 볼 때 객관적일 수 있을 만큼 이론적으로 명확한 것은 결코 아니었다는 사실을 유감스럽지만 말하지 않을 수 없다. 여기는 그 원인들을 헤아려보고 비판적으로 논평할 자리가 아니다. 또 필자는 그러한 작업을 할 전문지식을 가지고 있지도 않다. 긴요한 그와 같은 비판적 고찰의 방향을 암시하기 위해서 다음과 같은 점에 주의만 환기시키고자 한다. 새로운 전환에 대한 해석에서 오랜 시간 지배적이었던 방향은 주관주의적인, 심지어 "비결정론적"인 모티프를 물리학의 세계상 속에 기입하고자 했다는 점에서 이미 그릇된 족적을 뒤쫓는 것이었다. 〔99〕 주관과는 전혀 무관한 물리학적 세계의 객관성은, 그 연관관계들이 고전적 의미에서의 인과적 성격을 가지는지 아니면 새로운 의미에서의 통계적 성격을 가지는지 하는 논쟁적 문제와는 아무런 관계도 없다. 플랑크는 "인간에 예속되지 않은 자립적인 현존을 영위하는" "실재 세계"에 대한 승인의 필요성을 거듭 강조하고 있다. 그는 이러한 맥락 속에서 가령 상수(常數)를 "실재 세계에서 온 신비스러운 새로운 사자(使者)"[18] 라고 부른다. 그래서 그는 이와 관련하여, 즉 존재의 객관성과 관련하여 자연의 객관성을 대신하는 그 어떤 새로운 범주도 인정하려 하지 않는다. 물론 이로써 연구의 새 단계는 앞선 시기의 사고습관들과 대립되기에 이른다. 플랑크는 아직 "고전적인" 맥락 속에서 인과성을 예측가능성에서의 확실성의 가능성과 결부시키고 있다. 그는 당대 상황을 예시하면서 다음과 같이 덧붙인다. "**물리학적인 사건을 정확하게 예측하는 것은 어떠한 경우에도 불가능한 일이다.**" 그리고 그는 이러한 사태를 순수 수학적 규정들의 정확성과 첨예하게 대립하는 것으로 설정한다(이에 대한 예로서 그는 2의 제곱근을 이용한다).[19] 여기에서 어떻게 과학들 자체의 발전이, 과학적으로 다루어지는 존재의 객관성을 포기하는 상황에 빠지지 않으면서도 특정한 범주적 연관관계들을 사상적으로 넘어설 수 있는 가능성을 제공하는지가 분명하게 드러난

---

18) Planck: *Wege zur physikalischen Erkenntnis*, Leipzig, 1944, p. 180, p. 186.
19) *Ibid.*, pp. 225~226.

다. 절대적 필연성을 통해 작동하는 인과성을 단지 경향적으로 효력을 발하는 과정들로 대체하는 인식이 존재의 객관성을 관념적으로 약화시키거나 심지어 포기해야만 하는 것은 결코 아니다. 개개의 과정적 사건들에 대한 정확한 예측가능성은 인식의 시금석으로 쓰일 수는 있지만(꼭 그럴 필요는 없다) 파악해야 하는 존재의 객관성과는 결코 관계가 없기 때문이다(플랑크는 이에 대해 아주 분명하게 알고 있다. 일기예보를 두고 한 그의 말을 생각해 보라).

불가역적 과정성과 연기적(緣起的) 필연성

이 문제에 있어서도 여기는 자연과학들에서 불가역적 과정이 일반적으로 인정되었는지, 그랬다면 또 얼마나 그랬는지에 대해 구체적으로 논할 자리가 아니다. 폭넓은 분야들에서 그랬다는 것은 확실하다. 여기에서 우리에게 중요한 것은 사실적인 실재적 내실이지 주관적인 생각과 확신이 아니다. 아무리 중요한 학자의 생각과 확신이라 하더라도 말이다. 그렇기 때문에 우리는 "고전적인" 인과적 방법과 대립하는 가운데 증대해가는 통계학적 방법의 지배를, 불가역적 과정들의 단지 경향적인 성격이 적어도 헤게모니를 잡아가는 도정에 있음을 말해 주는 징후로 볼 수 있다. [100] 그도 그럴 것이 통계학적 방법은 객관적 현실에서 일반성과 개별성은 대상성 일반의 불가분한 병렬적 규정이며 따라서 실재 과정들 속에서 효력을 발할 수밖에 없다는 바로 그 점에 존재론적으로 근거를 두고 있다. 양자의 비율이 확률의 정도가 되는데, 하지만 편차가 미미할 때조차도 위에서 약술된 근본구조가 효력을 발휘한다는 것을 알 수 있다. 이와 마찬가지로 명확한 것은, 그와 같은 과정 내부에서 확률로서 관철되는 경향들의 결과는, 바로 이 불가역적 과정성과 단순한 동질적 인과계열들을 존재론적으로 구별짓는 그런 경향성을 전체적으로 드러낸다는 사실이다. 그렇기 때문에 우리는 과정적 연관들의 통계적 표현형식들에서 실로 결정적인 것은 이러한 "사태 그 자체"이지, 진행과정 중에 있는 존재의 성격과 관련된, 왕왕 사태 그 자체에서 벗어나는 과학이론적 해석이 아니라고 보는 것이 정당하다고 생각한다.

유기적 자연 속에서는 이러한 상황이 훨씬 더 직접적으로 명확하게 나타난다. 이 존재양식 특유의 형성물들의 존재방식이 유기체들의 발생에서 소멸까지 이르는 불가역적 과정이라는 사실을 의심하는 사람은 아무도 없을 것이다. 생명과정의 그러한 경계 이전이나 이후에 개별 유기체란 존재하지 않는다. 그 이전이나 그 이후의 경우, 그 구성부분은 아직 또는 다시 무기적인 자연의 세계에 속한다. 퀴비에[20] 까지의 "사물화하는" "반(反) 과정적"이고 반(反) 역사적인 관점은 유들을 이러한 과정에서 끄집어냈으며 그 유들에는 최종적으로 "창조된" 존재적 항구성, 기계적으로 반복되는 불변의 자기재생산이 있다고 여겼다. 오늘날에 와서 보자면 이는 현상들을 설명하기 위해 그 누구도 더 이상 재수용할 생각을 하지 않을 과학사적인 사실에 불과하다. 다윈과 그의 선행자들 이래 유들의 발생과 소멸의

20) 옮긴이: 퀴비에(Georges Cuvier, 1769~1832)는 프랑스의 동물학자다. 동물계의 분류표를 만들었으며 고생물학을 창시했다. 라마르크의 진화론을 부정하고 천변지이설(天變地異說)을 주장했다.

불가역적 과정은 그 누구도 의심하지 않았던 사실에 속한다.

사회적 존재의 영역에서 상황은 얼핏 보더라도 더 복잡해 보인다. 비록 19세기의 역사성 이론들이 이른바 영원히 반복되는 자연의 합법칙성과 논쟁적으로 대립하는 가운데 생겨나긴 했지만, 사회적 존재를 규정하려 시도할 때는 "사물성", "영원성", 심지어는 사회・역사적 과정의 가역성 등의 표상복합체들이 여전히 효력을 지닌다. 일상생활의 경험을 통해, 그리고 이데올로기적 욕구로 인해 사람들의 눈에 그러한 표상복합체들이 실제에 근거를 두고 있는 듯이 보이기 때문이다. 우리가 기독교의 구원 개념(천국의 지복(至福))을 말하고 있는 것은 결코 아니다. 기독교의 구원 개념에서 중요한 것은 과정의 결과들의 최종적인 고정이며, 〔101〕 따라서 인간적(사회적) 인격의 어떤 발전단계의 특정한 요청들을 존재해 있는 어떤 것으로, 아니, 진정한 존재, 궁극적 존재로 제시하는 순수하게 이데올로기적인 시도다. 이보다 더 현실적으로 보이는 것은 일상생활의 체험들이다. 즉, 그와 같은 가역성이 — 물론 사물성의 가장 낮고 가장 직접적인 단계에서만 — 경험을 통해 확인된 것으로 나타나는 그런 체험들 말이다. 아주 간단한 예를 하나 들어 보자. 손님을 제대로 맞이하기 위해 나는 의자를 평상시에 있던 자리에서 한쪽으로 치운다. 손님이 가고 나면 나는 그 의자를 다시 그 자리에 갖다 놓는다. 물론 일상생활의 아주 단순한 단계에서 일어난 일이긴 하지만 여기에서 실제로 과정의 역전이 일어났다. 이러한 과정이 약간만 더 복잡해져도 이러한 가역성의 가상은 필시 저절로 없어진다. 모든 수선(가령 더 이상 잘 들지 않는 칼 갈기)에서도 마모의 불가역적 과정이 취소되는 듯이 보이는 게 사실이다. 하지만 이러한 가상은 그 자체 불가역적 과정의 고립된 개별 계기들과 관련된 것이다. 이 경우에 있어 칼은 조만간 수선 불가능하게 마모될 수밖에 없다. 개개의 수선이 이 과정을 연장할 수는 있지만 없앨 수는 없다(여기서 나는 사회적으로 적어도 그만큼 중요한 도덕적 훼손에 대해서는 전혀 말하지 않겠다). 과정의 불가역성을 이처럼 직접 실천적으로 저지하는 것이 장기간 유효할 수 있는지 아니면 단기간 그런지는 우리의 핵심문제들과 관련하여 어떠한 역할도 하지 않는다. 겉보기에 가역성을 낳는 것으로 보이는 그러한 부분과정들이 보다 정확하게 볼 때 실제로 가역적 성격을 갖는지 여부 또한 아무런 역할도 하지 않는다. 어떤 원시적 생명체의 수명이 단 몇 시간에 불과한지 어떤지, 어떤 천체에서는 이 기간이 수십억 년인지 어떤지 하는 것은 실천적으로 극히 중요해질 수 있으며, 또 실제의 실천에서 자주 중요하게 된다. 그러나 불가역성 자체의 문제는 여러 개별과정들의 길이가 긴지 짧은지와는 존재론적으로 아무런 관계도 없다.

이러한 부류의 오류들은 그 근저에 놓여 있는 존재관이 사회적 존재 내에서 이루어지는 이데올로기의 발전에 아무 역할도 하지 않는다면 전혀 중요치 않을 것이다. 그러나 바로 여기에서 그것들은 사회의 발전과정 내에서 이데올로기적으로 그리고 실천적·정치적으로 과소평가할 수 없는 의미를 지닌다. 개혁운동들이 얼마나 자주 옛 상태의 복원을 이데올로기적 요구로 내걸고 벌어졌던가는 말할 필요도 없을뿐더러(자코뱅파를 상기시키는 것으로 충분하다) 심지어 왕정복고의 구호, 다시 말해 막 완료된 혁명적 변혁 이전 상태로의 복귀 또한 19세기 역사의 한 중요한 계기였다. 그런데 그것의 실질적인 사회적 내용은 무엇이었던가? 〔102〕 가장 단순한, 역학적으로 사물과 가장 유사한 관계들을 결의를 통해 적어도 부분적으로 재시

행할 수 있었던 것은 사실이다. 예컨대 수많은 귀족 지주들에게 그들의 옛 재산을 되돌려 줄 수 있었다. 그러나 그럼으로써, 사회·역사적으로 과거지사가 된 법들이 꽤 많이 재(再) 발효되었다 하더라도, 실제로 1789년 이전의 사회상태가 그 인간들과 함께 복원될 수 있었던가? 그때까지의 사회적 과정을 가역적으로 만들 수 있었던가? 발자크는 왕정복고에 가장 강한 관심을 가진 계급, 곧 토지를 소유하고 있는 명문 귀족 자체에서 어떻게 왕정복고가 이미 인간적으로 불가능하게 되었는지를 보여준다. 옛날 생활방식을 실제로 견지하고자 했던 사람은 그 자신의 사회에서 돈키호테 같은 희극적 주인공이 되었다. 그렇지만 그 계급 자체는 새로운 자본주의 사회에도 인간적으로 적응해나갔으며, 그리하여 혁명과정의 불가역성을 사실상 인정했다. 발자크의 소설 《골동품 진열실》에서 모프리뇌즈 공작부인은 그와 같이 막다른 골목에 빠진 옛 귀족들에게 다음과 같이 말한다. "정신이 나갔어요?" "친애하는 여러분, 귀족은 더 이상 존재하지 않는답니다, 귀족주의만 있을 뿐이지요. … 돈이 있으면 당신들은 귀족보다 더 귀족적으로 될 것입니다." [21]

이러한 불가역성을 일반적이며 사회적으로 필연적이고 그 자체로는 전적으로 가치중립적인 과정성으로 파악하지 않는다면, 이 불가역성의 성격을 제대로 파악하기란 전혀 불가능할 것이다. 1848년의 "자코뱅파"는 발자크의 소설에서 조롱받는 옛 귀족들 못지않게 예전에 실재한 존재의 희화였다. 따라서 과정들의 불가역성은 "진보의

---

21) H. de Balzac: *Œuvre Complèetes, tome VII, Les Provemerant à Paris. Le Cabinet des Antiques*, Paris, 1869, p. 128.

불가항력성"과 같은 이데올로기들과도, 또 과정의 필연적 결과를 은폐하기 위해 과거로의 복귀를 다소간 공공연하게 옹호하는 가운데 "역사의 종언"이나 순환으로서의 역사 따위를 말하는 이데올로기들과도 아무 관계가 없다. 사회는, 우리가 이미 유기적 자연에서 볼 수 있었다시피, 어떤 존재방식의 내적이고 내재적인 가능성들을 현실적 존재로 발전시킨다. 그러나 이로부터 일종의 막다른 골목(꿀벌과 같은, 이른바 동물사회를 생각해 보라)이 생겨날지 아니면 객관적으로 진정한 고차적 발전이 생겨날지를 결정하는 것은, 항구적 이행과정의 그때그때의 현 단계에 현존하는, 그 현 단계의 방향, 경향, 존재규정 등등이다. 물론 사회적 존재에서야 비로소 발전적 이행에 대한 인간의 반응들이 변혁의 "주체적 요인"으로 종합될 수 있다. 그러나 모든 경우에 다 그러란 법은 없다. 그렇기 때문에 불가역적 과정들은, 그것들이 지금껏 도달한 최고단계들에서도 단지 경향들일 뿐이다. 〔103〕 특정한 발전가능성들이 이 경향들을 촉진하거나 방해할 수 있고 또 때로는 배제할 수도 있지만, 그 경향들을 기계적 방식으로 불가피하게 산출하는 일은 결코 있을 수 없다.

이로써 무조건적 필연성이라는 낡은 구상은 실천적으로 논박된다. 아주 일반적으로 말하면, 이러한 논박은 전적으로 타당하다. 절대적 필연성이란 결코 존재하지 않는다. 존재상 필연성은 언제나 특정한 전제조건들에 매여 있다. 이러한 전제조건들이 충분한 효력을 발할 때 "조건부적"(*Wenn-dann*) 〔"연기적"〕[22] 으로 규정된 이러한 과정들이

---

22) 옮긴이 : 지금까지 다른 글에서 "조건부적"이라고 옮긴 것을 여기서는 "연기적"(緣起的)으로 바꾸어 옮긴다. 그 이유에 대해서는 '옮긴이 해제' 각주 66 참조.

예외 없이 그리고 무조건적으로 작동하는 경우들이 적지 않게 있다. 그러나 우리가 지금까지 한 고찰은 이 "조건"(*Wenn*) 역시 개별화된 "사물성"으로 보지 말고, 혹은 적어도 실재 환경과 실제로 얽혀 있는 전형적인 경우들에서만큼은 그렇게 보지 말고, 오히려 "조건"에서도 역동적인 다양성이 작동하는 것으로 보도록 만든다. 그와 같은 경우들에서 어떤 과정을 구체적으로 유발하는 원인, 곧 그때그때 구체적인 "조건"은 이미 그 자체가 상이한 효과를 지닌 여러 구성요소들이 종합된 하나의 과정이다. 그렇기 때문에 그 과정 속에서는 자연히 우리가 통계적 합법칙성의 존재기반으로서 알게 되었던 저 경향적 성격이 지배적 규정이 된다. 그런데 이전에 인과적 절대성 속에서 관념적으로 규정되었던 인과연관 과정이 이제부터는 현실 속에서 통계적 확률의 경향으로 입증된다면, 그때그때 구체적인 역동적 연관들의 성격이 근본적으로 변한 것은 사실이지만 전체 현실 내에서 인과연관 과정이 점하는 저 객관성 자체가 변한 것은 결코 아니다. 극히 중요한 수많은 경우들에서, 예컨대 천문학에서, 불가역적 경향성의 (통계적으로 인식될 수 있는) 과정과 이전에 "고전적인" 의미에서 인과적으로 측정되었던 과정 간의 실제로 인지될 수 있는 편차가 인간 실천에 전혀 혹은 거의 문제가 되지 않을 정도로 아주 미미하기 때문에 더더욱 그렇게 말할 수 있다. 가령 불가역적 과정으로서의 태양계가 수백만 년에 걸친 그 절대적 반복형식에서 인지 가능할 정도로 벗어나고 있는지 여부는 태양계 특유의 존재적 성질의 인식과 관련해서는 결정적으로 중요해질 수 있고 경우에 따라서는 전복적인 것이 될 수도 있지만, 구체적인 인간 실천과 관련해서는 전혀 중요치 않을 수 있다. 아주 높은 통계적 확률은 인간 실천에서는 옛 의미에서의 필연성과 똑같이 취급될 수 있고 또 그렇게 취급되고 있다. 그리고 이렇게 바꾸더라도 그때그때 구체적 실천 자체와 관련해서는 어떠한 결과도 생기지 않는 경우가 아주 많다.

총체성(복합체성), 그리고 요소들에 대한 복합체의 우선성

우리는 실제로는 높은 확률에 의한 것인 필연성의 "연기적 성격"(*Wenn-Dann-Charakter*)에서 생겨나는 저 이론적, 철학적 문제들의 복합체로 다시 돌아갈 것이다. 〔104〕 하지만 여기에서는 지금까지 설명한 것을 더 분명히 하고 구체화하기 위해 불가역적 과정의 실질적 지배에 내재하는 객관적 존재기반들을 새로운 측면에서 좀더 구체적이고 정확하게 고찰하는 것이 중요하다. 우리에게는 필연적인 것으로 현상하지만 실제로는 아주 높은 확률의 경향일 뿐인 "연기적 연관관계들"에서 존재적인 "조건"이 그 자체로 과정적 성격을 나타낸다는 확언은, 존재 자체의 극히 중요한 성질을 보여주는 것이다. 인간의 사고 속에서 이 성질은 유효하게 되는데, 하지만 이러한 사실은 사고의 사물화를 야기하는 사물적인 일상생활의 성격으로 인해, 그리고 영향력이 지극히 커진 수많은 이데올로기들 속에서, 이론적으로 광범위하게 은폐되어 있었으며 지금도 많은 경우 은폐된 채 있다. 여기에서 우리는 정태적인 것으로 사고되었던 존재 자체의 과정성이 점차적으로 스스로를 관철하는 것과 많은 측면에서 유사한 발전과정을 목도할 수 있다. 일반이론들은 아주 끈질기게 스스로를 보존하는 반면에 개별 연구들에서는 올바른 것이 비록 잘못 근거지어질 때가 자주 있긴 하지만 점점 더 다양하게 관철된다. 그리하여 현재의 상황은 이전과 크게 달라졌다. 유기적 자연에서는 개별현상들의 성질이 직접적으로 명확한 총체성(복합체성)을 지니고 있어서, 가장 초기의 사고도 이를 완전히 간과하기란 불가능했다. 그 "합목적성"이 직접적으로 명확해 보였던 복합체들은 물론 이로 인해 그만큼 더 쉽게, 목적론적으로 "창조된" 세계 속에 초월적 창조주체의 의식적 정립의 산물로서 편입될 수 있었다. 그 후 복합체들의 능동적·수동적 상호작용의 세계에 도달하기 위해서는 "단지" 창조주만 이론적으로 삭제하면 되었다. 하지만 이것이 간접적으로는 아주 중요하다 할지라도 구체적인 인간 실천에서는 미미한 역할을 하거나 아무런 역할도 하지 못한다. 그와 같은 사회적 존재관은 계속해서 더욱더 분명하게 나타났다. 그런데 예로부터 유명한 메네니우스 아그리파의 우화[23]만 하

---

23) **옮긴이**: 로마공화국 초기의 집정관이었던 메네니우스 아그리파(Menenius Agrippa)가 집정관과 평민의 관계를 몸을 빌려 한 이야기다. 간단히 소개하자면 다음과 같다. "몸의 모든 지체들이 자신들의 노동을 전적으로 갈취하는 탐욕스런 위(胃)에 대항하여 공모를 한 적이 있다. 눈은 보기를, 귀는 듣기를, 손은 일하기를 결코 싫증내어 본 적이 없었고, 발은 걷기로 인해 옹이가 박혔으며, 혀는 말하기와 침묵하기를 유리한 형편을 따라 선택했다. 요컨대 모든 구성원들은 공동의 이익을 위하여 사려 깊게 노력했다. 모두들 그렇게 염려하고 수고하는 동안 오직 위만이 게으름을 피우는데, 게다가 위는 구성원들의 다양한 노동의 산물을 저 혼자서 게걸스럽게 먹어 치우고 소비한다. 이에 분노한 몸의 각 부분들은 일을 멈추어 그 게으른 공공의 적을 굶기기로 결의하였다. 그래서 손, 입, 이 등이 더 이상 음식이 위에 공급되지 않도록 태업을 공모했으나 결국 그로 말미암아 영양이 공급되지 않아 몸 전체가 빈사지경에 이르게 된다." 결국 이 우화는 위가 그냥 놀고먹는 것이 아니라는 것, 위는 자양분을 받기만 하는 것이 아니라 그것을 소화하여 몸의 다른 부분들에게 나누어 줌으로써 그것들을 보양하고 있었음을 말하고 있다. 여기서 위는 집정관을, 몸의 다른 부분들은 평민들을 암시하는 것으로 해석됨으로써, 이 우화는 집정관들을 상층부로 하여 유지되는 사회의 위계질서를 보전하기 위한 이데올로기가 된다.

더라도 직접적으로 획득된 이러한 존재관이 얼마나 쉽게 자의적이고 반동적인 이데올로기로 변할 수 있는지를 보여준다. 각 사회의 본질과 형식들은 설사 직접적으로 신적인 기원을 지닌 것은 아니라 하더라도 어쨌든 창시자인 영웅들이 "위로부터" 받은 계시에 의거한 것이라는 것은 전(前) 자본주의 사회들의 지배계급의 이데올로기들에서, 심지어는 절대군주제처럼 자본주의 사회를[24] 직접적으로 예비했던 이데올로기들에서조차도 만연했던 기본적 견해였다. 따라서 사회 자체의 복합체적 성질에 대한 고찰이나 확증은 이로부터 도출된 초월적 · 목적론적인 사고과정에 종속되었다. 복합체성을 사회적 존재의 존재적 구조로 확정하는 것은, 〔105〕 초월적인 데 토대를 두고 있고 정치 · 사회적으로는 반동적인 이데올로기적 지향들을 위해 이렇듯 아주 쉽게 쓰일 수 있었다. 이는 낭만주의의 이른바 유기체적 국가론들만 생각해 봐도 알 수 있는 일이다. 그 국가론들은, 불연속적인 것으로 보이고 조금이라도 혁명을 상기시키는 개조는 모두가 다 사회적 존재의 ―"유기체적" 성격을 지닌 ― 본질과 모순되는 것으로, 사물의 본성에 위배되는 것으로 즉각 거부하도록 되어 있는 것들이었다.

이러한 예들은 무한정 늘어날 수 있다. 그러나 여기에서 대략적으로 말한 소수의 예만 보더라도, 생물학적 현상군(現象群) 및 사회적 현상군의 기본적인 복합체적 성격에 대한, 존재 일반과 관련된 올바른 관찰조차도 얼마나 쉽게 퇴행적 이데올로기로 돌변할 수

---

24) 옮긴이 : 우리가 "자본주의 사회"로 옮긴 부분은 지시대명사 "diese"(104쪽)로 되어 있는데, 원문을 그대로 따를 경우 이 대명사는 "전(前) 자본주의 사회들"을 가리키는 것이 된다. 대명사가 잘못 사용된 듯하다.

있는지가 분명히 드러나며, 그러한 확인조차 모든 존재적 유효성을 잃어버리고 세계를 설명하는 임의의, 전적으로 다른 성질의 체계들 속에 끼워 넣어질 수 있다는 것이 분명하게 드러난다. 예컨대 바로 위에서 거론한 "유기체적" 국가론에 대해서는 기계적 유물론도 철학적으로 보자면 정당할 수 있음이 분명하다. 당연히 이런 말로 지칭되는 것은 하나의 가능성, 물론 극단적이긴 하지만 빈번히 효력을 발하는 그런 가능성일 뿐이다. 그와 같은 이데올로기적 왜곡과는 전혀 관계가 없는, 복합체 사상을 올바로 파악하려는 사유 시도들도 물론 여러 차례 있었다. 그러나 그러한 시도들은 아주 많은 경우 사태에 대한 단순한 확인에 멈춰 서 있었으며, 보다 보편적인 발전론으로의 경향들을 단지 간접적으로만 촉진했을 뿐이다. 예컨대 그러한 연관들의 존재론적 성격이 자주 매우 강력하게 강조되었던 18세기의 비교해부학을 생각해 보라. 가령 괴테는 다음과 같이 말한다. "사람들은 황소에게 뿔이 주어져 있어서 찌른다고 주장하지 않을 것이다. 오히려 사람들은 황소가 **어떻게** 뿔을 가질 수 있어서 찌르게 되었는지를 연구할 것이다." … "동물은 상황에 의해 상황을 향해 형성된다. 그 때문에 그것의 내적인 완전성과 그것의 합목적성은 외부로 향해 있다."[25] 다른 자연복합체들과 상호작용하는 복합체인 유기체의 발전이 여기에서 이미 전체 연관관계의 존재적 토대를 이룬다는 것이 이 대목에서는 단지 예로서만 언급되고 있다.

---

25) Goethe: *Erster Entwurf einer allgemeinen Einleitung in die vergleichende Anatomie, ausgehend von der Osteologie* (1795), in *Zur Morphologie, 1. Band, 2. Heft.* 〔"합목적성"으로 옮긴 단어는 "Zweckmäßigkeit"인데 루카치는 이를 "Selbstmäßigkeit"로 적고 있다. 우리는 괴테의 텍스트에 따라 고쳐 옮겼다.〕

원자론에 토대를 둔 기계적 필연성의 일반적인 정초공준들[26] 및 결과들과의 대립은 여기서는 — 논쟁적이지 않는 방식으로도 — 전혀 언급되지 않는다. 그러한 연구들과 그 성과들은 초월적으로 확립된 목적론과 이에 맞서 싸우는 원자론이라는, 이데올로기상으로 지배적인 두 세계관 옆에서 오랜 기간에 걸쳐 전개된다. 따라서 그것들은 — 괴테와 같은 희귀한 예외를 제외한다면 — 세계관들의 형성에는 별 영향력을 가지지 못했다. 〔106〕 그것들이 나타나는 곳에서도 — 대단히 가치 있는 정식화 속에서 나타날 때조차도 — 그것들은 거대체계의 전반적인 구성 원리와 절연된 채 그것과 통합 불가능한 상태로 있다. 유기체의 "목적 없는 합목적성"에 관한 칸트의 천재적인 관찰과 확언을 《순수이성비판》의 엄격한 뉴턴적 세계상과 관련해서 생각해 보라.

따라서 일반화된 척도, 보편적 척도에서 인간들의 존재관에 영향을 미치기 위해서는, 작동하고 있는 복합체가 그 사물적 요소성(*dinghafte Elementarität*)에 대해 지니는 존재적 우선성이 유기적 자연에 대한 인식에서도 관철되어야만 했다. 이 일은, 그렇게 얽힌 연관들이 그때그때 개별 연구에서 어떻게 해석되고 평가되는지 — 개별적인 특수한 경우로서 해석 · 평가되는지 아니면 일반화되어 그러는지 — 와는 전혀 무관하게, 최근의 원자 연구에서 실제로 일어났

---

26) 옮긴이 : "정초공준(定礎公準) 들"은 "Begründungspostulate"를 옮긴 말이다. "공준"(*Postulat*)이란, 요청된 것이라는 의미의 라틴어 "postulatum"에서 유래된 말로 공리(*Axiom*)와 같이 자명하지는 않지만 공리와 마찬가지로 증명이 불가능한 명제로서, 학문이나 실천적인 면에서 불가결한 전제로서 인정되는 원리 또는 명제를 말한다.

다. 우리가 생각하기에 원자 연구의 성과와 방법이 갖는 획기적인 의의는 바로 다음과 같은 점에 있다. 즉, 원자 연구는 역동적인 복합체가 자기 "요소들"에 대해 지니는 이러한 존재적 우선성을 무기적 세계의 물질적 존재의 아주 다양한 현상들에서 과학적으로 확인할 수 있었고 또 지금도 그럴 수 있다는 점, 그리고 그러한 존재적 우선성을 외연적·내포적으로 강화된 척도에서 하나하나 구체적으로 실증할 수 있었고 또 지금도 그럴 수 있다는 점에 그 획기적인 의의가 있는 것이다. 이론과 실천은 이것이 존재 자체를 불가역적 과정으로 보는 관점에 의해서만 가능하게 되었다는 것을 보여준다.

수천 년간에 걸쳐 자연존재의, 따라서 또한 올바른 사고의 정신적으로 흔들릴 수 없는 기반으로 보였던 것이, 인식에서 이루어진 그러한 변혁의 빛 속에서는 우리 태양계 및 그 속에 있는 우리 행성의 특수한 발전조건들하에 있는 물질의 한 특수한 상태로서 나타날 수밖에 없다. 먼저 그러한 인식은 유기적 자연도 본질적으로 불가역적 과정으로 파악하는 것을 가능하게 만들었다. 그런데 이 과정은, 유기적 자연의 과정들 속에서 서로 다소간 영향을 미치는 과정적 복합체들의 형식으로 구체적으로 실현된다. 유기적 자연에서도 구체적인 복합체들의 존재적 우선성과 이들을 구성하는 불가역적 과정들의 폐지 불가능한 공존이 존재의 인식기반으로서 관철되었을 때야 비로소 모든 존재의 통일적 존재론을 말할 근거가 생겨난다.

이 상황에서 근본적으로 새로운 것은 곧바로 일반적인 방법론에서 그 결과를 보여준다. 이러한 — 그 보편적 타당성과 관련하여 — 새로운 원리들을 인정함에 따라 이제부터는 상이한 존재영역들이 궁극적으로 통일적인 성질을 지닌 존재이자 이와 동시에 서로 질적으로 다른 상이한 존재수준들로 분화된 존재로서 파악될 수 있었다. 〔107〕 그도 그럴 것이, 그와 같은 영역들이 직접적으로, 얽히고설킨 그 모든 상호관계에도 불구하고 질적으로 다른 존재로서 나란히 실존하는 것으로 파악되는 한, 사람들은 그 통일성도 그 상이성도 올바로 파악할 수가 없다. 이른바 요소들에 대한 복합체의 우선성에 대한 인식을 통해서야 비로소 — 낱낱으로는 아주 오래전부터 인식되었던 — 상호관계들을 이해할 수 있는 열쇠가 제공된다. 불가역적 과정들의 존재적 우선성에 의해서야 비로소 그 과정들의 존재적 차이는 상호 연관된 발생의 통일적이자 역시나 불가역적인 과정으로 사고 가능하게 된다. "사물적인" 정역학(靜力學)에서는 설명 불가능한 것으로 보였던 것이, 그 모든 개별적 차이와 개별적 대립에도 불구하고 궁극적으로 통일적인 역사과정 속에서 유일하게 가능한 통일성을 얻는다. 세계사의, 다시 말해 역사로서의 세계의 거대한 불가역적 과정으로부터 모든 존재방식이 발생하고, 그럼으로써 상이한 것들의 이러한 통일성이 존재론적으로 정식화되는 것이다. 그리하여 인간지식의 발달은 모든 존재의 근본원리인 역사에 대한 마르크스의 웅대한 청년기 사상을, 모든 존재의 발생의 "원천"의 측면에서, 그 현재적 존재의 "본질"과 "양상"의 측면에서, 그리고 그 발전경향들의 측면에서, 따라서 그 전망들의 측면에서 사상적으로 이해하기에 이르렀다.

마르크스의 문제설정 및 방법론의 연속성과 서술방식의 변경

마르크스의 방법을 정초하는 이 중심원리는 지금까지는 모든 과학의 수미일관한 방법이 될 수 없었다. 마르크스주의 자체에서도 그럴 수 없었다. 아래에서 우리가 몇 가지 문제를 통해 보게 될 것처럼 여기에는 완전히 극복하지 못한 헤겔의 유산 또한 적지 않은 역할을 한다. 헤겔은 — 엥겔스가 정당하게도 "정신의 발생학 및 고생물학과 유사한 것"27) 으로 본 《정신현상학》에서 특히 — 세계파악의 새로운 문제들, 무엇보다도 대상성 형식들의 역사적 과정성과 복합체성의 본질적 의의를 명확한 방식으로 표현했던, 마르크스 이전의 유일한 철학자였다. 물론 몹시 과장된 관념론의 형식으로 그렇게 하는 경우가 자주 있는데, 그러면서 거듭 시도되는 것은, 철학사적으로나 실천적으로 전승된 논리학적 범주들을 새로운 세계관의 정신적 기반으로 만들려는 작업이다. 청년기의 시대상황에 따라 헤겔의 새롭고 중요한 방법론적 숙고에서 출발했던 마르크스는 우리가 보았다시피 최초의 저작들에서 이미 논리적인 것의 우위를 비판하고 있다. 그는 올바르게도 이러한 우위를 획일적이고 정태적인 사유가 존재에 가하는 능욕이라 여긴다. 이후 청년기의 중요한 철학 저작들에서 마르크스는 점점 더 단호하게 헤겔의 논리주의적 추상화에 맞서 새로 발견된 존재범주들을 내세운다. 〔108〕 우리는 원칙적 양상을 띤 그러한 대립을 이미 지적한 바

27) Engels: *Ludwig Feuerbach*…, Wien/Berlin, 1927, p. 20.

있거니와 아래의 고찰에서 가장 중요한 대립들을 다시 또 다룰 것이다. 그런데 모든 비판, 모든 유보에도 불구하고 마르크스는 헤겔을 자신의 철학적 세계상의 가장 중요한 선행자로 여긴다. 특히 헤겔이 "**노동**의 본질을 포착하고 있으며 대상적 인간, 현실적이기 때문에 참된 인간을 인간 **자신의 노동**의 결과로서 파악하고 있다"는 점에서 그렇게 본다. "인간이 유적 존재로서의 자기 자신을 대하는 **현실적이고** 활동적인 태도, 또는 현실적인 유적 존재로서의, 다시 말해 인간적인 존재로서의 인간의 활동은, 현실적으로 그가 자신의 모든 **유적 힘들** — 이는 다시 인간들의 전체 활동을 통해서만, 역사의 결과로서만 가능한 것인데 — 을 발휘함으로써만 … 가능하다."[28] 영국의 고전경제학과 위대한 유토피아주의자들의 저작에서 시작되었던 마르크스의 경제학적 인식은 이로써 비로소 철학적 토대를 얻게 되는데, 이 철학적 토대는 경제발전을 유적 존재로서의 인간의 발생과 진정한 자기실현의 존재기반으로 파악하는 것을 가능하게 만들었다.

그럼으로써 혁명적 이론가이자 대중의 지도자인 마르크스는 그날그날 이루어지는 실천적인 것이자 동시에 세계사적인 정치활동의 철학적 기반을 창출했다. "철학적인" 청년 마르크스를 "경제학적"으로 된 후기의 성숙한 마르크스와 대립시키는 것은 완전히 잘못된 것이자 관료주의적 · 전술적이고 몰(沒)이념적인 실천주의의 이해에 부합하는 것일 따름이다. 문제설정과 방법론의 연속성은 마

28) *MEGA I / 3*, p. 256. 〔《경제학-철학 수고》, 칼 마르크스, 강유원 옮김, 이론과 실천, 2006, 192쪽〕

르크스의 경우 결코 중단된 적이 없다. 모든 사회적 현상, 모든 사회적 발전에 대한 올바른 경제학적 정초의 방법론적 가능성은 청년 마르크스의 이러한 존재론적 성취를 빼놓고는 생각할 수 없다. 다만 뒤에 가서 그는 이러한 정초작업의 성과를 대중적으로 확산하는 것을 자신의 주된 과업으로 여겼을 뿐이다. 즉, 인간의 이러한 인간화, 인간 자신의 결코 더 이상 침묵하거나 왜곡되지 않은 유적 성질의 이러한 실현을 실천적으로 달성할 힘을 얻고 또 그럴 수 있게 성숙되어야 하는 혁명적 노동운동을 창조하고 지속적으로 촉진하는 일을 자신의 주된 과업으로 여겼던 것이다. 물론 경제적·정치적 양상을 띤 구체적이고 현행적인 그날그날의 투쟁들에 입각해서 말이다. 그렇기 때문에 마르크스의 저작에서는 《공산당 선언》 이후 이러한 측면에서 본질적으로 새로운 서술방식이 생겨난다. 초기의 발전이 거둔 실질적 성과들은 물론 이때에도 이론적 기초를 이루고 있다. 그러나 그러한 성과들은 구체적으로 다음과 같이, 즉 일반존재론적인 기초작업은 서술상 극히 절제된 방식으로만 명시된다. 〔109〕 인간들의 사회적 실천에서 경제적인 것이 지니는 우선권은 원래 존재론적으로 정초되었는데, 이제 그것은 존재론의 양상을 띤 폭넓은 정초작업 없이, 인간들의 사회적 활동의 필연적 토대이자 모든 인간적 활동의 궁극적 토대로서 자명하게 나타난다. 마르크스 저작의 최초 판본들과 공론장을 위해 최종적으로 가공된 나중의 형식들을 비교해 보면 표현이 이렇게 축소된 것을 분명하게 볼 수 있는데, 물론 이러한 축소는 처음의 폭넓은 정초작업과 모순되지 않는다. 그의 이른바 "초안"(草案)[29]의 출판물은 동일한 주제를 다루는 이후의 책들과 비교할 때 이러한 차이를 보여준다. 따라서,

《자본》(*Das Kapital*)을 위한 원래의 사전작업과 원고들이 오늘날까지 극히 단편적으로 띄엄띄엄 출판된 것은 마르크스 학설의 올바른 철학적 이해와 관련해서 스탈린 시대가 저지른 만회하기 어려운 태만이다. "초안"은 마르크스가 맨 처음에 적었던 것 중 무엇을 최종판에서 삭제했는지에 대한 정보를 우리에게 제공한다.

마르크스가 서술방식을 이렇게 바꾼 것은 옳았는데, 무엇보다도 노동운동의 발전, 노동운동에 의한 광범위한 대중의 장악이 이를 전적으로 확증해 준다. 마르크스가 서술방식을 바꾼 것이 노동운동의 어려움에 대한 탁월한 해결책이었다는 것은 이 시기에 나온 마르크스의 글들이 대중적으로 확산되고 대중적 영향력을 획득했다는 점에서 알 수 있다. 그러한 대중적 확산과 영향력은 그와 같은 과학적 수준에 있는 저작들이 — 우리는 이를 태연히 말할 수 있는데 — 근처에도 가보지 못한 것이었다. 그런데 바로 이러한 발전, 노동운동에 연루된 사람들에게 노동운동이 미친 영향은 전혀 다른 종류의 문제들을 현안으로 부각시켰다. 때로는 운동 자체 내부에 있는 일탈적 생각들(의심, 공격 따위가 우파적인 것이든 좌파적인 것이든) 탓에, 또 때로는 부르주아 세계의 주요한 추세들과 벌이는, 정치적이고 과학적인, 심지어 세계관적이기도 한 성질을 띤 논쟁들 탓에 대중운동에서는 그 주위세계와 이데올로기적으로 관계하지 않을 수 없는 일이

---

29) 옮긴이 : 여기서 말하는 "초안"(*Rohentwurf*)은 마르크스가 《자본》 집필을 위해 준비하는 과정에서 쓴 글들을 말하는데, 그중 가장 중요한 것은 《정치경제학 비판 요강》(*Grundrisse der Kritik der Politischen Ökonomie*)이라는 제목으로 출판되었다. 이 책의 독일어 원본 301쪽의 각주에서 루카치는, 마르크스가 《자본》 집필을 위해 쓴 원본 수고 약 10권이 아직 간행되지 않은 채 있다고 한다.

거듭 생긴다. 그렇기 때문에 마르크스주의가 철학으로서, 실천을 위한 이론적인 안내로서, 따라서 또한 이데올로기로서 계속 발전하기 위해서는 서술방식의 계속적인 변화가 시급하게 되었다. 모든 논쟁은 — 그것이 주로 겨냥하고 있는 쪽이 밖이든 안이든 — 필연적으로 상대방의 관점, 방법 등등에 의해서도 다소간 같이 규정되어 있는 법이다. 그리고 밖에 의한 이러한 규정성은 누구를 새로 혹은 다시 설득하는 일이 논쟁의 과제로 설정됨으로써 더욱더 커진다. 분명한 것은, 이 모든 — 서로 똑같지는 않지만 예외 없이 사회적으로 규정된 — 모티프가 각 논쟁의 내용을 (마르크스주의의 발생기와는 점점 더 멀어진) 당대의 아주 특정한 문제들로 집중시켰다는 것, 〔110〕 뿐만 아니라 그 방법, 그 직접적인 주제 등등이 마르크스주의 본래의 주제 및 방법과 현저한 차이를 보였다는 것이다. 하지만 이러한 운동 속에서 한 가지 결정적으로 중요한 특정 계기가 오래도록 생생하게 살아 있다. 후기의 주요 저작들에서 계급사회들에 대한 비판, 계급사회들에 대항한 사회주의적 투쟁과 변혁의 전망을 서술할 때 마르크스는 경제학적 인식 위에서 과학적으로 구축된 정치학의 정치적 리얼리즘과 계급사회들에서 소외된 인간의 인간화라는 위대한 세계사적인 사회주의적 전망이 감동적인 리얼리즘적 격정 속에서 표현되도록 서술하는 데 성공했다. 19세기 자본주의의 착취 방식은 방금 기술한 방식으로 이루어진 사상 논쟁들에서도 방법과 전망의 영향력이 전혀 약화되지 않도록 해 주었다.

진정한 마르크스주의로부터의 이탈과 이를 저지하려는 시도들

물론 무엇보다도 마르크스 자신의 직접적인 영향력이 약화되지 않았다. 그런데 여기에는 정말이지 지극히 중요한 차이가 있다. 즉, 마르크스 자신은 중대한 철학적 원리 문제들에서 출발하여 그날그날의 투쟁들을 (세계사적 전망을 가지고) 정밀하게 과학적으로 다루는 데에 이르렀다면, 이에 반해 그의 학설의 추종자들 중 압도적 다수에게는 바로 이러한 사실들〔그날그날의 투쟁들〕과 이해 가능하게 된 그 연관관계들이 직접적으로 결정적인 중요성을 갖게 되었으며, 그리하여 세계사적인 발생과 전망, 이로부터 생겨나는 투쟁적인 입장 취함이라는 중대한 문제들은 실천을 근거짓는 이러한 인식들을 위한, (경우에 따라서는) 사후(事後)에 파악된 배경을 이룰 수 있었을 뿐이다. 이렇게 변한 토대 위에서는 당연하게도 무엇보다 아주 다양한 종류의 일상적 대립들이 논쟁의 대상이 되었다. 이 논쟁에서 마르크스주의의 기초에 따른 실천적 결과들이 그 추종자들에게는 자명하게 긍정적인 것으로, 그 적대자에게는 마찬가지로 자명하게 부정적인 것으로 여겨졌다. 그러한 논쟁이 세계관을 건드리는 문제들과도 관계되는 한, 본래 마르크스가 조탁했던 원리들로 되돌아가는 것이 무조건 꼭 필요한 일로 보이지는 않았다. 예컨대 자연현상들의 객관적인 물질적 실존을 논박할 때 유물론 논쟁의 옛 논거들만으로도 충분해 보였으며, 사회적 실존과 발전에서 경제가 점하는 우선성을 부인할 때는 "사회학적" 증거들만으로도 충분해 보였다.

주제와 방법의 이러한 점차적 이동은 그 사회적 기반이 노동운동의 실천 전체에 결정적인 영향력을 획득하기 시작했을 때야 비로소 마르크스주의의 이해와 관련하여 유효한 의미를 갖게 되었다. 〔111〕 노동운동은 적어도 경제적으로 가장 발전한 나라들에서 폭넓은 대중들과 중요한 지도층들에게 사회주의 혁명이 당면한 목표가 아니라 멀리 떨어져 있는 "최종목표"의 성격을 띠기 시작했을 때 실질적인 사회적 권력이 되었다. 그럼으로써 〔변혁이 아니라〕 개혁의 쟁취가 구체적인 실천의 중심에 놓이게 되었다. 그런데 이 때문에 이데올로기적 방향전환이 초래되었던 것은 아니다. 마르크스 자신도 열렬한 관심을 가지고 중요한 개혁들(노동시간 단축의 쟁취 등등)을 실현시키고자 부단히 노력했다. 그렇지만 그는 이 개혁들을 그때그때의 구체화된 진보로 여겼으며, 완전한 변혁으로 가는 도정에서 이루어지는, 변혁과 동시적이고 분리 불가능한 행보로 여겼다. 〔하지만〕 구체적인 운동들에서는 변혁의 이러한 통합적 면모가 퇴색하기 시작했다. 아니, 그러한 면모는 영향력이 큰 폭넓은 층들에서 완전히 사라지기 시작했다. 그럼으로써 방금 서술한 이론적 위치이동에 입각한 가운데 마르크스주의를, 영향력이 큰 개혁정당들의 "현실정치적" 현실주의를 이데올로기적으로 근거짓는 것으로 전락시키는 일이 일어났다. 베른슈타인[30]이 그 최초의 가장 중요한 이론가였던 이러한 운동, 오늘날 이른바 사회주의 정당들에서 마르크스주의로부터의 완전한 이탈을 낳았던 이러한 운동을 기술하는 것은 우리가

---

30) 옮긴이 : 베른슈타인(Eduard Bernstein, 1850~1932)은 독일의 사회주의자로 이른바 수정주의(修正主義)의 제창자다. 그는 마르크스의 이론을 광범위하게 수정했는데, 여기서 특히 중요한 것은 사회혁명이 아니라 의회주의의 입장에서 점진적 사회주의 실현을 제창한 것이다.

여기서 수행할 과제는 아니다. 다만, 이러한 정치·사회적 과정에서 마르크스의 본래의 존재론은 관계자들의 의식에서, 옹호자와 반대자의 의식에서 거의 완전히 사라져 버렸다는 점만은 분명히 해 둘 필요가 있겠다.

이러한 발전을 저지하고 이를 마르크스주의의 길로 되돌리려 했던 시도들이 있었다는 것은 그 누구도 부인하지 않을 것이다. 체계적이고 역사적인 저작들과 마르크스 생전에 쓴 편지들, 그리고 무엇보다 마르크스 사후에 쓴 편지들에서 볼 수 있는 엥겔스의 명민한 노력들, 능수능란하게 잘 이해하고 또 동시에 집요하며 왕왕 영웅적이기까지 한 그의 노력들을 부인할 사람은 없을 것이다. 그러나 미래에야 비로소 궁극적으로 해명될 수 있을 문제가 있다. 엥겔스가 방법론과 관련하여 궁극적으로 결정적인 문제들에서 마르크스가 이루었던 세계상의 존재론적 변혁을 얼마만큼이나 철저하게 전유했는지, 그가 헤겔을 "유물론적으로 바로 세우기"에 얼마만큼이나 만족했는지 하는 문제가 그것이다. 엥겔스의 이론적 저작들을 상세히 다루는 것은 우리가 진행하는 사유과정이 설정한 목표를 넘어서는 게 되겠지만, 우리는 그 저작들 속에서 — 일반적으로 말하자면 — 두 가지 경향을 발견할 수 있다. 한쪽에는 마르크스 존재론의 노선 위에서 움직이는 이론적이고 역사적인 설명이 있는가 하면, 또 다른 한쪽에는 헤겔 변증법의 현재적 타당성을 받아들이는 데 있어 마르크스가 대략 이론적으로 허용된 것이라 여겼던 것보다 훨씬 더 나아가는 설명이 왕왕 있다. 물론 그렇다고 해서 엥겔스의 상론(詳論) 중 후자의 부분이 지닌 높은 수준과 상대적인 역사적 정당성마저도 전적으로 부인해서는 안 될 것이다. 〔112〕 마르크스주의자들이 자신들의 세계상의 구성에 신칸트주의, 실증주의 따위가 침입하는 것을 막아야만 했으며 겨우 부분적으로만 그것을 막았던 시대에, 그렇게 "바로 세워"졌을 뿐이지 — 마르크스에서처럼 — 근본적으로 비판되지는 않은 헤겔조차도 그러한 경향들에 맞선 이데올로기적 원병(援兵)으로서, 관념론과 기계화를 막아내는 일의 동맹자로서 여러 측면에서 긍정적으로 참작되었다. 제1차 제국주의 전쟁에서 사회민주주의의 투항을 가져왔던 노동운동에서 이루어진 이론적 발전은, 마르크스주의 내부에서 지금까지 있어왔던 대립을 이중적 방식으로 첨예화시킨다. 즉, 한편에서는 마르크스주의를 이론적으로 철저히 부르주아화하는 일이 일시적 정점에 도달하며, 또 다른 한편에서는 레닌이 이끈 볼셰비즘이 특히 실천적으로, 그러나 또한 많은 중요한 이론적 측면에서도, 마르크스주의의 근본적·전반적으로 역사적인 기본경향들을 회복한다. 무엇보다도 인간 유의 진정한 인간화로의 경향을 구체화하고 현재화하는 것으로서 말이다. 그렇기 때문에 1920년대는 이러한 노력들을 이론적으로 속행하기 위한 단초들도 보여준다(그람시[31] 등등). 하지만 스탈린에 의해 자행된 마르크스주의의 전술주의적·관료주의적인 왜곡이 전권을 휘두르면서 그러한 시도들과 그 효과는 조기에 끝나고 말았다.

이 보론[32]은, 마르크스주의자들에게 주어진 오늘날의 과제는 마

---

31) 옮긴이: 안토니오 그람시(Antonio Gramsci, 1891~1937)는 이탈리아 공산당의 창설자다. 《역사와 계급의식》의 루카치, 《마르크스주의와 철학》을 쓴 코르쉬(Karl Korsch)와 함께 "서구 마르크스주의"의 기초를 놓은 사상가이기도 하다.

32) 옮긴이: 이 책이 《사회적 존재의 존재론을 위하여》를 보충하는 성격을 띠기 때문에 "보론"(補論)이라 하는 것이다.

르크스의 진정한 방법, 진정한 존재론을 소생시키고 무엇보다도 그 것들을 사용하여 마르크스 사후의 사회적 발전에 대한 (오늘날에도 아직 완전히 결여되어 있는 것과 진배없는) 역사적으로 정확한 분석을 가능하게 만들 뿐만 아니라 마르크스적 의미에서 전체 존재를 근본적으로 역사적인(불가역적인) 과정으로 파악하고 서술하는 일일 수밖에 없다는 것을 보여주기 위해 작성되어야만 했다. 그렇게 하는 것이 인간의 인간화 과정, 인류의 생성을 일체의 초월성 없이, 일체의 유토피아 없이 사상적으로 제시하는, 이론적으로 갈 수 있는 유일한 길이다. 이렇게 할 때에만 그 이론은 부단히 현세적·내재적인 저 실천적 파토스, 마르크스의 이론은 가졌었지만 이후 — 부분적으로 레닌의 간주곡을 별도로 한다면 — 이론적으로나 실천적으로나 대폭 소실되어 버린 그 파토스를 다시 가질 수 있다. 지금까지 우리가 한 고찰은 이를 목표로 한 것이었다. 그런데 "사물적" 존재관은 복합체들의 존재의 존재론적 우선성으로, 또 역동적 과정들에 대한 단순한 인과적 설명은 그 과정들의 경향적 불가역성에 대한 인식으로 교체되기 시작했다는 사실을 인식하고 인정할 때에야 비로소 우리는 존재의, 특히 당연하게도 사회적 존재의 범주문제들을 진정 마르크스주의적인 방식으로 인식하고 서술할 수 있게 될 것이다. 이는 자연히 첫째, 오늘날 영향력이 큰 모든 부르주아 이데올로기에 대한 철저한 비판을 전제로 하는데, 〔113〕 자본주의에서 이러한 부르주아 이데올로기는 세계에 대한 우리 인식의 이른바 "탈(脫)이데올로기화"의 신실증주의적 경향들과 더불어 그 정점에 도달했다. 그것은 경제·사회적으로 조작된 질서인 현체제를 인간적 가능성의 "최종적인" 완성으로 제시하고, 그리하여 "역사의 종언"이라는 구상에 이르게 된다(이 구상은 오늘날 사실상 이미 해체되기 시작한 단계에 있다). 둘째, 모든 그러한 노력은 마르크스주의에 대한 해석에 있어 스탈린 시기가 이룬 "혁신과 성취"에 대한 원칙적인 비판을 전제로 한다. 이는 사회적 실천에서 스탈린에 의해 도입된 전술의 우선성으로 인해 마르크스주의의 근본원리들이 절멸되고 일시적 순간의 고려사항들로 대체되었다는 사실을 분명하게 인식하지 않고서는 불가능한 일이다. 따라서 마르크스의 방법이 다시 그 본래의 위치와 기능을 획득하기를 바란다면, 마르크스를 완전히 왜곡시킨 이러한 — 여기서는 물론 간결하게 기술되었을 뿐인 — 과정에 비판적으로 맞서 싸워야만 하며, 그러한 왜곡과정이 가능한 한 통용되지 않도록 만들어야만 한다.

마르크스주의에서 헤겔의 유산 문제: "부정의 부정" 원리를 중심으로

여기에서는 몇 가지 핵심적 문제들만, 특히 마르크스의 방법에서 범주문제들의 특징과 주요하게 — 직접적으로인지 매개적으로인지, 또 얼마만큼이나 그러한지와는 무관하게 — 연관된 문제들만 논의한다. 여기서처럼 중요한 원리문제들을 논하려면 무엇보다도 마르크스주의에서의 헤겔의 유산에 대한 탐구는 불가피해 보인다. 철저하게 사유되지 않고 비판적으로 정화되지 않은 헤겔적 방법의 요소들이 중요한 지점들에서 마르크스주의의 세계상을 본래의 마르크스적 구상에서 벗어나게 했기 때문이다. 여기서 나는 무엇보다도 그 유명한 부정의 부정(*Negation der Negation*)을 지적하고자 한다. 마르크스 자신의 저작에서는 부정의 부정이 전혀 등장하지 않는다고 말해도 무방하다. 헤겔적 방법의 이 계기를 원용(援用)하고 있는 비교적 중요한 유일한 대목은 《자본》에서, 즉 "본원적 축적"에 대한 분석을 마무리 지으면서 하고 있는 말에서 발견된다. 거기서 마르크스는 자본주의의 경제적 발전이 어떻게 "개인적인, 자기 노동에 기초한 사유재산"의 수탈을 낳았는지, 어떻게 해서 "수탈자에 대한 수탈"의 전망이 결코 사적 소유 일반의 복구를 약속하지는 않지만 "자본주의 시대의 획득물을 기초로 한 개인적 소유"를 약속하는지에 대한 정확하고도 순수 경제학적인 설명을 제공한다. 여기서 마르크스는 이 두 번째 과정을 "부정의 부정"이라고 부르고 있다. 이러한 헤겔적 범주의 인용은 그러나 마르크스의 본질적인 경제학적 논증과는 실질적으로 아무런 관계도 없다.[33] 그것은 문체상의 장식 같은 것이라고 말할 수 있을 것이다. 〔114〕 이 점에서 극히 그럴듯하게 여겨지는 것은 《자본》 제2판 서문에 나오는 마르크스의 발언이다. 마르크스는 자신의 변증법적 방법은 헤겔의 그것과는 "정반대"라고 단언하면서 "가치론에 관한 장에서는 고의적으로 여러 곳에서 그〔헤겔〕의 고유한 표현방식들"을 "따라 사용하기도 했다"[34]고 한다. 이 문제에 대해 엥겔스가 취하는 입장은 본질적으로 다르다. 위에서 인용한 마르크스의 구절을 뒤링[35]의 공격에 맞서 옹호할 때 엥겔스는 — 우리와

---

33) Marx: *Kapital I*, pp. 728~729. 〔《자본 I-2》, 1022쪽〕

34) *Ibid.*, pp. XVII~XVIII. 〔《자본 I-1》, 60~61쪽〕〔옮긴이: "따라 사용하기도 했다"고 옮긴 단어는 "kokettieren"의 과거형인 "kokettierte"이다. 직역하면, "… 고유한 표현방식들"에게 "아양을 떨었다"가 된다.〕

마찬가지로—무엇보다도 마르크스가 그의 테제를 구체적으로, 경제적·역사적으로 증명했다는 점을 명백히 한다. 뒤링이 공격했던, 위에서 인용된 헤겔 관련 발언은 과학적으로 근거를 대는 작업이 끝난 후에야 나오는 말이다.[36] 물론 엥겔스는 여기에 멈춰 서지 않는다. 왜냐하면 그 자신이 부정의 부정을 "도처에서 매일 이루어지는 아주 단순한 절차"로 여기며, 이어지는 부분에서 이러한 생각을 자연, 사회, 이데올로기 따위에서 뽑은 아주 다양한 예를 통해 구체적으로 설명하고 있기 때문이다. 그리고 자연변증법을 위한 그의 예비연구를 보면 한 장(章) 전체가 변증법적 방법의 일반적 성격을 서술하는 데 할애되어 있다. 여기서도 그는 부정의 부정을 세 가지 주요 원리 가운데 하나로 다루고 있다.[37] 그리하여 이제 우리는 당연하게도 〔"부정의 부정"이라는 원리가〕 얼마나 정당한지를 묻게 된다.

마르크스가 구상한 존재의 변증법과 관련하여 이 물음이 제기되면, 우리의 대답은 "전혀 정당하지 않다"가 된다. 이에 반해 이 물음이 방향을 돌려 헤겔 체계의 구성, 헤겔의 변증법적 방법의 구성에서 그것은 어떠한 역할을 하는가라는 식으로 제기되면, 우리의 대답은, "아주 중요한 역할을 한다"가 된다. 알다시피, 현상들의 복합체성, 그리고 그 본질, 그 연관관계의 과정성을 최초로 예감하고 모든 철학

---

35) 옮긴이: 칼 오이겐 뒤링(Karl Eugen Düring, 1833~1921)은 독일의 철학자이자 경제학자다. 유물론적 실증주의의 입장에서 사회민주주의 사상을 전개하여 마르크스주의에 맞섰다. 그가 발표한 《국민경제학과 사회경제학 강의》는 엥겔스의 《반-뒤링》에서 통렬한 비판의 대상이 된다.

36) *MEGA*, *Anti-Düring*, pp. 133~138.

37) *Ibid.*, p. 500 이하.

의 방법론적 구성의 중심에 놓았던 사람이 바로 헤겔이었다. 그러나 그는 논리학의 범주들을, 단순한 비대상적, 무(無) 술어적 존재에서부터 출발하여 전체 세계의 완성된 체계에까지 이르는 자기운동 속에 있는 존재론적이자 동시에 논리학적인 범주들로서 이해되도록 만들려고 하는, 해결 불가능한 영웅적 시도를 행함으로써 그렇게 했다(우리는 그의 철학하기의 이러한 측면을, 특히 마르크스가 활동을 맨 처음 시작했을 때 이미 거기에 가했던 저 예리한 비판과 관련하여 지적한 바 있다). 해결 불가능성은 바로 처음부터 나타난다. 헤겔의 출발점인 존재는 한편으로는 이같이 가장 일반적인 형식이어야 하지만, 다른 한편으로는 그 구체적인 규정들 전체를 변증법에서, 이러한 "비소여성"(非所與性, *Ungegebenheit*) 에서 발전시켜 내는 기능을 가진다고 한다. 〔115〕 따라서 존재가 그처럼 아무 전제 없는 논리적・존재론적인 출발점의 기능을 수행할 수 있기 위해서는 순전한 사유물(思惟物) 을 넘어서는 것이자 동시에 아직 무규정적인 것(무규정적인 사유물) 이어야만 한다. 그러나 여기서 — 헤겔의 추론 작업이 시작되기도 전에 — 다음과 같은 의문이 생겨날 수밖에 없다. 만약 존재가 어디까지나 현실적 존재이어야 한다면, 그러면서 객관적 규정성 없이 파악된다면, 그것이 존재 일반으로서도 여전히 존재해 있을 수 있을까 하는 의문 말이다. 마르크스는 이 의문에 대해 이미 아주 일찍이 근본적으로 부정적인 맥락에서 답한다. 물론 그는 존재 그 자체가 아니라 대상성에 대해서 이야기한다(그가 우연히 또는 분별없이 그랬던 것은 결코 아니다). 다시 말해서 그가 출발점으로 여기는 존재는 이미 그 존재의 전체 규정들을 함유한다는 점에 대해서 이야기한다. 이 규정들은 존재의 추상적 개념에서 서서히 "발전"되어 나오는 것이 아니라 직접적으로 존재 자체의 존재에 속한다. 그렇기 때문에 마르크스는 "비대상적인 존재는 비존재"[38] 라고, 다시 말해 무규정적 존재는 결코 존재가 아니라고 총괄적으로 말할 수 있는 것이다. 물론 이것이 논리적 조작 속에서 사고가 존재의 규정들을 추상하고 어떤 무규정적 존재의 개념을 정립할 수 있다는 것을 배제하는 것은 아니다. 그렇기 때문에 상황에 따라서는 합리적인 사고조작이 생겨날 수 있으며, 그것에 매개된 결과들이 심지어 존재 자체를 밝히는 데도 기여할 수 있다. 단, 한 가지는 불가능하다. 위에서 언급한 추상 과정을 사유 속에서 역전시킴으로써 논리적으로 텅 빈 존재 개념에서 어떤 현실적 존재를 전개시켜 내는 것이 그것이다.

그런데 바로 이것이 헤겔 《논리학》 제1부의 프로그램이다. 바로 이를 위해 부정이 그에게 도구로 쓰인다. 부정은 그 현실적 의미에 따라서 보자면 순전히 사유 속에서 이루어지는 논리적 작업이다. 우리는 2 × 2 = 5라는 잘못된 주장을 사유 속에서 부정할 수 있고 또 그래야만 한다. 존재하지 않는 어떤 것(경우에 따라서는, 존재할 수 없는 어떤 것)에 존재가 인정될 때에도(머리가 일곱인 용이 있다) 우리는 마찬가지로 그렇게 부정할 수 있고 또 그래야만 한다. 그런데 이때 우리는 전적으로 사고의 영역 내부에 머물러 있다. 헤겔을 위시한 다른 수많은 사람들에 의해 자주 인용된 스피노자의 확언, 즉 모든 규정은 부정이다(*Omnis determinatio est negatio*)라는 확언 또한 사실 그 본래의 의도에 따라서 보자면 논리학적이자 동시에 존재론적인 것이다. 스피노자는 다음과 같이 말한다. "형태(*Gestalt*)는 부정이지 긍정하

---

38) *MEGA I/3*, p. 161.

는 것이 아니라는 사실과 관련하여 밝혀지는 것은, 소재 전체는 그 자체로 보면 형태를 가질 수 없으며 형태는 단지 유한하고 한정된 물체들에서만 자리를 잡는다는 것이다. 〔116〕 그도 그럴 것이 누가 어떤 형태를 머릿속에 떠올린다는 것은, 그럼으로써 어떤 규정된 대상과 그것이 규정되어 있는 방식을 머릿속에 떠올린다는 것을 뜻할 뿐이기 때문이다. 따라서 이러한 규정은 대상의 존재에 속하는 것이 아니라 오히려 그것의 비(非)-존재(*Nicht-Sein*)이다. 그러므로 형태란 하나의 한정일 따름이고 한정은 하나의 부정일 따름이기 때문에, 앞서 말했다시피 형태는 단지 하나의 부정일 수밖에 없다."[39] 우리는 헤겔이 그랬던 것보다 한층 더 단호하게 스피노자에 의해서 사고가 실체의 속성으로 화(化)하는 것을 보게 된다. 그렇지만 스피노자는 존재하는 실체(우주로서의 존재) 그 자체를 일체의 구체성, 일체의 과정 너머의 것으로 파악하기 때문에 그에게서는 — 일반적으로 더 확장된 — 헤겔 철학의 저 모순들이 나타나지 않는다. 스피노자의 우주가 모든 구체적 존재자의 실재적 총체성을 이루고 있다면, 이 총체성 자체는 개별 존재자의 구체적인 존재규정(형태)을 여전히 지니고 있을까 하는 의문이 생겨날 수 있다. 이러한 존재론적 전제조건하에서는 형태(개별성의 존재형식)는 여하튼 부정으로서 파악될 수 있다. 사실 총체성의 논리화에는 일체의 형태가 부인되어야만 하지만(비록 우리가 그것을 결코 구체적으로 인식할 수 없을지라도 말이다), 모든 유한자의 형태를 규정하는 계기로서의 부정은 각 개별존재가 다른 존재자들의 타재(他在, *Anderssein*)와 맺고 있는 관계를 사고 내

---

39) *Spinoza Werk II*, Leipzig, 1907, p. 176.

에서 전혀 문제적으로 될 필요가 없는 형식으로 표현한다. 스피노자는 또 그의 테제를 규정의 논리적 작업과 관련하여 정식화하는데, 그러나 이로부터 — 그의 체계의 본질에 걸맞게 — 논리학적이거나 존재론적인 더 광범위한 결론들을 끌어내지는 않는다. 많은 영향을 미쳤던 그 유명한 규정[40]이 체계적 설명을 통해서가 아니라 그 뜻을 밝히는 편지에서 사상적 표현을 얻고 있는 것도 아마 우연은 아닐 것이다. 그런데 스피노자에게는 이러한 연관관계가 당연히 명증한 것으로 보였다. 따라서 그 명제의 효과는 사유상의 대상 규정에 대한 올바른 변증법적 파악으로서 논리학의 테두리 내에 머물러 있었다. 그래서 마르크스는 예컨대 생산적 소비를 본래적인 생산 및 소비와 개념상 구분할 때, 생산과 소비의 완전히 일반화된 개념 내에서 양자가 서로 다름을 제시함으로써 그 명제를 활용한다.[41]

헤겔의 논리학에서는 전혀 다른 문제가 중요하다. 헤겔의 논리학에서는 특정한 존재자들의 특징이 (토대로서의 실체를 동원해서라도) 규정되어야 하는 것이 아니라, 〔117〕 무규정적인(따라서 존재해 있는 것이 아니라 단지 사유 속에서 추상적으로 획득된) 존재로부터 존재의 모든 존재규정이 존재의 자기운동의 실재적 과정 속에서 존재에 부합되게, 과정적으로 발전되어 나와야 한다. 헤겔의 획기적인 세계관, 곧 사물적인 것을 과정성으로 바꾸려는 시도는 이로써 해결할 수 없는 과제에 직면하게 된다. 사물들 속에서 그 과정성을 인식하

---

40) 옮긴이: "모든 규정은 부정이다"를 두고 하는 말이다. 이 문장은 스피노자가 옐레스(Jarig Jelles)에게 보낸 1674년 6월 24일자 편지에 들어 있다.

41) *Rohentwurf*, p. 12. 〔《정치경제학 비판 요강 I》, 59쪽〕

고 설명하는 문제가 원래 해결 불가능한 문제인 것처럼 보이지는 않는다. 마르크스는 정말이지 바로 그 문제의 해결가능성을, 나아가 유일하게 올바른 해결책을 보여주었다. 사고의 산물로서만 가능한 무규정적 존재로부터 현실적 존재의 규정들이자 범주들인 그런 규정들을 내재적으로 발전시켜 내는 일만이 해결 불가능할 뿐이다. 헤겔은 — 논리학적이자 존재론적으로 — 설득력 있는 길을 찾던 중에 부정의 부정이라는 구상과 마주치게 되었다. 그에게 중요했던 것은 존재 자체 속에서 존재규정으로서의 부정의 계기를 발견하는 것이었다. 이와 달리 우리는 부정이란 사고규정으로서 유의미한 한에서 하나의 사고규정일 수 있을 뿐이지 다른 것일 수 없다는 것을 보여주려고 했다.

순수하게 실천적으로 결정된 맥락에서 보자면 물론 사회적 존재 자체는, 특히 일상생활은 훨씬 더 폭넓은, 하지만 실질적으로는 전혀 비본래적인 의미의 부정이 사용되고 있는 사실, 과정, 연관관계 등등으로 가득 차 있다. 실천의 모든 순간에는 선택적 결정이 선행하는데, 이 선택적 결정에서 실천의 준비는 다음과 같은 식으로 이루어진다. 즉, 행위하는 인간은 그가 처해 있는 그때그때의 상황으로부터 그의 미래의 행위를 규정하는 "물음"을 추출·분석해야 하고, 이 물음에 대해 이제 자기 쪽에서 "대답"을 제공하려 시도한다. 일상생활의 성질 및 이를 의식하게 만드는 언어 때문에 이 "대답"은 대개 물음에 대한 긍정 내지 부정으로서 표현된다. 무한한 것처럼 보이는, 극히 이질적인 성질을 띤 결정들에 있어 이러한 파악과 표현의 방식은 많은 경우 "예"와 "아니오"의 이원성으로 결정화(結晶化)되는 듯이 보인다. 그리고 이로 인해 그 이원성이 결정과 부정,

"긍정성"과 "부정성"의 논리적 이원성을 존재론적으로 확장하는 데 토대가 될 수 있는 것처럼 보이는 외관이 생겨난다.

그러나 이는 순전한 가상이다. 논리적인 규정과 부정은 인간 실천을 통한 현실의 변화와 직접적으로는 아무런 관계도 없다. 비록 그러한 규정과 부정이 — 그것도 바로 그렇기 때문에 — 실천의 결정적인 필수적 전제조건들에 속하긴 하지만 말이다. 어떤 돌이 연마된 상태로 혹은 본래 있는 그대로의 상태로 특정한 일에 사용되어야 한다면, 이 일은 돌 그 자체에 있는 진정한 성질에 대한 어떤 지식을 필요로 한다. 이미 최초의 노동만 하더라도 돌은 딱딱하다, 돌은 무르지 않다, 돌은 유연하지 않다 등등과 같은 인식(규정과 부정) 없이는 불가능할 것이다. 〔118〕 동일한 것이 노동과정 자체에도 해당한다. 여기에서도 마찬가지로, 어떤 수단, 어떤 방식 등등으로 돌이 연마될 수 있는지에 대한 인식이 없어서는 안 된다. 따라서 순전히 인식상의 준비와 실천적인 실행의 관계라는 입장에서만 보자면, 노동의 시대가 시작되었을 때 막 생성되고 있던 인간들이 했던 — 분명 지극히 원시적인 — 숙고와 현대적인 대공장의 더없이 세련된 "팀워크" 사이에는, 비록 그 양자 사이의 구체적인 대립들이 그 밖의 점에서는 아무리 화해하기 어렵다 하더라도, 존재론적으로나 논리적으로나 원칙적인 차이가 없다. 그렇기 때문에 우리는 이미 일찍이 그와 같은 — 실천을 위해 필수불가결한 것이지만 그 본질상 실천과는 구분되는 — 논리적 부정의 주요유형들을 추상적으로 일반화된 유형들로 표현할 수 있었다.

하지만 일반적 실천의 "긍정"과 "부정"은 그 성질이 다르다. 그것들은 항상 존재 — 그것이 자연이든 사회든 혹은 양자의 상호관계든

— 의 구체적인 성질과 대질된다. 각 발전단계에 따라 다소간 적합한 존재인식에 의거하기 때문에, 여기에서 중요한 것은 바로 이 존재의 실상(實相)에 우리가 어떤 태도를 취하는가 하는 문제이다. 구체적인 실천의 그때그때의 대상으로서의 존재에 대한 이러한 실천적 태도는, 우리가 노동을 분석하는 자리에서 상세히 밝혔다시피 평가 행위와 불가분하게 결합되어 있다. 이 평가 행위는 아무런 편견 없이 관찰된 일상생활 곳곳에서 확인할 수 있는 일이고, 또 결정적으로 중요한 모든 형식적·내용적 변화들에도 불구하고 그 토대와의 관계를 완전히 상실하지 않은 채 인간 실천의 최고 형식들로까지 발전한다. 여기에서 우리는 이 문제복합체를 아주 일반적인 방식으로 다룰 수밖에 없다. 앞에서 다루었던 경우들과 결정적으로 다른 점은, 여기에서는 다만 (올바른) 긍정과 (그릇된 것에 대한) 부정 간의 관계를 준비하는 것만이 문제이며 그중에서도 특히 그때그때의 선택적 결정을 집행하는 사람의 눈에 주어진 실상이 다소간 먼 미래에 어떤 성질이어야 하는지에 대한 긍정 혹은 부정이 문제라는 점이다. 즉, 아버지가 자식에게 벌을 주어야 할지 말아야 할지에 대해 결정을 내려야 하는지 여부, 국가에 이런저런 기관들(경우에 따라서는 국가형식 전체)이 보전되어야 할지 변경되어야 할지, 아니면 없어져야 할지에 대해 당이 숙고하는지 여부는 무엇보다도 다음과 같은 점에서, 즉 긍정이나 부정이 존재 일반의 일반적 성질 곧 일반적 의미에서의 존재의 객관성과 관계하는 것이 아니라 그때그때 구체적인 — 실천을 통해 창조되어야 하는 — 실상이 (모든 중간단계들과 함께) 존재해야만 하는지 아닌지와 결정적으로 관계한다는 점에서 현실을 대하는 결정적으로 중요한 태도를 보여준다. 여기에는 물론 전제되

어 있는 것이 있는데, 한편으로는 이 실상이 존재로서 어떤 식으로든 존재한다는 것이며, 〔119〕 다른 한편으로는 인간이 그것과 — 존재하는 그 성격에 항상 주의를 기울이면서 — 관계해야만 한다는 것이다. 그 결과, 존재하는 것이라고 공언된 어떤 것이 실재로 하나의 존재자인지(우리의 예: 머리 일곱인 용이 있는지 없는지)에 대해서 결정이 내려지는 것이 아니라, 실천 속에서 인간이 실상에 대해 취하는 태도에 대해서 결정이 내려진다. 이 실상의 확실한 존재는 그것이 존재해야만 하는지에 대한 모든 정상적인 선택적 결정의 존재적 전제조건을 이룬다. 일반적으로 말하자면 이것은, 실천이 가령 존재해서는 안 되는 것을 없애는 것을 지향하고 있다면, 이러한 정립 속에서는 바로 해당 대상의 존재가 긍정되고 있다는 것을 의미한다. 공화주의자는 왕정의 존재를 부인하는 것이 아니라 그것이 존재해야만 한다는 것을 부인하는 것이다. 왕정의 존재를 인정하지 않는다면 그의 실천적 태도 전체는 아무 의미도 없을 것이다. 부정의 행동만이 사회적 현실성을 지닌다면, 그러한 행동(혹은 그 행동을 관철시키는 수단)이 실재적인지 아닌지도 마찬가지로 결정적인 것이 아니다. 주술과 유토피아는 실제로 존재하지 않는 대상성을 정립하고자 한다. 그렇지만 그 전체적 태도는 — 그때그때의 상황에 상응하는 — 사회적 현실성을 지녀야만 한다. 하지만 이러한 실천적 결정들에서는 존재의 구체적으로 특정한 현상형식들이 문제이기 때문에, 따라서 그때그때의 결정은 그때그때 실천의 구체적 과정의 계기일 수밖에 없기 때문에, "긍정"과 "부정"은 결코 그 본래의 논리적 형식, 한갓 추상적 형식을 띠고 나타나는 것이 아니라, 어떤 구체적·다면적인 과정의 구체적인 계기들로서 나타난다. 따라서 "부정"의 등급은, 경우에 따라서는 말없는 단순한 거부에서부터 냉담한 인내를 거쳐 관련되는 실상을 완전히 없애고자 하는 의욕에까지 걸쳐 있다. 그리고 그와 같은 모든 입장 취함은 결코 논리적으로 정제된 추상 속에서 이루어지는 것이 아니라 전체과정의 계기로서의 그 역할에 상응한다. 그것들을 추상적인 긍정이나 부정으로 환원할 경우, 바로 그것들의 구체적으로 존재하는 성질을 왜곡하고 말 것이다. 그도 그럴 것이, 실제로 논리적인 연관들 속에서 그때그때 행해지는 발언의 현실적 존재를 구현하고 있는 긍정과 부정의 표현들은 이 영역에서 왕왕 감정적일 뿐인 단순한 언어적 표현들이라는 점을 잊어서는 안 된다. 경우에 따라서 이러한 표현들은 관련 결정의 인식기반에서 몇 가지 중요한 요소를 드러낼 수도 있지만, 여기에서 우리가 관심을 갖고 있는 논리적으로 필연적인 명확성이라는 의미에서는 전혀 중요치 않은 것들이다. 내가 "나는 도둑질을 하지 않겠다"고 말하면 그것은 "나는 현행법을 따르겠다"고 하는 것과 같은 말이다. 따라서 부정의 언어(사유) 형식은 선택적 결정의 행동과 아무런 관계도 없다. 논리적으로도 존재상(上)으로도 관계가 없다. 모든 선택적 결정은 그 내실의 본질적인 변화 없이 긍정의 형식으로나 부정의 형식으로 표현될 수 있다. 〔120〕 따라서 일상생활의 직접성에서 "예"와 "아니오"의 감정적 어조가 아무리 특색을 나타내는 것이 되곤 하더라도, 어떤 발언의 실천적 의미는 긍정하거나 부정하는 그 표현방식에 매여 있지 않다. 그럼으로써 긍정과 부정의 대립쌍이 여기에서는 현실적인 대립적 규정에서 많은 경우 단지 감정적일 뿐인 입장표명의 은유로 바뀐다. 이에 따라 논리적인 것에서는 "예"와 "아니오"가 극히 정확하게 규정된 의미의 명확성을 가져야 하는 반면에, 여기에서는 모든 경우에 있어 조망 불가능할 정도로 폭넓은 감정적 뉘앙스의 등급들이 생겨난다. 그 등급은 가령 긍정에서는 참고 있기에서부터 열광하기까지에 걸쳐 있으며, 부정에서는 냉담함과 닿아 있는 경우가 자주 있는 혐오에서부터 파괴욕까지 걸쳐 있다. 그렇지만 이것이 일상생활에 쓰이는 언어 표현의 부정확성을 뜻하는 것은 결코 아니다. 그 반대다. 대다수 경우에 있어 그러한 "은유"의 뉘앙스들이 실천의 그때그때의 선택적 결정이 내려질지 여부를 결정하며, 또 그런 결정이 내려진다면 어떻게 내려질지를 결정한다.

헤겔에게는 현상의 이러한 성격이 결코 완전히 가려 있지는 않았다. 가령 그가 《법철학》(*Rechtsphilosophie*)에서 형벌을 부정의 부정의 현실화로서 서술할 때, 그는 범죄행위의 "실질 없음"(*Nichtigkeit*)에서 출발한다. "실질이 없다는 것은 법으로서의 법을 파기해 버렸음을 뜻한다." 그렇기 때문에 "범죄자의 행동은 … 부정으로서의 형벌이 내려지게 되는 일차적이고 긍정적인 것이 아니라 부정적인 것인 까닭에 형벌은 단지 부정의 부정일 따름이다."[42] 엄격하게 법률적인 의미에서의 부정의 일정한, 물론 본질적으로 약한 형식은 이제 특히 헤겔에서처럼 법과 국가의 절대성과 대질되면 사실상 아무런 실질도 없는 것이다. 그렇지만 사회적 현실에서 범법 행위는 실재적·일반적 형식의 법률위반을 가리키는 것이 결코 아니다. 마르크스는 예컨대 부르주아가 자기 사회 고유의 법률에 대해 취하는 태도를 다음과 같이 특징짓는다. "부르주아가 자기 체제의 제도들과 맺고 있는 관계는 유대인이 율법과 맺고 있는 관계와 같다. 부르주아는 모든 개별적

42) Hegel: *Rechtsphilosophie*, §97. 보론.

경우에서 가능한 한 그 제도들을 우회한다. 하지만 그는 다른 모든 이들은 그것들을 따르기를 원한다."[43] 그렇다면 이것은 현행법의 긍정일까? 부정일까? 비록 그것이 자본주의 속에 사는 사회적 존재 대다수에 부합하는 일임이 확실하지만 말이다. 실질 없음의 확언이 실제에서는 보통 어떻게 되든 상관이 없는, 아무런 주목도 끌지 못하는 것이 되었다. 헤겔에 의해 묘사된 필연적 반응계열들은 전혀 생겨나지 않았다〔심지어 법률 영역에서도 그러한데, 집정관은 사소한 일에는 신경을 쓰지 않는다(*minima non curat praeter*)〕.[44] 〔121〕 따라서 범죄행위에 대한 반응으로서의 형벌이 이런 식으로 실제로 설명될 수 있을지 어떨지는, 부정의 부정이라는 헤겔의 추론에 따라서 보더라도 전적으로 모호하다.

이 점은 사안의 성질에 따라 《논리학》 자체에서 한층 더 현저하게 드러난다. 《논리학》에서 바로 이 부정의 부정은 저 존재론적·논리학적인 비약(秘藥), 즉 본디 결코 존재가 아닌 무규정적 존재(헤겔에서는: 존재/무)로부터 규정에 부합되게 완전히 전개된 진정한 존재(헤겔에서는 현실)가 마법처럼 나타나도록 돕는 그런 비약이 된다. 만약 우리가 존재를 부단히 논리화하는 헤겔의 관념론적 견해를 일단 받아들이게 되면, 이것은 심지어 매력적이기까지 한 체계구상이다. 그러나 사태 그 자체에서 나오는 결론은, 그 구체적인 논증들이 전혀 설득력을 지닐 수 없다는 것이다. 헤겔은 그러한 도출의 도정

---

43) *MEGA I/5*, p. 162.

44) 옮긴이 : 여기서 "praeter"는 로마의 집정관 내지 대법관을 뜻하는 "praetor"의 오식인 듯하다. 독일어로는 "Um Kleinigkeiten kümmert sich der Praetor nicht"로 옮길 수 있는 문장이다.

에 있는 중요한 단계로서 다음과 같이 공언한다. "어떤 무엇(*das Etwas*)은 **부정의 1차적 부정**이다." 그런데 여기에서 "모든 규정은 부정이다"가 문제가 아니라 이를 실제로 과정적으로 넘어서 부정의 부정이 문제라는 것을 보여주기 위해 헤겔은, 아직 심히 추상적이며 내용도 거의 없는 그 어떤 무엇(*Etwas*)의 도출을 시도할 때 이미 그 것에서부터 그러한 〔도출의〕 도정에서 "나중에" "발전되어 나온"(?) 구체적인 현존재 형식들을 증거로서 끌어오지 않을 수 없게 된다. "현존재, 삶, 사고 등등은 본질적으로 **현존하는 것, 살아 있는 것, 사고하는 것**(자아) 등등이 되게 규정되어 있다. 이러한 규정은 일반성들로서의 현존재, 삶, 사고 등등에, 그리고 (신 대신) 신성(神性)에 멈춰 서 있지 않기 위해서 지극히 중요하다."[45] 따라서 추상물로서 아직 존재하지 않는 것에서 규정된〔특정한〕 존재방식들이 변증법적으로 발전되어 나오는 과정을 설명하기 위해, 과정 자체가 그 자신의 "증거"로서 제시되는 것이다. 그 과정이 아직 전혀 도출되지 않았음에도 불구하고 말이다. "부정의 부정은 **그 어떤 무엇**으로서 단지 주체의 시작일 뿐이다. — 자체 내 존재(*das Insichsein*)는 단지 처음에만 전혀 규정되어 있지 않다. 그것은 계속해서 맨 먼저 대자적 존재자(*Fürsichseiendes*)로서 규정되는데, 이는 그것이 비로소 개념 속에서 주체의 구체적인 내포량(內包量, *Intensität*)을 가질 때까지 계속된다. 그러나 이러한 규정들의 근저에는 자기 자신과의 부정적인 통일성이 놓여 있다. 하지만 이때 **1차적인** 것으로서의 부정, 부정 **일반으**로서의 부정은 2차적인 부정, 부정의 부정과 구별되어야 한다. 후자

45) *Hegel Werke, Bd.* 3, Berlin, 1841, p. 114.

가 구체적이고 **절대적인** 부정성이라면, 이에 반해 전자는 단지 **추상적인** 부정성에 불과하다."[46] 여기에서 헤겔 철학의 양면성을 분명하게 볼 수 있다. 〔122〕 그가 대상성의 세계를 하나의 과정으로서, 즉 더 고차적인 형식들이 처음부터 주어져 있는 것이 아니라 (과정의 불가역성에 힘입어) 더 낮은 형식들로부터 필연적으로 발전되어 나오는 그런 과정으로서 파악하려 시도하고 있는 것이야말로 그의 천재성이다. 그러나 본질적으로 그는 이러한 발생의 과정을 추상적인 것에서 구체적인 것이 논리적으로 도출되는 것으로 파악하기 때문에 진행과정 중에 있는 존재의 진정한 발전범주들을 간과할 수밖에 없으며, 그럼으로써 발전을 전도시키고, 또 추상적인 것에서 구체적인 것의 ― 항상 사후(事後) 적으로(*post festum*) 만 생겨나는 ― 논리적 도출을 과정 그 자체로서 파악할 수밖에 없다. 이때 헤겔은 논리적으로만 보더라도 추상적인 것이 구체적인 것에서 발전되어 나올 수 있을 뿐이지 그가 말하는 것처럼 그 역(逆) 이 아니라는 것을 간과한다. 그가 여기에서 ― 스피노자를 "변증법적으로" 만들면서 ― 과정의 원동력으로서의 부정의 부정이라는 생각에 사로잡혀 있는 것은 당연한 일이다. 그러나 이러한 방법이 전체적으로나 세부적으로나 실패할 수밖에 없었던 것 또한 마찬가지로 당연한 일이다.

---

46) *Ibid.*

헤겔 변증법에 대한 엥겔스의 무비판적 해석

한층 더 이해하기 힘든 것은, 대개의 경우 사태를 꿰뚫어 보고 현실을 파고드는 엥겔스가 여기서는 헤겔에 대해 원칙적으로 철저한 비판을 행하지 않고, 부정의 부정의 관념론적 구성을 유물론적으로 "바로 세우는 것"으로, 다시 말해 "부정의 부정은 유기체 세계의 두 영역에서 **실제로 일어난다**는 것"을 입증하는 것으로 만족했다는 점이다. 그 증거로서 보리낱알이 쓰인다. "그러한 보리알이 자기에게 정상적인 조건을 발견하고 유리한 토양에 떨어지면, 온기와 습기의 영향 아래에서 그것에 고유한 변화가 일어난다. 싹이 돋는 것이다. 즉, 알로서의 보리알은 소멸되고 부정되며, 보리알에서 발생한 식물 곧 보리알의 부정에 의해 대체된다."[47] 엥겔스가 여기서 묘사하고 있는 것은 유기적 존재의 영역에서는 정상적인 발전과정이다. 거기에서는 흔히 여러 방식으로 이루어지는 대상들의 형식변화가 그 대상들의 재생산 과정의 계기로서 — 대개의 경우는 점차적으로, 몇몇 경우에는 급속한 형태변화로서 — 생길 수 있다. 그러나 이때 존재 자체에서 일어나는 부정(더욱이 부정의 부정)은 어디서 발견할 수 있는가? 우리가 논리적 부정을 존재의 변천과정에다 전용하는 것을 십분 용인한다 하더라도, 생명의 부정으로서 파악될 수 있는 것이라고는 기껏 해봐야 유기체에서 이루어지는 모든 재생산 과정의 종결로서의 죽음밖에 없다. 왜냐하면 죽음에서 그 전체적 복합

---

47) *Anti-Dühring*, *MEGA*, p. 139.

체는 작동하기를 멈추며, 또 이와 동시에 그 모든 물질적 성분들은 무기적 자연의 소재들로밖에는 되지 않기 때문이다. 정상적 재생산 과정의 그와 같은 형태변화(가령 가을에는 시들어 잎이 떨어지고, 봄에는 다시 성장하는 것)를 그 어떤 것의 부정과 부정의 부정으로 볼 합리적 근거는 전혀 없다. 〔123〕 게다가 이렇게 양분된 도식〔부정과 부정의 부정〕은 재생산 과정에 있는 그러한 경우의 아주 특정한 사례들에서만 입증된다. 포유동물의 탄생은 그 어떤 유사한 것은 물론이고 단지 유사해 보일 뿐인 것조차도 보여주지 않는다. 엥겔스가 이 "일반적 법칙성"을 구체적으로 설명하기 위해 나비를 증거로 끌어올 때조차도 어쩔 수 없이 그는 다음과 같이 덧붙이지 않을 수 없다. "다른 식물들과 동물들에서는 일이 이렇게 단순하게 끝나지 않는다는 것, 그들은 죽기 전에 한 번만이 아니라 여러 차례 씨앗이나 알 혹은 새끼를 낳는다는 것은 아직 여기서는 우리와 상관없는 일이다. 여기서 우리는 다만 부정의 부정이 유기체 세계의 두 영역에서 **실제로 일어난다**는 것을 증명하기만 하면 된다."[48] 그러나 이로써 이른바 부정의 부정의 합법칙적 구조 바로 그것이 파괴되고 반박된다. 재생산 과정에서 일어나는 일반적인 형태변화를 가정할 때 그 수는 아무래도 상관이 없는 것으로 여겨질 수 있다. 그러나 그 속에서 부정의 부정이 현실화되는 것이라면 그렇지가 않다. 그런데 우리가 나비의 재생산의 실재 과정을 관찰하면, 맨 먼저 부정하는 알이 있고 그다음 새로운 나비가 생겨나는 와중에 부정되는 알이 있는 것이 아니라, 다음과 같은 계열, 곧 알-애벌레-번데기-나비가 있다. 따

48) *Ibid.*

라서 부정의 부정이 아니라 부정의 부정의 부정이 문제다. 헤겔의 도식을 자연에 적용하면 그것은 사실들에 의해서 자연 자체에 대한 일종의 희화(戱畵)로 변하게 된다. 게다가 그 과정이 연속성과 불연속성이라는 병렬적 범주쌍(이에 대해서는 나중에 상세하게 논할 것이다)에 입각해 쉽게 이해될 수 있느니만큼 그러한 가정은 더욱더 불필요하다.

다른 예들을 보더라도 사정은 더 나을 게 없다. 수학 방법론의 전문가가 아니더라도 우리는 -a가 +a의 부정이라는 것을 반박할 수 있다. 좌표계처럼 부정성을 아주 빈번히, 또 방법론상 아주 중요하고 생산적으로 사용하는 경우를 생각해 보라. 좌표계에서 플러스(+)는 마이너스(-)가 부정이 아니듯이 긍정이 아니다. 우리는 절차나 결과의 본질을 조금도 바꾸지 않은 채 플러스 기호와 마이너스 기호를 간단히 뒤바꿀 수 있을 것이다. 그 기호들은 자체 내에 "긍정적"이거나 "부정적"인 내용을 거의 갖고 있지 않은데, 그렇다고 해서 관계를 표시하는 것으로서의 그 유용성에 변화가 생기는 것은 물론 아니다. 더욱이 엥겔스에게 부정의 부정의 실행은 -a와 -a를 곱하는 것이고, 그 결과 $+a^2$이 생기게 된다. 그럼으로써 이른바 부정의 부정이 생기는 것이다. 이 예는 수학적으로는 완전히 옳다. 〔124〕 그러나 그 어떤 존재 문제, 즉 왜 더하기가 아니라 다름 아닌 곱하기에서 -a는 +a의 부정이라는 사실의 "부정"이 표현되어야만 했는지에 대해서는 전혀 시사하는 바가 없다. 덧붙이자면 곱하기는 물론 순전히 형식적으로 이용할 수 있는 것처럼 보이는 유비(類比)를 보여주는데, 곱하기가 특권적 위치를 얻게 되는 것은 전적으로 이 때문이다.

이러한 도식을 존재의 모든 영역과 과정에 적용하는 데에서 생기는 문제들을 엥겔스가 알아차리지 못했던 것은 아니다. 그는 이 문제복합체를 마무리하는 발언에서 거의 자기반어(自己反語) 적으로, 자신은 예로서 끌어오는 그때그때의 "특수한 발전과정"에 대해서는 아무것도 말하지 않는다고 한다. "내가 이 모든 과정에 관해 그것들은 부정의 부정이라고 말한다면, 나는 그것들을 모조리 다 이러한 하나의 운동법칙하에 총괄하는 것이며, 바로 그렇기 때문에 모든 개별적인 특수과정의 특수성들을 아무렇게나 내버려 두고 있는 것이다."[49] 비판적으로 올바른 이러한 한정은 그러나 바로 전체 구성의 방법론적 약점을 시사한다. 추상화가 실재 과정들의 일반화로부터 획득되었다면, 어떤 일반적 설명에서 특수자가 고찰되지 않을 수도 있지만 그렇다고 그 특수자를 상기시키는 것이 결코 그로테스크한 부조리를 낳는 것은 아니기 때문이다. 가령 "지금까지의 모든 사회의 역사는 계급투쟁의 역사"라는, 《공산당 선언》에 나오는 일반적 확언은 일반화의 진정한 의미에서의, 실재 과정에서 획득된 하나의 추상화이다. 물론 《공산당 선언》의 저자들은 처음부터 그 타당성을 과정의 특정 단계에 한정지었으며, 그럼으로써 미래(공산주의)는 이러한 일반화가 더 이상 유효하지 않은 상태를 가져올 수 있을 것이라고 암시한다. 그리고 1890년에 엥겔스 스스로 이러한 일반화 또한 인류의 현실 역사 속에서 실질적으로 시작된다고 지적함으로써 이러한 추상화의 타당성 범위를 한층 더 정확하게 존재에 부합하도록 한정지었다. 따라서 이러한 일반화에서 출발해서 스파르타쿠스 봉기, 토마스 뮌처[50]의 봉기, 자본의 본원적 축적, 기계파괴 운동, 파

49) *Ibid.*, p. 144.

리코뮌 등은 계급투쟁이었다고 말해질 때, 우리가 그것들의 특수한 면모들을 항상 구체적으로 다룰 필요는 없는 것이 사실이다. 그렇지만 그 특수한 면모들이 그 어떤 이유에서 거론될 경우, 그것들이 일반화의 부조리한 측면을 폭로하지는 않을 것이다. 그런데 엥겔스는 위에서 인용한 발언에서 바로 이 점을 두려워하고 있다. 보리의 발전이 적분계산과 꼭 마찬가지로 부정의 부정의 과정이라고 말한다면 그것은 일반화의 부조리한 측면들을 보여줄 따름이다. 〔125〕 실제로 존재 자체에서 획득된 일반화는 경우가 다르다. 계급투쟁은, 마르크스가 곧잘 말하듯이, 그와 같은 "합리적" 추상이다. 지금 내가 스파르타쿠스 봉기와 본원적 축적을 계급투쟁이라는 일반적 개념하에 총괄한다면, 아주 많은 구체적 특수성을 도외시할 수밖에 없는 것이 사실이다. 하지만 이 두 과정〔스파르타쿠스 봉기와 본원적 축적〕은 이러한 일반화를 정당화하는 바로 그런 특수한 존재규정들을 가지고 있다. 내가 보리알과 적분계산을 가지고 같은 짓을 한다면, 엥겔스에 따르더라도 명백한 부조리성이 드러난다. 부정의 부정의 경우에는 합법칙성의 한층 더 고차적이고 한층 더 일반적인 형식이 문제라고 말해서는 안 된다. 이 또한 맞지 않는 말이다. 부조리성의 영역과 아무 관계도 없이 나는, 지질학은 프랑스 역사가 역사적 과정의 불가역성을 보여주는 것과 마찬가지로 그렇게 명확하게 자연적 과정의 불가역성을 보여준다고 주장할 수 있기 때문이다. 여기서도 두 현상군(群)의 구체적인 특수한 계기들은 서로 아무 관계도 없

---

50) 옮긴이: 토마스 뮌처(Tomas Münzer, 1490?~1525)는 종교개혁 시대 독일의 급진적인 사회개혁 운동 지도자다.

다. 그렇지만 여기서나 저기서나 과정 자체의 불가역성은 그때그때의 특수성들의 실재적 기반을 이룬다. 하지만 엥겔스 스스로 정확히 감지하고 있듯이, 부정의 부정의 "법칙"을 보리알과 적분계산에 적용할 때 부조리성의 영역에 빠지지 않기란 불가능한 일이다. 왜냐하면 바로 이 "일반적 법칙"은 존재 자체의 발전에서 획득된 것이 아니라 "바깥에서부터", 전혀 다른 영역들에서부터 모든 임의의 존재에 자의적으로 적용되었기 때문이다.

논리학적, 인식론적, 방법론적 등등의 사유구성물들에 대한 존재론적 비판이 얼마나 결정적으로 중요한지가 여기에서 드러난다. 헤겔은 존재 문제들을 전반적으로 논리학화했다. 그 때문에 그는 체계구성을 확립하고 완성하느라 그러한 존재론적 비판을 소홀히 했다. 그리고 헤겔에 대한 비판에서 엥겔스는 마르크스가 활동을 맨 처음 시작했을 때 이미 그랬던 것처럼 실로 철저하게 뿌리까지 파고들지는 않았는데, 그랬기 때문에 그는 존재연관들의 논리학화에 대해 필요한 비판을 소홀히 했을 뿐만 아니라, 심지어 헤겔의 구성을 자연, 사회, 철학 등에서 나온 예들을 통해 그럴듯하게 만들려는, 허사(虛事)가 될 수밖에 없는 시도를 감행하기까지 했다. 마르크스적 노동운동이 부르주아 진영의 편협하고 영혼 없는 경험주의 및 절충주의와 마주하고 있었던 시대에 모든 발전연관들에 관한 하나의 철학적 총괄로서 부정의 부정에 관한 교리가 수많은 사람에게 사회주의적 문제해결의 불가피성에 대한 세계사적인 총괄로서, 나아가 보편철학적인 총괄로서 매력을 행사할 수 있었던 것은 역사적으로 보자면 이해할 수 있는 일이다. 엥겔스가 범한 오류의 구체적 원천을 한층 더 세밀하게 다루는 것은 오늘날 우리에게는 더 이상 필요치 않은 것처럼 보인다. 〔126〕 혁명적 노동운동과 현실적 혁명의 역사적인 대립이 적과 친구에게 모든 그와 같은 매력을 지워 없애 버렸다는 것은 정말이지 주목할 만한 일이다. 예컨대 제1차 제국주의 전쟁의 발발이 레닌에게 스위스 망명지에서 헤겔의 《논리학》을 연구할 기회를 제공했을 때, 그가 변증법의 본질적 계기들에 대한 개략적인 구상을 기록해 두었던 것은 특징적인 일이다. 엥겔스의 위대한 저작들의 핵심 대목들과는 달리 레닌의 구상 속에는 부정의 부정이 변증법의 세 가지 주요규정 가운데 하나로서가 아니라 "낡은 것으로의 외관상의 복귀(부정의 부정)"51) 라는 내용을 지닌 14번 항목으로 처음 나타난다. 명백히 레닌은 우리가 인용했던 마르크스의 구절만 전거로 삼을 뿐, 그도 이미 잘 알고 있는 《반(反)-뒤링》(*Anti-Dühring*)의 설명에 대해서는 끝까지 침묵을 지킨다. 그럼으로써 이 "요소"〔부정의 부정〕의 의의는 마르크스에 의해 설명된 발전의 구체적인 특징에 국한된다. 철학적 일반화를 수용하는 이야기는 일절 없다. 이는, 이후에 이루어진 마르크스주의의 발전이 확인해 주듯이, 헤겔 변증법에 대한 그러한("부정의 부정" 문제에서 엥겔스가 보여준 것과 같은) 무비판적 해석이 현재적 영향력을 광범위하게 상실했다는 사실을 보여주는 것이기도 하다. 우리가 그것〔헤겔 변증법에 대한 무비판적 해석〕을 비교적 상세하게 다루었던 이유는, 본질적으로 존재론적인 마르크스적 변증법의 범주들을 구체적으로 설명하려면 헤겔의 변증법 및 그것이

---

51) Lenin: *Aus dem philosophischen Nachlaß*, Wien / Berlin, 1932, p. 145. 〔옮긴이 : 여기에서 레닌은 변증법의 주요규정 16가지를 말하고 있는데, 이에 관해서는 《철학노트: 헤겔철학비판》, W. I. 레닌, 홍영두 옮김, 논장 1989, 177쪽 이하 참조.〕

마르크스주의에 끼친 영향에 대한 비판, 다시 말해 근본문제들로 거슬러 올라가 이야기하는 비판이 순수 이론적 차원에서 필요했기 때문이다. 지금까지 다루었던 문제들에 대한 대략적인 해명을 통해 비로소 마르크스적 존재론의 범주문제들에서의 새로운 점을 약간 더 정확하게 포착할 수 있는 기반이 마련된다. 이때 출발점으로 삼아야 하는 것은, 지금까지 이미 자주 거론되었던 그의 근본적인 존재론적 확언들이다. 그중에서도, 존재는 모든 면에서 객관적으로 규정된 것일 때에만 존재로서 여겨질 수 있다는 확언을 출발점으로 삼아야 한다. 무규정적 존재란 한낱 사고의 산물이다. 즉, 그 총체성이 존재를 비로소 존재로 만드는 그런 모든 규정들을 추상〔사상(捨象)〕한 것이다. 어떤 특정 존재자를 사유 속에서 처리하거나 특히 실천적으로 처리할 때 존재의 특정한 규정들을 도외시하는 것은 상황에 따라서는 구체적인 경우에 유용할 수 있으며 심지어 종종 불가피할 수도 있다. 그러나 그러한 추상 작업에서 결코 잊어서는 안 될 것이 있다. 그 추상 작업만으로는 해당 존재 자체가 존재로서 여하한 변화도 겪을 수 없다는 것이 그것이다. 가령 내가 전쟁의 결과를 판단할 때 전체적으로 조망하기 위해 전쟁 희생자의 연령, 성(性) 등등을 추상적으로 도외시한다면, 〔127〕 나는 단 하나의 구체적 규정도 존재상 폐기한 것이 아니다. 존재규정들을 기술적으로 배제하는 것(진공공간에서의 자유낙하)이 특정 실험에서는 있을 수 있는 일이며 심지어 필요한 일이라면, 이 추상적 배제는 물론 존재에 부합되게 이루어지며 또 관련 과학에 의해 구체적 존재규정으로서 다시 도입될 수도 있다. 하지만 이런 것은 여기에서 제기된 문제와는 아무 관계도 없다. 실재적 규정들이 없는 존재란 결코 존재해 있는 것이 아니다. 그것은 한

갖된 사고구성물이다. 이러한 근본적 연관관계들이 무시될 경우, 헤겔의 경우처럼 아주 큰 혼란을 낳게 된다.

범주문제에서 헤겔과 마르크스의 차이:
형식-내용, 부분-전체, 연속성-불연속성, 질-양 등과 관련하여

이와 아주 긴밀하게 결부되어 있는, 앞의 것과 마찬가지로 우리가 자주 인용했던 마르크스의 또 다른 확언은, 범주란 현존재 형식, 실존 규정이라는 것이다. 모든 관념론적 인식론과의 근본적 대립이 여기에서 재차 드러난다. 관념론적 인식론이 생각하는 범주란, 존재의 성질에 대한, 특히 바로 그 성질의 구체적인 규정에 대한 우리 사고의 산물이다. 범주가 존재 자체의 운동과정 속에 존재해 있으면서 작용하는 것, 다시 말해 존재 자체의 계기로서 존재해 있으면서 작용하는 것을 사유 속에서 재생산한 것인 한, 직접적으로 그것은 우리 사고의 산물이다. 범주와 존재 일반 사이 관계의 이러한 전도(顚倒)가 갖는 의미는, 우리가 아래의 고찰에서 보게 될 것처럼 (가장 폭넓은 의미에서 생각된) 우리 환경에 대한 우리의 실천적인 관계 전체와 관련이 있다. 왜냐하면, 우리가 나중에 노동을 다룰 때 자세히 보게 될 것처럼, 목적론적 정립은 모두가 다 특정한 (범주적으로 규정된) 존재자에 대한 인식을 전제로 하기 때문이다. 따라서 다음과 같은 문제가 생겨난다. 즉, 실제로 이러한 규정들은 그때그때의 존재자에 "적용"되는, 우리 인식의 생산물에 불과한지, 아니면 존재 자체에 이미 객관적으로 완전히 다 있고 사고과정에 의해서 가능한 한 적합하게 재생산될 뿐인지 하는 문제 말이다. 실천의 여러 형식 및 실천에 부합하는 사고에 있어서는 즉자적으로 존재해 있는 규정들 자체(혹은 경우에 따라서 이것들은 다소간 광범위하게 수정되어 있는데)가 아니라 직접 주어진 실행조건들 특유의 요구들이 그 기초를 이루고 있는 처리방식들도 인식되고 적용될 수밖에 없느니만큼 이 문제에 대한 분명한 관점은 더더욱 중요하다. 단순한 인식론에 입각해서는, 더욱이 어떤 한 특수 영역의 방법론에 입각해서는 이 기술적 처리방식들을 즉자적으로 존재해 있는 규정들과 구별하기란 거의 불가능한 일이다. 존재론적 비판에 의해서야 비로소 여기에서 현실적인 존재적 성질이 발견될 수 있다. 그러한 행위가 개별과학 및 철학과 관련하여 초래하는 아주 광범위한 결과들에 관해서는, 이 고찰의 종결부에 가서야 비로소 어느 정도 적절하게 평가할 수 있을 것이다. 〔128〕 이 자리에서 다루어야만 하는 세 번째 본질적 계기 역시 우리의 지금까지의 분석에서 여러 차례 강조되었던 것이다. 구체적으로 말하자면, 점차 우리는 세계를 "사물"(및 사물화된 사유구성물)과 "비물질적인" 에너지의 형식으로 이원론적으로 파악하는 것이 아니라 복합체들로, 그 내적인 상호관계 및 운동변증법이 불가역적인(따라서 역사적인) 과정들을 작동시켰던 그런 복합체들로 파악하기에 이르렀다는 것이 그것이다.

이제부터 우리가 존재 자체의 이러한 성질에서 생겨나는 존재론적인 결과들 쪽으로 시선을 돌리는 순간 곧바로 우리는 본질적으로 새로운 범주문제들, 더 정확하게 말하면, 범주들 상호 간의 본질적으로 새로운 관계들과 부닥치게 된다. 세계의 연관관계들은 원래, 그리고 실천에서는 특히 분명하게, 너무나도 명확하게 주어져 있어서, 범주들 간의 병렬 내지 종속의 문제, 공속적 집단들의 정립, 그리고 경우에 따라서는 이 집단들로 구성되는 전체 체계들의 정립은 불가피해 보인다. 특정한 범주 연관들과 실천 자체의 결합관계가 직접적이면 직접적일수록, 실천 특유의 변증법은 그러한 체계화 시도들 속에서 더욱더 강력하게 작용한다. 예컨대 이른바 양상 범주들(*modale Kategorien*), 혹은 예전부터 양상과 관련된 것으로 다루어졌던 범주들을 생각해 보라. 그런데 그 경우들에서 지금까지는 주로 사고규정들의 사상적 종합명제들이 중요했기 때문에 그와 같은 추상적인 총괄들도 존재의 현실적인 범주적 성질에 대한 적합한 상(像)을 낳지 못할 때가 자주 있었다.

헤겔은 확고부동한 논리주의적·관념론적인 그 모든 편견에도 불구하고 존재 문제를 과정으로서 파악하려 한 유일한 사상가였다. 그래서 그에게서는 필연적으로, 주로 논리주의적인 고찰방식에도 불구하고 실재적 존재관계에 대한 예감들이 표현되었던 범주연관들이 종종 나타난다. 앞서 우리는 무규정적 존재로부터 그 존재의 규정들을, 논리적 수단들을 통해서이긴 하지만 이와 동시에 존재에 부합되게 발전시키려는, 처음부터 실패하도록 정해져 있는 헤겔의 시도를 다룬 바 있다. 그 시도에서 헤겔은 그 어떤 부당한 수단을 사용했든간에 여하튼 구체적인 규정들을 지닌 존재에 도달했다. 그가 존재의 이 "단계"를 나중에 "본질"이라고 부른 것은 중요치 않다. 여기서 그가 궁극적으로 염두에 두고 있는 것은 규정들을 통해 특징지어진 존재다. 또, 이 단계에 있는 범주들이 반성규정이라 불리는 것도 여기서는 실상 별로 중요하지 않다. 사안의 본질에 따라서 보자면, 여기서 중요한 것은 범주들, 그리고 그것들 상호 간의 관계, 그것들과 존재(결국 어디까지나 이 존재의 규정이 범주인데)의 관계이다. 이때 헤겔은 아주 단호하게 칸트의 주관적 관념론과 선을 긋는다. 범주들이 사상가 자신에게 귀속된다는 사실로부터, 〔129〕 "따라서 그것들은 오로지 우리에게 속하는 것으로서(주관적인 것으로서) 만 여겨져야 한다"는 결론이 나오는 것은 아니다. 그렇지만 거기에는 단지 객관적 관념론만 내포되어 있을 뿐이지 관념론의 진정한 극복은 내포되어 있지 않은데, 이 점은 서두를 장식하고 있는 그의 성찰에서 드러난다. 주관주의를 논박하면서 그는 다음과 같이 말하고 있다. "그런데 범주들이 직접적인 감각에는 들어 있지 않다는 것만큼은 옳다."[52] 〔칸트의 주관적 관념론에 대한 헤겔의 비판에는 관념론의 진정한 극복이 내포되어 있지 않다고 한 까닭은〕 범주가 실제로 현존재의 형식, 실존의 규정이라면, 그것의 실상(實相) 자체는 환경에 대한 가장 단순한 반응에서, 사물들 자체의 상호관계에서, 정말이지 가장 최초의 실천에서 이미 유효해야만 하기 때문이다. 그렇다고 해서 실천과 이론에서 그것〔범주〕이 의식되고 정립되는 것이 단순한 직접성을 넘어서는 중요한 일보(一步) 라는 점이 부인되는 것은 물론 아니다. 그러나 어떠한 생명체도 현실에 비교적 부합하는 실질적인 방식으로 이러한 존재규정에 반응하지 않고서는 자기재생산 과정을 수행할 수 없을 것이다. 이러한 필연성을 우리는 합법칙성을 다루는 자리에서 이미 설명한 바 있다. 따라서 몰리에르가 자신의 "부르주아 귀족"[53] 은 일생 동안 산문(散文) 을 말했으며 이에 대해 아무런 의식도 없었다는 것을 보여주고 있을 때, 이 희극적 대답은 헤겔이 여기서 할 수

52) Hegel: *Enzyklopädie*, §42. 보론 3.

53) 옮긴이: 몰리에르(Molière) 의 같은 제목의 작품 《부르주아 귀족》의 주인공 주르뎅을 가리키는 말이다.

있는 것보다 더 적절하게 범주들의 본질을 포착하고 있는 것이다. 비록 산문은 존재의 한 재생산 방식일 뿐이지 존재방식은 아니지만 말이다.

이 모든 한계에도 불구하고 여기에서 헤겔은 범주의 한 결정적 성질을 폭넓게 이해하고 있다. 즉, 진행과정 중에 있는 복합체들의 존재형식들로서의 범주들은 개별화된 상태로는, 말하자면 독자적으로는 있을 수 없고, 오직 사상(事象) 그 자체에 의해 상호 결정된 방식으로만, 서로 결부된 형식들로서만, 그 존재확립의 복합체성을 표현하는 분리 불가한 병렬적 형식들로서만 존재해 있을 수 있다는 것을 이해하고 있는 것이다. 이때 따로 유리된 사물성에서 존재의 복합체성으로의 이러한 (많은 경우 불분명하며, 많은 점에서 의식되지 않은 채로 있는) 이행은, 이 복합체들의 과정성에 대한 (분명하게 될 때가 자주 있는) 예감도 유발한다. 이 예감은 그렇게 나타나는 범주들이 또한 범주로서도 불변의 존재를 구현하는 것이 아니라 그 자체 — 바로 범주로서 — 존재과정들의 변화에 따라 다름 아닌 범주성의 층위에서 본질적인 변화들에 복속되어 있을 수밖에 없다는 데에서 그 이론적 표현을 얻는다. 헤겔에 의해 다루어진 경우들에 머무르면서 그의 서술을 좇아가려 한다면 범주로서의 형식을 한번 생각해 보라. 형식은 본질 자체의 존재상(上)의 분화의 계기로서 나타난다. 〔130〕 이어서 그것은 모든 존재자의 양면적이고 병렬적인 규정으로, 곧 형식-질료라는 범주쌍으로 구체화된다. 이때 중요한 것은, 진행과정 중에 있는 모든 복합체들의 불가분하고 폐지될 수 없는 상호규정이다. "질료는 그렇기 때문에 형식화되어야만 한다. 그리고 형식은 질료화되어야 하며, 질료에서 자기와의 동일성 혹은 존립을 부여받아야 한다."[54] 헤겔에 따르면 이 공속성은 아무리 깊이 파악해도 부족할 정도로 중요하다. 이것, 곧 "**형식의 활동**으로 나타나는 이것은 더 나아가 **질료 자체의 고유한 운동**이다."[55] 발전과정은 진행되지만 복합체들 자체는 그대로 유지되어 있는데 물론 규정성의 동일한 단계에서 그런 것은 아니다. 형식과 내용이라는 더 폭넓고 더 고차적인 상호관계가 생겨나는데, 여기서 내용은 이전의 상관관계 곧 형식과 질료의 상관관계를 갱신하는 것으로서만 생겨날 수 있다. 이제부터 형식은 이 복합체〔내용〕와 상관적으로 마주해 있다.[56] 이때 우리는 우선 자연의 영역에 머물러 있었다. 여기에서 헤겔은 비록 그가 형식과 내용의 상관관계라고 불렀던 것이 새로운 내용으로서, 정립하고 정립된 이러한 형식과 상관적으로, 그것도 단지 노동과 일상적 실천에서만이 아니라 인류의 지고한 삶의 표현들(사상, 예술, 윤리)에 이르기까지 상관적으로 마주해 있음에도 불구하고 (노동과 실천에서) 의식적·목적론적인 것으로서 정립하는 형식들의 특징은 전혀 다루지 않는다. 그렇지만 이 경우에는 그러한 삶의 표현들 자체에서 헤겔의 단초들을 진척시켜 나갈 모델이 가장 본질적인 점에서 방법론적으로 이미 마련되어 있다.

여기에서 헤겔은 전체와 그 부분들의 범주적 상관관계의 의의를 규정하는 데에도 성공하고 있다. 여기에서 존재의 복합체성은 앞의 경우에서와 마찬가지로 입체적으로 드러난다. 헤겔은 양자가 상호

54) *Hegel Werke, Bd. 4,* 앞의 글, p. 81.
55) *Ibid.*, p. 83.
56) *Ibid.*, pp. 85~86.

제약하고 제약되는 데에서 출발하여 이제 진행과정 중에 있는 모든 복합체의 이 범주적 측면을 다음과 같이 총괄한다. "이렇게 관계의 두 측면이 상호 제약하는 것으로 정립되어 있음으로써, 각 측면은 그 자체에서는 하나의 직접적인 자립성이지만 그러나 이 자립성은 또한 다른 측면을 통해 꼭 그만큼 매개되어 있거나 정립되어 있다."[57] 이로써 자체 내 통일적인 동질적 "사물성"을 증거로 끌어대는 일은 범주론에서 완전히 사라지게 된다. 여기에서 발생하는 그때그때의 전체의 통일성은 "**잡다한 다양성**으로서의 통일성"이다. 여기에서 어떤 것이 부분이 되는 것은, 비동질적인 다양성의 이러한 계기들이 맺고 있는 상호연관의 방식에서 생겨나는 일이다.[58] 〔131〕 이 말 속에는 복합체들이 그 자립적 실존과 관련하여, 그리고 새로운 복합체들로의 해소와 관련하여 갖는 극도의 상대성이 함축적으로 — 헤겔의 텍스트 자체에서는 단지 어렴풋하게, 강하게 논리주의적인 추상화를 통해서 — 암시되어 있다. 이때 부분으로서의 기능을 수행하는 계기가 전체로서 다른 복합체들과 결합될 수 있으며, 또 어떤 전체가 자신을 한층 더 포괄적인 복합체의 상호관계 속에 부분으로서 끼워 넣는 일이 일어날 수 있다. 이 모든 것이 비록 철저하게 사유되지는 않지만 여하튼 같이 사유되고 있는데, 이는 헤겔이 어떤 한 존재양식이 다른 존재양식으로 이행할 때 전체-부분의 상관관계에서 생기는 형식과 구성의 변화를 이미 분명하게 인식하고 있다는 점에서 드러난다. 그리하여 헤겔은, 전체로서의 어떤 유기

57) *Ibid.*, p. 160.
58) *Ibid.*, p. 161.

체의 "부분들"을 보면 그것들은 "오직 그 통일체 속에서만 존재하며, 그 통일체와 결코 무관한 관계에 있지 않기" 때문에, 무기적 세계의 부분과 전체와는 전혀 다르게 서로 관계한다고 강조한다. 헤겔은 단순한 부분 관계란 이러한 존재방식을 학문적으로 다루는 사람들에게만 — 이들에게는 물론 필연적으로 — 발생한다고 말하는데, 그럼으로써 그는 존재관계와 이로부터 획득되는 인식관계 사이의 질적인 차이까지도 분명하게 인식하고 있다. 여기에서 헤겔은, 이러한 범주적 관계들 내에서 진척된 내적인 질적 변화가 사회적 존재의 영역(그는 "정신세계"라고 말하는데)으로서 생겨날 수밖에 없다는 것까지도 인식하고 있다.[59]

헤겔의 이러한 통찰력이 결코 한낱 우연이 아님은 물론이다. 그도 그럴 것이, 존재가 점점 더 복잡하고 더 높은 가치를 지닌 대상성의 구조형식들로 내적 발전을 하는 것은, 존재론적 사태에 대한 지속적인, 좀처럼 중단되지 않는 논리학화와 마찬가지로, 궁극적으로 그의 역동적 · 역사적인 체계구조의 근본적인 주도사상에 속하기 때문이다. 그런데 우리가 이미 보았고 또 앞으로도 보게 되다시피, 존재론적 사태에 대한 그와 같은 논리학화 때문에 그의 독창적인 위대한 구상은 자주 철학적 곤경에 빠진다.

이 점은 바로 그의 세계구상에 결정적으로 중요한 범주쌍인 연속성과 불연속성을 다루는 대목에서 가장 분명하게 볼 수 있다. 사람들이 (가장 폭넓은 의미에서의) 세계사를, 우리에게 현재와 과거가 가능한 테두리 안에서 존재로서 인식될 수 있는 저 보편적 과정들의 통

59) Hegel: *Enzyklopädie*, §135, 보론.

일성과 종합을 나타내는, 존재상(上)으로 가장 적합한 표현으로 여기다면, 〔132〕 변증법적인 공속성과 모순성을 동시에 지닌 연속성과 불연속성은 이러한 과정의 성질을 가장 직접적이고 가장 분명하게 특징짓고 있는 범주임에 틀림이 없다. 불가역적인 진행과정 속에서 그 상호관계가 표현되는 복합체들은, 우리가 이미 알고 있다시피 본래 비동질적인 조립물들이다. 그렇기 때문에 그 과정들 또한 동질성을 보여줄 수 없는 것은 너무나 당연하다. 비동질적 구성부분, 부분과정 등등의 이러한 상호작용이 표현되는 결정적 계기 중 하나는, 우리가 아주 일반적으로 불연속성이라 부르곤 하는 바로 그것이다. 하지만 이를 통해서 연속성의 계기가 완전히 제거될 수는 없다. 이 두 범주는 언제나 상대적인 방식으로 마주해 있다. 즉, 불연속성의 계기가 없는 연속체는 없으며, 또 불연속성의 어떠한 계기도 연속성을 완전히 중단시키지는 않는다. 그렇기 때문에 유의 과정들도 보통은 주로 연속적인 형식을 띠고 진행된다. 예컨대 나비의 짝짓기 과정에서 생겨나는 것 역시 나비이다. 그런 한에서만, 총체적으로 봤을 때 궁극적으로 하나의 연속성임에 틀림없는 유의 발전이 있는 것이다. 그런데 이 과정은 보통 알, 애벌레, 번데기를 거치는 경로를 밟는다. 이는 동일한 측면에서 명확한 불연속성을 보여주는 것이기도 하다. 그도 그럴 것이, 이처럼 서로 극히 다른 단계들의 구현물들은, 서로 다른 그 단계들이 현실화 도정에서 서로 연속적으로 교체될 수밖에 없는 것과 마찬가지로, 유의 자기재생산의 구성부분들이다. 우리가 여기에서 이 예를 다시 들었던 것은, 우리가 보았다시피 부정의 부정을 자연적 사실로 제시하려 한 헤겔의 시도에서 그 예가 모종의 역할을 했기 때문인 까닭도 있다.

《논리학》에서 헤겔은 불가역적 과정들의 이러한 근본사실을 거의 완전히 간과했는데, 그럼에도 불구하고 자신에게 잘 알려진 사실들을 궁극적으로 논리적인 형식에 따라 명확하게 만들었다. 그러나 문제는 모순적 계기들의 이 불가분한 공속성을 과정들 자체의 진행에서 논증하는 것이다. 그런데 헤겔 자신은 이러한 규정들의 모순에 찬 공속성을 오직 양(量)과 관련해서 탐구하는 것으로 그치고 만다. 이러한 분석이 정황을 그 추상적인 기본적 규정들 속에서 올바로 제시할 수 있는 것은 사실이다. "이 두 계기 각각은 또한 다른 계기를 자체 내에 함유하고 있다. 그리하여 단지 연속적이기만 한 크기(*Größe*)도, 단지 불연속이기만 한 크기도 존재하지 않는다."[60) 〔133〕 헤겔은 게다가 이 대립을 끌어당김〔引〕과 밀어냄〔斥〕이라는 역시나 공속적인 대립성의 새로운 현상형식이라고 한다. 또 그는 (칸트의 주관적 관념론을 정당하게 논박하는 대목에서) 공간과 시간의 무한한 성질의 이율배반에도 이 대립을 적용한다. 그러나 그의 고찰에는 모든 실재 과정에 있어, 또 그 과정의 전체성 및 부분들에 있어 — 이러한 부분들은 양이라는 규정이 그것들의 대상성에서 아무리 큰 역할을 한다 하더라도 결코 양의 단순한 현상방식은 아니라는 사실과는 무관하게 — 연속성과 불연속성의 대립이 보편적으로 현존한다는 점에 관한 지적은 전혀 없다. 그럼으로써 헤겔은 — 그리고 여기에서 그를 따르는 모든 사람은 — 연속성과 불연속성의 본원적으로 일반적인 협력적〔공동작용하는〕 대립을, 머리를 짜서 생각해낸 구성물들로 대체하지 않을 수 없게 된다.

60) *Ibid.*, §100, 보론.

연구영역이 이렇게 축소됨에 따라 헤겔은, 존재가 이른바 비규정성에서 규정의 풍부함으로 발전해가는 문제로 되돌아가게 된다. 그에게 존재는 우선 양이 들어옴으로써 실제로 존재가 되기 때문에, 복합체들의 진행과정으로서 존재의 이 핵심 범주들을 여기에서 좀 더 자세히 살펴보는 것은 당연해 보인다. 연속성과 불연속성의 모순에 찬 공속성을, 양과 같이 아주 중요한 범주의 영역에서 분석하는 것 역시 정당해 보인다. 그러나 헤겔은 이 경향이 단지 이 수준에만 있기를 바라는데, 그럼으로써 그 경향은 진정한 사태를 왜곡할 정도로까지 일방적으로 표현된다. 앞서 인용했던 헤겔의 발언을 상기해 보자. 즉, 범주들은 결코 (칸트에서처럼) 주관적 관념론의 의미에서 사고의 산물일 수 없고 오히려 객관적인 대상성 형식들에 분리 불가능하게 매여 있는 것이 사실이지만 감각의 단계에서는(즉, 헤겔에 따르면 단지 질(質)적인 존재의 단계에서는, "학술용어"를 사용하지 않고 표현하자면, 생각하는 존재의 일상생활에서는) 아직 그 참된 범주적 규정성 속에서 나타날 수 없다는 발언 말이다.

여기에서 마르크스와 헤겔의 대립이, 마르크스가 새로운 존재론을 수립하려는 헤겔의 논리주의적 시도들과 근본적으로 단절하고 있는 것으로서 분명하게 드러난다. 《경제학-철학 수고》에서, 즉 존재를 다름 아닌 대상성으로서, 따라서 그 규정들과 불가분하게, 동시적으로 실존하고 있는 것으로서 서술하는 바로 그곳에서, 마르크스는 생각하는 존재가 존재의 이러한 성질과 맺는 관계에 관해서도 이야기하기 시작한다. 그는 다음과 같이 말하고 있다. "인간이 **육체적**이고 자연적 힘들을 지니며 살아 있고 현실적이고 감각적인 대상적 존재라는 것은, 인간이 **현실적이고 감각적인 대상들**을 자신의 본질의 대상으로, 자신의 삶의 표현의 대상으로 가진다는 것을, 또는 그가 오직 현실적인 감각적 대상들에서만 자신의 삶을 표현할 수 있다는 것을 말한다. 대상적 · 자연적 · 감각적임, 그리고 대상과 자연과 감각을 자기 바깥에 가짐, 또는 자신이 제 3자에 대해 대상이자 자연이고 감각임이라는 것은 다 같은 말이다."[61] 〔134〕 이것이 의미하는 것은, 불가역적 과정들의 범주적 규정들(여기에는 당연히 연속성과 불연속성이 포함되는데) 은 사고가 그 범주적 성격을 어렴풋이나마 알 수 있기 훨씬 전에 인간들 속에서 실제로 존재형식들을 발전시키고 야기하면서 작용했다는 것이다. 인간이 허기를 느끼거나 더 이상 느끼지 않거나 아직 느끼지 않을 때, 진행과정 중에 있는 복합체로서의 인간 속에서 연속성과 불연속성의 모순적인 통일성이 드러난다. 이 "느낌"이 아주 포괄적인 인식론적 추상을 통해 한낱 "주관적"인 것으로 여겨질 경우, 그 "느낌"은 본질적으로 왜곡된다. 인간이 그것들과의 실천적인 상호작용 속에서만 그때그때 허기를 달랠 수 있는, 외부세계에서 진행과정 중에 있는 그런 대상성복합체들이 인간을 항구적으로 에워싸고 있지 않다면, 이 연관관계에서 범주적 성질의 작용을 부인하는 관념론 철학자들은 결코 생겨날 수 없을 것이다. 또 인류는 그러한 사고가 생겨날 수 있기 오래전에 사멸하고 말았을 것이다. 따라서 폐지할 수 없게 주어져 있는 서로 다른 대상성 방식들(따라서 또한 범주들) 은 사고 속에서 그것들에 대한 최소한의 일반화가 생겨날 수 있기 훨씬 전부터 작용했음에 틀림없다. 범주들의 의식됨의 역할에 관한 헤겔의 관념론적 · 논리주의적인 구상은, 이

---

61) *MEGA I / 3*, pp. 160~161. 〔《경제학-철학 수고》, 198쪽〕

와 같은 진정한 전사(前史)를 오인하고 있다. 즉, 존재해 있는 복합체들의 객관적으로 항구적이고 언제나 역동적 · 과정적인 상호관계는, 진행과정 중에 있는 복합체들 가운데 하나가 아직은 몹시 저급한 모종의 의식성형식을 통해 자기재생산을 수행하는 것이 상례가 되는 즉시 그 어떤 의식성형식을 획득하지 않을 수 없게 된다는 것을 인식하지 못하고 있는 것이다. 범주들은 이러한 상호관계들의 객관적 · 존재적 계기들이다. 그렇기 때문에 그 어떤 — 비록 아직은 몹시 초기적인 것일지라도 — 형식을 띤 범주 역시, 환경에 반응하는 가운데 표현됨으로써 과정적 복합체들의 의식성에 영향을 끼치지 않을 수 없다. 이러한 연관관계가 존재론적으로 올바로 이해될 경우, 그와 같은 재연관들은 초창기의 인간 유뿐만 아니라 동물의 영역에서도 불가피하다. 유적 성질과 유의 각 표본들의 객관적 · 존재적 불가분리성을 다룰 때 우리는 목장에서 풀을 뜯고 있는 소를 언급한 적이 있다. 이 소는 훨씬 더 원시적인 의식연관들 때문에 이러한 범주연관에 대한 (여하튼 의식적인 것으로서의) 최소한의 예감조차 가질 수가 없다. 〔135〕 하지만 목초류에 속하는 각각의 풀이 먹을 수 있는 것으로 입증된 대상이라는 데 대한 실천적인 확신 없이는 허기를 달래는 일, 곧 먹을 것을 찾아서 먹어 치우는 일은 객관적으로 존재에 부합되게 이루어질 수 없을 것이다.

이러한 사실들이나 이와 유사한 수많은 사실들은 물론 오래전부터 잘 알려져 있다. 그것들이 자주 "본능"이라는 용어를 통해 객관적 · 존재적 범주성에 관한 고찰에서 배제되었거나 때로는 신화화된 "무류성"(無謬性, *Unfehlbarkeit*)으로 꾸며졌다는 사실은 별로 중요하지 않다. 이미 유기적 존재의 세계에서 단순한 우연성에 모든 것이 내맡겨지지 않게 되고 또 자기를 재생산하는 존재 바깥에 실존하는 어떤 대상성들의 도움으로 재생산 과정이 수행될 수 있게 되자마자, 풀을 뜯어먹는 소의 예에서 구체적으로 설명된 정황은 언제나 또다시 현실이 될 수밖에 없다. 물론 이것은 순수 생물학적으로 규정된 재생산의 존재영역 내에서 범주들이 효력을 발하게 되는 것이다. 따라서 여기서도 하나의 자연적 과정이 문제인데, 당연히 무기적 자연에서도 서로 다른 복합체들이 그 대상적 성질에 따라 서로 영향을 미치기 때문이다(단, 이로부터는 의식과 유사한 것이 결코 생겨날 수 없다). 유기적 자연의 "의식적" 요소, "주관적" 요소는 또 그것대로 한낱 자연적인 것이지만 이제부터는 유기적 재생산의 생물학적 법칙들에 의해 규정되어 있다(이 속에 무기적 규정들이 지양된 방식으로 내포되어 있음은 물론이다). 서로 다른 대상성 방식들의 상호작용들은 이런 식의 재생산 과정들을 통해 규정되어 있다. 이에 따라 그 상호작용들은 왕왕 주체적 계기의 일정한 발전을 초래하기도 한다. 다윈 이래 우리는 여기서 표현되고 있는 적응능력이 유들의 재생산 과정에서 어떤 역할을 하는지 알고 있다. 가령 벌들이 꿀을 만들기에 적합한 꽃을 찾을 때 추는 이른바 벌들의 "춤"은, 이러한 존재수준에서조차도 유 내부에서 이루어지는 전달가능성〔소통가능성〕의 첫 시작은 주위세계와 상호작용 속에 있는 재생산 과정의 그와 같은 계기들에 의해 가능하게 된다는 것을 보여준다. 물론 바로 이 예는 유기적 존재에 의해 규정된 발전의 한계들을 보여준다. 즉, "주체적" 반응의 이 비교적 높은 단계는, 역사적 연속성에서 막다른 골목으로, 더 이상 발전할 수 없는 것으로 입증된다.

우리가 알고 있다시피 진정한 발전의 가능성은 노동 및 그 전(前)

단계들이 (부분적으로) 함유하고 있는 이미 의식적인 목적론적 정립 속에서, 그 목적론적 정립에 의해서 비로소 나타난다. 거기서 생겨나는 문제들에 관해서는 노동을 다루는 장에서 상세히 논할 것이다.[62] 〔136〕 범주들의 작용에 관한 의식이 인류의 새로운 — 사회적인 — 재생산 과정에서 생겨나고 또 그 의식이 과정으로서 점점 더 높은 단계들로 고양되는 양상은 그 장에서 볼 수 있을 것이다. 이 글에서는 범주 의식의 이러한 "전사"(前史)를 간략히 보여줄 수밖에 없었는데, 하지만 이와 같이 매우 압축적이고 추상적인 서론에서도 반드시 짚고 넘어가야 할 것이 있다. 한편으로, 그와 같은 "전사"가 없었다면 결코 동물이 인간으로 발전할 수 없었을 것이라는 점, 그리고 다른 한편으로, 그렇게 생겨나는, 노동에 근거를 둔 인간의 일상생활 역시 당연히 그 직접성 속에서는 범주문제들을 제대로 드러내 보일 수 없었다는 점이 그것이다. 이를 위한〔범주문제들을 제대로 드러내 보일 수 있는〕 사회적 전제조건들은 물론 — 초기에는 — 노동과정에 의해 존재 속에 들어왔으며, 그러고 나서는 단순한 노동의 성질을 훨씬 넘어서게 된다. 이를 서술하는 일 또한 여기에서 할 일은 아니다. 다만, 헤겔의 관념론적인, 그럼으로써 그 발생의 역사적 과정을 인식론적으로 무효화시키는 고찰에 맞서, 이러한 발생의 가장 일반적인 원리들이 약술(略述)되어야만 했다.

이것으로 우리는 우리의 구체적 출발점, 곧 연속성과 불연속성의 범주관계에서 멀어진 것처럼 보인다. 하지만 겉보기에만 그럴 뿐이다. 그도 그럴 것이, 만약 연속성과 불연속성이 존재과정 전체의 규

62) 옮긴이 : 《사회적 존재의 존재론을 위하여》 제2부 1장을 말한다.

정이 아니라 단지 양의 규정일 뿐이라면 자연과정들의 불가역성이란 거의 있을 수 없을 것이라는 점은 명약관화할 수밖에 없다. 그런데 비록 무기적 자연에도 — 적어도 경향적으로 — 한편에는 질료의 매우 유사한 조합방식들이 있고 다른 한편에는 매우 유사한 일반적 운동법칙들 등등이 있다 하더라도 — 우주적 척도에서 볼 때 — 서로 아주 가까이 있는 비교적 큰 복합체들(우리 태양계의 행성들)이 극히 상이한 발전경향을 띠고 나타났던 것이 사실이다. 우리는 헤겔이 — 존재론적으로 완전히 그릇되게도 — 이러한 발전경향들을 유기적 생명의 초기형식으로 파악하고 있는 것을 보았다. "지질학적 유기체"라는 그의 범주는 실재적 존재관계를 표현하는 것이 아니라 형식주의적이고 공허한 논리적 유비로 머물러 있다. 지구에서 무기적 자연으로부터 유기적 자연이, 유기적 자연으로부터 사회적 존재가 전개될 수 있었다고 해서 이러한 사실이 가령 달, 화성, 금성 따위에서 이루어지는 실재적 발전에 관해 말해 주는 것은 아무것도 없다. 어디에서나 펼쳐지는 불가역적인 과정들은 아마도 어디에서나 서로 다른 길을 걸었을 것인데, 이 길들은 당연히 (지질학 등등과 같은) 구체적인 연구에 의해서만 구체적으로 밝혀질 수 있다. 그러나 다른 천체들에서 전개되는 이러한 과정들이 서로 질적으로 다를 — 매우 그럴 듯한 — 가능성은, 이질적 복합체들의 상호관계 속에서 과정들이 서로 달리 전개될 수밖에 없다는 것을 시사한다. 〔137〕 다시 말해, 구체적 형식들, 연속성과 불연속성의 변증법이 그 속에서 표현되곤 하는 그 구체적인 순서들 등등도 서로 다른 성격을 띤다는 것을 시사한다. 지구 지질학의 성과들은 이미 무기적 자연에서 연속성과 불연속성의 변증법을 또렷하게 보여준다. 우리 가까이 있는 천체들에 관해 우리가 가지고 있는 얼마 안 되는 자료들은, 세부사항들에서 이러한 과정들과 다소간 분명히 다른 것처럼 보이는 게 사실이다. 하지만 불가역적 과정 중에 있는 복합체들에서 벌어지는 연속성과 불연속성의 교체가 여기에서는 원칙적으로 배제되어 있을 것이라고 가정할 이유가 당장은 전혀 없다. 무기적 자연에서 이루어지는 재생산 과정들이 아주 상이한 현실성 형식들 속에서 전개된다면, 당연히 유기체들의 적응과정들은 연속성과 불연속성의 변증법을 더욱 강화시킬 것이 틀림없다. 따라서 이 관계를 모든 존재의 진행과정에 기본적인 것으로 보는 것이 정당하다는 것은 의심할 여지가 없는 것처럼 보인다.

지금까지의 설명은 범주문제들 전체에서 존재론이 담당하는 비판적인 주도적 역할이라는 우리의 근본문제로 되돌아온다. 즉, 범주들의 본질과 상호관계는 존재론적 기반에 입각할 때에만 올바로 파악될 수 있다는 문제로 되돌아오게 되는 것이다. 다름 아니라 마르크스주의 자체를 통해 광범위하게 대중적으로 된 가장 유명한 문제, 곧 질과 양의 관계 문제가 이를 극명하게 보여준다. 헤겔의 경우 이 문제는, 원래 무규정적인 "순수" 존재로부터 그 존재의 실재적 규정들이 "생겨나게" 하고 그럼으로써 그 존재를 본래적 의미에서의 현실적 존재로 만드는 데에 이용된다. 그러나 헤겔의 설명은 그의 강령적 전제조건들의 허위성을 이중적으로 보여준다. 한편으로, 구체적 규정들을 통해서 이루어지는 그러한 (공허한) 존재의 그와 같은 "축적들"은 이미 규정들을 포함하고 있는 존재의 논리학적·인식론적인 유비를 통해서만 설명될 수 있다는 점이 분명하게 드러난다. 따라서 객관적으로 그 설명은, 그것이 체계론자 헤겔을 위해 증명해야 할 것과는 정반대되는 것을 증명한다. 헤겔의 경우 가령 존재가 어떤 것으로 "구체화"될 때 — 존재로부터 사유를 통해 도출된 것이 아니라 바로 존재로서 — 이 어떤 것은 이미 특정한 존재를 전제로 한다는 것이 분명하다. 즉, 그것은 이미 규정들을 포함하고 있는 어떤 존재의 현상형식이며, 또 무규정적인 존재의 자기구체화로서는 존재하는 세계 속에서 결코 존재적으로 현실화될 수 없을 그런 것이다. 다른 한편, 바로 헤겔의 설명이야말로 범주로서의 질과 양은 — 존재적으로 — 결코 분리되어 나타날 수 없으며, 그 양자의 통일성으로서의 한도(限度, *Maß*) 속에서 비로소 특정한 존재로 구성된다는 것을 입증하고 있다. 〔138〕 그도 그럴 것이 무엇보다도 질적 존재범주는 그 자체에 이미 — 비록 뚜렷하지 않을지라도 — 양적 규정들을 포함하지 않고서는 존재의 규정으로서 실질적으로 기능을 수행할 수 없기 때문이다. 우리가 어떤 것을 다른 것과의 관계 속에서 고찰하든(그 어떤 것은 다른 수많은 존재자 가운데 한 존재자로서만 어떤 것일 수 있다), 아니면 그 어떤 것의 존재를 타재(他在, *Anderssein*), 대타(對他)-존재(*für Anderes-Sein*) 등등으로 파악하든, 언제나 우리는 가장 원시적인 존재형식에서조차도 실존방식으로서 다원성에 이르게 된다. 그리고 거기에서 — 아직 질을 다룰 때에 — 생겨나는, 자신과의 관계 속에 있는 대상성 방식으로서의 대자(對自)-존재(*Fürsich-Sein*)는, 헤겔 자신에 의해 바로 "하나"(*Eins*)로서, 그러므로 또한 양적 규정으로서 지칭되고 있다.[63] 따라서 이것은 헤겔 자신이 여기서 그의 노선을 수미일관하게 전개할 수 없었다는 것을 보여준다. 양이 비록

63) *Hegel Werke*, *Bd.* 3; *Ibid.*, p. 179.

고도로 발전된 그 사유형식 속에서 수학적으로 파악 가능한 것으로서 사고되지 않고 사실상 본래적 존재 속에서 나타나는 식으로, 곧 정량(定量)으로서 사고된다 하더라도, 양과 질의 이러한 존재적 불가분성은 도처에서 명확하게 나타난다. 물론 여기에서 곧바로 가시화되는 것은, 헤겔은 존재의 규정들을 논리학적·인식론적으로, 유사(類似) 존재론적으로 도출하는 가운데 범주들의 현실적 순서를 뒤집을 수밖에 없었다는 점이다. 심지어 서로 다른 방식들(크기, 무게 등등)에 있어서도 그 존재가 어떤 정량으로서 구현되지 않는 대상이란 존재할 수 없다는 것은 존재적으로 주어져 있는 사실이다. 사유를 통한 분석 및 이와 불가분하게 결합되어 있는, 사유를 통한 추상에 의해 비로소 사회적 발전(노동 등등)의 와중에 추상적으로 일반화된 존재형식이 양의 개념으로 산출된다. 사유를 통한 그와 같은 일반화 가능성의 발전이 존재의 실천적·사상적인 처리에 있어서, 즉 마르크스가 사회와 자연의 신진대사라 부른 과정에 있어서 엄청난 진보를 의미함은 물론이다. 노동, 분업 등등의 발전, 따라서 문명의 발전은 이러한 행보가 없었다면 불가능했을 것이다.

그러나 바로 그렇기 때문에 존재론적으로 통찰해야만 하는 것이 있는데, 존재하는 모든 대상의 폐지될 수 없는 본래적인 "양적" 규정성은, 사상적·추상적으로 획득된 일반화된 양으로서가 아니라 구체적·대상적인 정량 범주로서 나타날 수밖에 없다는 것이 그것이다. 우리는 어떤 것의 존재는 어떤 타자의 존재 없이는 존재론적으로 불가능하다는 것을 이미 알고 있다. 그렇기 때문에 이러한 사실 및 모든 존재의 다른 본원적 사실들은, 대상들의 존재적 상호관계—이는 객관적인 존재적 양태와 관련된 것인데—란 이러한 계기

(정량)의 동시적인 작용 없이는 있을 수 없다는 것을 필연적 결과로 가진다. 〔139〕 무기적 자연과 유기적 자연에서 정량이라는, 대상성을 규정하는 성질은, 존재하는 대상들의 모든 실재적 상호관계에서 그 대상들의 질적 계기들과 마찬가지로 불가결하다는 것, 그리고 존재 속에서 이 양자는 모든 곳에서 동시에, 서로 불가분하게 작용해야만 한다는 것은 그 누구도 의심할 수 없다. 따라서 어떤 대상의 구체적 정량과 구체적·실재적인 질들은 — 헤겔의 논리주의적 체계화와는 반대로 — 형식과 내용, 전체와 부분 따위와 마찬가지로 근원적이며 또 병렬적으로 등장하는 반성규정들이다. 범주쌍들의 이러한 본래적 성질과 상호관계는 따라서 무기적 자연의 순수 객관적인, 일체의 의식 없이 진행되는 과정들에서 이미 나타난다. 이 속에서는 그때그때 관계된 "사물들", "힘들" 등등의 정량이 과정 및 결과의 실상(實相)을 같이 결정하고 있다. 이러한 측면에서 볼 때 유기체들의 자기재생산 과정에서는 실재적·구체적인 정량의 존재 결정적 역할이 한층 더 강화될 수밖에 없기 때문에 — 이러한 정량이 자기재생산을 결정적으로 같이 규정하지 않는 곳에서는 식물이나 동물이 있을 수 없다 — 이러한 범주적 관계는 우리가 전에 유적 성질과 관련하여 밝혔다시피 생물학적 부수현상으로 등장하는 의식의 구성부분으로서도 그 흔적을 보여줄 수밖에 없다. 우리는 앞에서 풀을 뜯어먹는 소를 예로 들었다. 방해하는 파리에 대한 소의 반응이 늑대의 위협에 대한 반응과는 전혀 다른 종류의 것이라 하더라도, 이때 "방해요소"의 대상성에서 그때그때의 정량은 어떠한 역할도 하지 않을 것이라고 주장하는 것은 우스꽝스러울 것이다. 이러한 정황은 인간 문명의 가장 최초의 시작단계들에서 강화되어 나타난다. 실

천적으로 인간은 양적으로 주어진 것들을 그 양적 성격의 흔적조차 의식하지 않더라도 아주 정확하게 처리할 수 있다. 모든 목동은 송아지와 소를 그 정량에 따라 서로 정확하게 구분할 뿐만 아니라, 가축 떼의 크기, 가축이 전부 다 있는지 여부와 같은 양적 관계를 실천적으로 올바르게 평가할 것이다. 또, 그들은 모든 동물의 질적 성질 (여기에는 물론 정량도 같이 포함되어 있는데)에 대한 정확한 지식을 통해, 그때그때 어느 표본이 없는 것으로, 실종된 것으로 여겨져야 하는지를 알 것이다. 그들이 가축 떼의 수를 세는 일이나 없는 표본들을 전체 총합에서 뺄셈하는 일은 아직 못할지라도 말이다. 고도로 발전되고 일반적으로 응용되는 수학의 시대에 속하는 우리 당대에서조차도 일상생활에서는 그러한 반응들이 사람들이 흔히 추정하곤 하는 것보다 더 빈번하다는 것은 특징적인 일이다.

〔140〕 물론 근본적으로 아주 현실주의적인 입장을 지닌 헤겔 같은 사상가가 이러한 사태복합체를 완전히 간과할 수는 없었다. 하지만 그의 논리주의적 체계사상은 그로 하여금 이같이 질적으로 구체화하는 정량의 성격을 범주로서 현실적이고 철두철미하게 파악하는 것을 불가능하게 만든다. 한도 범주에서야 비로소 특정한 존재에 대한 그의 논리주의적 연역이 완성된다. 여기에서 "추상적으로 표현하자면, 질과 양이 통일되어"[64] 있다. 그리하여 한도는 "즉자적으로 존재하는 규정성", "**존재의 구체적 진리**"[65]가 된다. 그런데 그의 논리주의적 연역들에서는, 이러한 (물론 양과 질의 불가분한 소여성이 포함

64) *Ibid.*, p. 381.
65) *Ibid.*, p. 384.

된) 존재성이 이미 정량 속에 현존했으며 또 폐지될 수 없는 것이라는 확언이 부단히 등장한다. 예컨대 헤겔이 "그러나 실존하는 각각의 것은 그 각각의 것이면서 현존재를 지니기 위해서 하나의 크기를 가진다"고 말할 때, 그것은 논리주의적 체계구성에 의해 요구된 궤변이다. 즉, 이러한 기능을 단지 한도에만 속하는 것으로 인정하고 이러한 연관관계 속에 있는 정량을 "아무래도 상관없는 크기, 외적인 규정"[66] 으로만 인정하는 궤변인 것이다.

헤겔이 말하는 한도 속의 양과 질의 "통일", 따라서 무규정적 존재로부터 이루어지는 규정적 존재의 이른바 연역은, 이로써 하나의 순수한 논리주의적 위장절차이자 순전한 허구가 된다. "본질논리학"을 시작하는 곳에서야 비로소 헤겔은 실제로 존재하는 의미에서의 존재에 관해 말하기 시작한다. 여기에서 천재적으로 고안된 반성규정들의 범주편성은 그렇기 때문에 헤겔이 단지 존재로 가는 길로만 생각했던 저 — 지극히 중요한 — 존재영역에도 유효하다. 이에 따라 양과 질은 형식과 내용, 부분과 전체 따위와 마찬가지로 진행과정 중에 있는 복합체들의 범주가 된다. 그러한 모든 경우에서 존재의 가장 일반적인 규정들은 진행과정 중에 있는 복합체들의 그와 같은 총체성들의 계기들로서 제시될 수 있다. 그것들은 규정들로서 결코 따로 분리되어 작용하지 않고, 언제나 진행과정 중에 있는 복합체들의 가장 일반적인 규정들의 상호관계로서 작용한다(이때 그 복합체들은, 범주쌍들의 그와 같은 불가분한 상호관계들이 없다면 구체적인 대상성 규정들을 가질 수 없었을 것이다). 이러한 맥락에서 헤겔은 형식과 내용을 다

66) *Ibid.*, p. 390.

룰 때 그와 같은 관계들에 관해 다음과 같이 적확하게 말하고 있다. "원래 내용과 형식의 절대적 관계, 즉 양자의 상호전환이 여기에 있다. 〔141〕 그리하여 **내용**이란 **형식의** 내용으로의 **전환** 외에는 아무것도 아니며, 또 **형식**이란 **내용의** 형식으로의 **전환** 외에는 아무것도 아니다."[67] 양과 질의 실재 존재상(上)의 관계를 편견 없이 고찰한다면, 그와 같거나 혹은 그와 극히 유사한 결론에 도달할 수밖에 없다. 그도 그럴 것이, 이러한 반성규정들은 진행과정 중에 있는 복합체들의, 아주 일반적이긴 하지만 서로 극히 다른 관계들을 규정하기 때문에, 그것들 역시 다양하고 서로 다를 수밖에 없다. 이 점은 그것들이 상이한 존재양식들에서 나타날 때 필연적으로 발생하는 그것들의 변화에서 눈에 띄게 드러난다. 이와 관련해서는 유기적 자연에서의 전체와 부분들의 관계 및 그 역(逆)의 관계가 무기적 자연에서의 그것과는 이미 다른 성질을 지닌다는 헤겔의 고찰을 참조하라고만 해 두겠다. 또는 가령 다음과 같은 점, 즉 형식과 내용 상호 간의 자생적 관계가 사회적 존재에서는 의식적으로 정립되는 조형(造形)이 되며, 이것이 사회와 자연의 신진대사에서 관철되고 또 사회성의 고차적 형식들에서 사회적 존재의 과정들 대부분에 규정적으로 영향을 끼친다는 점을 참조하라고만 해 두겠다.

이와 유사한 어떤 것이 사회적 존재에서 질과 양의 범주쌍과 함께 발생한다. 이미 헤겔은 "한도(限度) 관계들의 결절선"을 말하고 있다. 그리고 "양의 질로의 전환"은 마르크스주의를 통해서 널리 알려지기까지 했다. 비록 지금 우리가 이 관계를 비판적으로 고찰하지 않

---

67) Hegel: *Enzyklopädie*, §133.

을 수 없긴 하지만, "부정의 부정"에 대한 우리의 비판을 반복할 생각은 없다. 여기에서 실제로 중요한 것은 진정한 존재관계들이며, 또 그 관계들의 존재론적 성질을 보다 정확히 규정하는 것만이 문제이기 때문이다. 엥겔스가 정상적인 기압에서 0℃가 되면 물의 응집상태는 액체상태에서 고체상태로 이행한다고 말할 때, 그가 실제로 거론한 것은 양과 질의 이러한 상호관계의 한 실재적인 예이다. 존재론적 관점에서 보자면, 여기에(그리고 눈에 띄는 이와 유사한 정황들에) 있는 것이 실제로 이러한 전환의 유일하게 진정한 현실화인지, 혹은 양과 질은 방금 거론했던 헤겔의 서술에 나오는 형식과 내용처럼 부단히 상호 전환하는 것인지 하는 문제만이 대두한다. 후자〔양과 질의 부단한 상호전환〕는 17℃나 27℃처럼 눈에 띄지 않는 경우들에서도 방금 들었던 유명한 예〔정상적인 기압에서 0℃가 되면 물의 응집상태는 액체상태에서 고체상태로 이행한다는 말〕와 똑같은 그러한 전환이 일어나는 경우라고 우리는 생각한다. 자연존재의 입장에서 보면 — 물, 추위, 기압 따위는 자연에 속하는데 — 그러한 전환방식들은 같은 종류의 것이다. 우리는 그 표현을 여기에서 등가적으로 사용하지 않고자 하는데, 〔142〕 자연적 과정들은 그 본질상 가치와는 소원하기 때문이다. 그리고 자연적 과정들의 존재에 입각해 보자면, 그와 같은 전환방식 각각이 구체적으로 어떠한 결과를 가질지, 또 얼마나 많은 결과를 가질는지는 전혀 중요치 않다. 사회적 존재에서는 상황이 전혀 다르다. 사회와 자연(가장 넓은 의미에서의)의 신진대사에 있어 압도적 다수의 경우, 목적론적 정립들의 실천적 실행에 있어 물질적 성질의 최적 조건과 최악 조건이 있는 것과 꼭 마찬가지로, 이러한 과정 일반의 활동이 그 안에서 수행될 수 있는 물질적 성질의 상한선과 하한선이 있다. 사람들이 이러한 신진대사에서 그와 같은 결절점들을 특히 강하게 강조한다면, 그들은 자신들이 행하는 실천의 진정한 존재론적 토대들을 건드리는 것이다. 물론 그렇다고 해서 자연에서 일어나는 양과 질의 전환의 연속성을 폐기하거나 그 자연적 즉자존재를 수정하지는 않으면서 말이다. 그들은 사회적으로 중요한 결절점들이 어떤 경우에 발생하는지만 암시할 뿐이다. 사회적 발전이 진행되는 중에 순수 사회적 대상성(물론, 사회적 실천과 분리된 "자연적인 것 자체"로 생각해서는 결코 안 되는)에서도 실천과 관련하여 근본적 변화들을 현실화시키는 그런 존재 문제들이 출현하는 것은 당연한 일이다. 엥겔스가 뒤링에 맞서 정당하게 옹호했던 마르크스의 테제, 즉 모든 임의의 가치총합이 자본으로서 기능할 수 있는 것은 아니며, 그렇게 기능할 수 있기 위해서는 최소한도의 정량이 필수적이라는 그 테제를 생각해 보라.[68] 그와 같은 가치량은 물의 동결(凍結)처럼 궁극적으로 고정된 한계점이 아니라 항구적인 역사적 변화에 복속되어 있는데, 이러한 사실로 마르크스가 한 확언의 존재론적인 객관적 정당성이 반박되지는 않는다. 그러한 사실은 오히려 마르크스의 확언을 구체화한다. "자연과의 신진대사"의 문제들에서와 마찬가지로 이때도 사회적 존재의 존재론적 문제들이 중요하다는 쪽으로 말이다. 이 사회적 존재의 존재론적 문제들은, 비록 그 소재가 자연에 속한다 할지라도 자연존재론에서 나오는 경우들과 범주적으로 단순히 동일시될 수 없으며, 또 그래서도 안 된다. 이는 엥겔스가 논박하던 중 마지막으로 들었던 예에서 아주 분명하게 드러난다. 여기서 엥겔

---

68) *Anti-Dühring*, *MEGA*, pp. 128~129.

스는 2명의 맘루크[69] 가 3명의 프랑스인보다 무조건 우월하다는 나폴레옹 1세의 군사학적 발언을 인용한다. 이어서 두 집단을 숫자상 대조하는 목록이 나오는데, 그 목록은 다음과 같이 끝난다. "1,000명의 프랑스인이 매번 1,500명의 맘루크를 물리쳤다."[70] 한편으로 분명한 것은, 〔143〕 언급되었거나 언급되지 않은 전체 숫자상의 대조 속에는 양과 질의 군사적 관계들이 표현되고 있다는 점이다. 〔"1,000명의 프랑스인이 매번 1,500명의 맘루크를 물리쳤다"고 하는〕 이 마지막 경우는 특수한 의미를, 그리고 엥겔스에게는 논쟁과 관련하여 중요한 의미를 획득하는데, 왜 프랑스 기병대의 기강이 맘루크에 대해 군사적 우월성으로서 실천적으로 현실화될 수 있는지 하는 하나의 전환점이 이 수적 관계에서 설명되기 때문이다. 그런데 각각의 연쇄 고리는 본래 자연존재에서는 이질적 요소들로 구성되는 두 양의 질적 관계를 표현한다. 마지막 고리에서야 비로소 — 순수하게 사회적인 의미에서 — 사회적으로 중요한 전환이 일어난다. 즉, 동방 전쟁에서 나폴레옹이 가진 전략적 구상이 한 특수한 경우에 현실화될 실천적 가능성이 생기는 것이다. 한데 이러한 사태는 비록 순수 사회적 과정들이 아니라 자연과의 신진대사가 문제일지라도 정당성을 가진다. 정말이지 연관관계들에 대한 인식은, 사람들이 전환의 고정점을 더 이상 전혀 가정하지 않고 하나의 과정으로서의 그 과정에 반응하는데 익숙하게 될 만큼 진척될 수 있다. 오늘날 이미 사람들이 — 심지

69) 옮긴이 : "맘루크"(*Mameluk*)는 9세기 중엽부터 이슬람 사회의 고급 군사집단을 형성한 백인 노예출신의 군인들을 가리키는 말이다.

70) *Ibid.*, p. 123.

어 개인에 따라 차이가 있는 — 과정들로서 다루는 체온의 병적 변화들을 생각해 보라. 양적으로 규정된 "전환점"으로서의 "열의 한계"란 오늘날에는 이미 소박한 것으로 여겨질 것이다.

때때로 밀접하게 연결되는 두 가지 존재론적 사태를 구분하는 일이 여기서 행해졌는데, 이러한 구분이 쓸데없이 사소한 것을 따지는 일은 결코 아니다. 그러한 구분을 철저히 행하는 것은 심지어 마르크스의 철학구상들의 운명과도 결코 무관하지 않다. 그도 그럴 것이, 엥겔스 이후 마르크스적 "정통성"을 고수하는 쪽에서 주로 그랬던 식으로 자연변증법이 자연과 사회의 모순적인 존재론적 발전정황의 통일적인, 자체 내 동질적인 체계로 여겨진다면, 자연과 사회의 존재범주들, 존재법칙들 등등을 그와 같이 기계적으로 동질화하는 데 대한 정당한 반대가 생겨나는 것은 필연적이기 때문이다. 그런데 이러한 반대 중 압도적 다수는 부르주아적인 관념론적 이원론으로의 인식론적 복귀로 귀착되고 만다. 오늘날에도 예컨대 사르트르에서 이러한 혼란의 분명한 흔적들을 볼 수 있다. 마르크스주의의 존재론이 모든 존재인식의 기반으로서의 역사성을 마르크스의 예언적 강령의 의미에서 철저히 관철시킬 수 있을 때에야 비로소, 또 모든 존재의 확정적이고 명백히 통일적인 최종원리들이 인정되는 가운데 개개의 존재영역들 간의 종종 심각한 차이들이 올바로 파악될 때에야 비로소 "자연변증법"은 더 이상 자연과 사회의 (양자의 존재를 여러 방식으로 자주 왜곡시키는) 무차별적인 획일화가 아니라 〔144〕 범주적으로 파악된 사회적 존재의 전사(前史)로서 나타날 것이다. 이 전사를 올바로 작성하고 이용할 때 연속성과 불연속성의 변증법, 즉 발전과정들을 그 불균등성의 측면에서도 고려하는 — 역사적이기 때문에 — 진정한 의미에서의 궁극적 통일성과 구체적 대립성의 변증법이 존재론에서 지배하게 된다. 그럼으로써 비로소 진행과정 중에 있는 복합체들의 불가역적인(따라서 역사적인) 과정으로서의 존재라고 하는 변증법적 진리는 마르크스의 이론에서 객관적으로, 다시 말해 사태 그 자체의 본질에 따라 마땅히 차지해야 할 위치를 쟁취할 수 있다.

필연성, 우연성, 현실성, 가능성 등 양상 범주와 관련하여

우리의 고찰, 즉 일반적인 서론적 성격을 띤 여기에서의 고찰뿐만 아니라 우리의 시론(試論) 전체[71]는 인간의 사고의 역사에서 작용했던 범주론의 문제 전체를 체계적으로 그 존재기반들로 소급해 다룰 욕심이 전혀 없다. 우리의 고찰이 지닌 유일한 의도는 범주들의 발생과 작용, 성질과 상호관계, 자기보전과 변천에서 마르크스가 달성하고 관철시킨 존재의 우선성을 몇 가지 기본적인 원칙적 경우에서 분명하게 만들고, 그리하여 범주들이 실제로 "현존재 형식, 실존규정"으로 나타나는 진정한 범주론으로 가는 길을 발굴하고자 하는 것이다. 이는 현재로 이어지는 사회·역사적 발전이 이러한 문제설정을 시급히 해결해야 할 문제로서 의사일정에 올렸으며 또 그렇기 때문에 사람들이 — 필자가 희망하는 것인데 — 집단적 노력을 통해 이론적으로 보다 포괄적이고 현실에 한층 더 잘 부합하는 해결책

71) 옮긴이: 여기서 루카치가 "시론"이라 한 것은 《사회적 존재의 존재론을 위하여》를 말한다.

도 발견할 것이라는 확고한 확신을 품고서 하는 일이다.

따라서 여기에서 문제일 수 있었고 또 지금도 문제일 수 있는 것은 핵심적으로 중요한 몇 가지 물음을 던지는 일뿐이다. 그리고 이러한 물음들을 던지는 주된 목적은 비판 시도로서 범례적으로 작용하고자 하는 것이다. 이러한 관점에 입각해서 이제 개별적 문제들을 다루는 것은 피하되 양상성 범주들의 문제를 가능한 한 간단하게나마 언급하지 않을 수 없다. 왜냐하면 새로운 존재방식으로 이행이 이루어질 때마다 발생하는 범주들의 저 기능전환의 범위가 통상적으로 생각하는 것보다 훨씬 더 크기 때문이다. 우리는 그와 같은 범주변화들의 몇 가지 예를 이미 제시한 바 있는데, 아래의 고찰에서도 필요한 곳에서는 그렇게 할 것이다. 물론 우리가 이 문제를 대충이라도 다 파헤칠 수 있을 것이라는 환상 따위는 전혀 없다. 여기서 나는 다만 이러한 상황에 대한 설명으로 마르크스의 진술을 인용한다. 마르크스는 《자본》의 도입부에서 교환가치와 같은 아주 중요한 경제적 범주를 분석하면서 다음과 같은 — 올바른 — 확언을 하기에 이른다. "교환가치는 무릇 교환가치 그 자체와는 구별될 수 있는 어떤 내실의 **표현방식**이자 '현상형식'일 수 있을 뿐이다."[72] 〔145〕 현상형식은 그것을 야기하는 대상성의 동일성에서만 생겨날 수 있다는 것은 모든 자연존재에 있어서는 명증하고 자명한 일이다. 그러나 마르크스의 이 확언이 다른 사회적 대상성들에 대해서도 얼마만큼 타당한지 하는 문제는 여기서는 불가능한 광범위한 개별적 연구들을 필요로 할 것이다. 따라서 우리가 이 경우를 거론하는 유일한 이유는 사회적 존재의 새로운 범주형식들 및

72) Marx: *Kapital I*, p. 3. 〔《자본 I -1》, 89쪽〕

그것들의 변화와 변화원리들이 이루고 있는, 오늘날에도 거의 조망할 수 없을 정도로 광범위한 장(場)을 최소한 암시나마 하기 위해서이다.

우리에게 철학사를 통해 전승된 몇 가지 범주의 참된 성질에 대한 이러한 사유과정을 마치면서 우리가 이른바 양상 범주들 그룹으로 넘어간다면, 그 이유는 이 양상 범주들이 인간 실천의 다른 대부분의 범주들보다 더 긴밀하게, 이 후자의 범주들과의 상호관계를 통해, 한층 더 중요한 변양(變樣)에 복속되기 때문이다. 물론 여기에서도 사회적 존재의 고유성만이 그 고유한 발전의 와중에 비로소 산출할 수 있는 어떤 일반적 과정이 문제다. 그러나 특정 변화들은 여기에서 한층 더 현저하게 나타날 것이다. 인간 실천과의 연관이 여기에서 강력하게 관철된다. 그리하여 예컨대 양과 질이 칸트에서는 아직 완전히 분리된 채 다루어졌으며, 우리가 보았다시피 헤겔의 경우에도 따로 분리되어 발생했다가 사후적으로만 불가분하게 상호연관된 것으로 그것들을 제시하는 — 실패한 — 시도가 생겨난 반면, 양상 범주들은 거의 언제나 불가분하게 공속적인 하나의 그룹으로, 복합체로 나타난다.

여기에는 양상 범주들과 사회적 실천의 긴밀한 연관에 대한 고려가 내포되어 있다(물론 많은 경우 별로 의식적이지 않은 방식으로 이루어지는 일이긴 하지만 말이다). 이는 물론 이러한 범주들에 대한 인식과 특성 묘사 및 평가에만, 따라서 그 사상적 모상(模像)에만 해당하는 말이지, 새로운 존재형식들의 발생과정 속에 있는 범주들 자체의 성질에 해당하는 말은 아니다. 그렇지만 우리가 세부 연구들로 넘어갈 수 있으려면 그 전에 먼저 범주들의 위계적 편성에 있어 그것들의 본질에 대한 존재론적 파악과 인식론적 파악 사이의 차이가 간단히 암시되어야만 한다. 모든 존재론적 고찰에서는 바로 여기에서 존재가 모든 것을 정초하는 중심점이자 모든 분화의 보편적 척도이어야만 하는 반면, 인식론과 논리학에서는 필연성이 모든 것을 결정하는 중심일 수밖에 없다. 〔146〕 칸트에게는 이러한 위계적 종속관계가 아주 결정적으로 규정적인 원리인 까닭에, 존재는 단지 — 현상계로 특수화된 — 현존재로서만 이러한 범주적 연관관계 일반에 끼워 넣어질 수 있다. 존재 그 자체(*das Sein selbst*)(존재 자체(*das Sein an sich*))는 칸트에 의해서 인식론적 관점에서 원칙적으로 인식 불가능한 것으로 파악되었다. 그렇기 때문에 거기에서 필연성의 핵심적 역할은 이미 약간 약화된 방식으로 나타난다. 종교적으로 규정된 모든 세계관에서는 필연성이 초월적인 신적 존재의 본질과 현상방식으로서 전면적으로 특권적인 역할을 할 수밖에 없다는 것은 분명하며, 이에 대해서는 세세하게 논할 필요도 없다(때때로, 이미 호메로스에서도 간혹, 신들에 의해서도 수정될 수 없는 추상적 · 필연적인 "운명"이 필연성의 한층 더 고차적인 초월적이고 숭고한 형식, 심지어는 초이성적인 형식으로서 나타나기도 한다). 이 복합체를 여기에서 상세히 분석하지는 않더라도, 종교적으로 결정된 체계들이나 종교가 다만 결정적으로 관여되었을 뿐인 체계들에서 필연성이 점하는 핵심적 위치는 전(前)자본주의 사회들의 경제 및 상부구조의 보수적 경향들과 밀접한 관련이 있다는 점은 지적해 둘 만하다. 경제와 상부구조에서 전통이 주도적 역할을 하는 한, 현재의 실천에 대해 전통이 지니는 전범성은 모종의 필연성을 통해 이데올로기적으로 정초되어야만 한다. 따라서, 새로이 생겨나고 있는 과학성 및 발전, 새로운 경제로부터 나오는 결정적인 이데올로기적 가치 개념으로서의 진보 등에 세계관적 위엄을 부여하는 사명을 지녔던 근대의 위대한 철학들이 — 무엇보다도 자연에서 나타나는 — 필연성을 탈인격화된 세계지배적 힘으로서 중심에 두었으며, 그리하여 세계의 신적 규정성을 필연성에 의한 세계의 그와 같은 자기규정으로 대체했던 것은 전혀 놀랄 일이 아니다. 이러한 경향들의 가장 기념비적이고 가장 오래도록 효력을 발했던 구현물인 《기하학적 방식으로 증명된 데카르트의 철학 원리》(*Renati des Cartes Principiorum Philosophiae Pars I et II, More Geometrico Demonstratae, per Benedictum de Spinoza*)에서 (탈인간연관화하는 것으로서의) 기하학적 방식으로 구축된 스피노자의 "신 또는 자연" 철학이 필연성에다 범주적으로 모든 것을 결정하는 핵심적 역할을 부여하는 것은 따라서 결코 우연이 아니다. 이미 《신, 인간 그리고 인간의 행복에 관한 짧은 논술》에서 신의 법칙들에 관해, 필연성의 궁극적인 구현에 관해 다음과 같이 이야기되고 있다. "신의 법칙들은 위반될 수 있는 그러한 종류의 것이 아니다."[73] 위대한 《윤리학》[74]에서 이 구상은 더욱 완성된 정점에 도달한다. 여기에서 "사물들의 본성"은 다음과 같이 규정되고 있다. **"사물들의 본성에서 어떤 것도 우연적인 것은 없다. 오히려 모든 것은 신적 본성의 필연성에 의해 어떤 식으로 실존하고 작용하도록 규정되어 있다."**[75] 〔147〕 그리하여 진정한 현실에 적합한 주체 측의 이성, 지혜 등등은 이러한 필연성에 대한 통찰과 불가분하게 연결된다. 즉, 그와 같은 주체는 "자기 자신과 신과 사물을 어떤 영원한 필연성에 따라서 인식한다."[76]

---

73) *Spinoza Werke 1*, 앞의 글, p. 101.

74) **옮긴이**: 원제는 《기하학적 질서에 따라 증명된 윤리학》(*Ethica in Ordine Geometrico Demonstrata*)이다.

75) *Ibid.*, p. 27. *Ethik*. 〔《에티카》, B. 스피노자, 강영계 옮김, 서광사, 1990, 46~47쪽〕

우리가 헤겔의 체계에서 스피노자의 이러한 측면을 역동적 · 역사적으로 만들려는 시도를 본다면, 이로써 헤겔 체계의 본질을 확실히 다 파헤친 것은 아니라 하더라도 그 방법론 및 내용의 본질적 측면들은 건드린 셈이다. 헤겔 체계의 전체 논리적 구조는 더 이상 정태적으로 "영원한" 것이 아니라 역사적 · 역동적인 것으로 파악된 현실에다 스피노자의 "신 또는 자연"에 내포되어 있었던 것과 같은 확고한 절대적 필연성을 부여하려는 노력에 의해 본질적으로 이끌리고 있기 때문이다. 그로부터 수많은 결정적 단계들에서 해소할 수 없는 모순성이 생겨날 수밖에 없다는 것을 우리는 이미 존재의 논리적 연역에서 볼 수 있었다. 존재론적으로 몹시도 생산적인 본질논리학을 절대성 쪽으로 나아가게 하는 데에서 이와 극히 유사한 모순성들이 나타난다. 헤겔은 《논리학》 서설의 기본구상을 말하면서 그의 논리학의 존재론적 기능을 다음과 같은 의미에서 규정하고 있다. "따라서 논리학은 순수이성의 체계로서, 순수사유의 영역으로서 파악되어야 한다. **이 영역은 외피를 걸치지 않고 즉자대자적으로[절대적으로] 있는 그대로의 진리이다.** 그렇기 때문에, 그 내용은 **자연과 유한한 정신을 창조하기 전에 자신의 영원한 본질 속에 있는 그대로의 신의 현시**(顯示) 라고 분명하게 말할 수 있다."[77]

이러한 구상을 완벽하게 관철시키려 하다 보니 헤겔에서 현실은 스피노자에서처럼 존재적 통일성을 지닐 수도 없고, 이후 마르크스에서처럼 하나의 진정한 — 존재적 — 과정이 될 수도 없다. 그 현실은 형식적인 실재적 · 절대적 현실로서, 이러한 논리적 위계질서 속에

76) *Ibid.*, p. 275.

77) *Hegel Werke, Bd.* 3, 앞의 글, p. 33.

끼워 넣어질 수밖에 없다. 하위 유형들에 대한 논리주의적인 분석 이후 헤겔은 필연성에 의해 지배되는 제3의 최고단계를 다음과 같이 규정한다. "**그 자체로서 필연적인** 이 현실은, 필연성을 그 **즉자존재**로서 함유하기 때문에 **절대적인 현실**이다. 현실은 더 이상 달리 존재할 수가 없는데, 왜냐하면 그 **즉자존재**는 가능성이 아니라 필연성 자체이기 때문이다."[78] 자본주의가 전개되는 와중에 필연성이 이러한 형이상학적·초월적인 비장함을 상실한 것은 사실이지만, 〔148〕 무엇보다도 자연과학의 철학적 방법론에서 필연성은, 새로 생겨나고 강화되는 모든 문제에도 불구하고 양상 범주들의 복합체에서 그 핵심적 위치를 보전한다. 점차적으로 전개되어 나가는 문제들은 이러한 자연관에서 일반적·철학적으로 도출되는, 광범위하게 분화하는 결론들에서 표현된다. 그리하여 필연성이 이른바 마르부르크학파(코헨, 나토르프)[79]에서는 여전히 모든 과학적 인식의 길잡이로 머물러 있는 반면, 빈델반트[80]와 리케르트의 경우 그들의 역사 방법론은 필연성의 이러한 구성적 의의가 논박된다는 바로 그 점에 근거를 두고 있다. 실증주의적인 학설의 세계상에서는 존재 자체가 점점 더 제거되어 나가는데, 이

---

78) *Hegel Werke, Bd. 4*, p. 206.

79) 옮긴이: "마르부르크학파"(*Die Marburger Schule*)는 신칸트학파의 한 분파로서 코헨(Hermann Cohen, 1842~1918)과 나토르프(Paul Natorp, 1854~1924)가 대표자다. 순수논리와 순수윤리의 개념 확립에 공헌한 이들이 마르부르크 대학에서 활동했기 때문에 "마르부르크학파"라고 부른다.

80) 옮긴이: 빈델반트(Wihelm Windelband, 1848~1915)는 신칸트주의의 또 다른 분파인 서남독일학파(바덴학파)의 창시자로 칸트의 비판철학의 방법을 문화와 과학의 영역에까지 확장·적용하여 가치철학·문화철학의 기초를 닦았다. 그의 작업은 앞서 소개한 리케르트에 의해 계승·발전되었다.

렇게 제거하는 것이 그 모든 모순성을 그릇된 문제설정으로 보고 사고에서 제거하고자 하는 것이긴 하지만, 그럼으로써 존재 자체와의 관계도 제거되어 버리기 때문에 전체 범주론에서는 주관주의적 혼란과 주관주의적 자의(恣意) 만이 생겨날 수 있을 뿐이다(이로부터 생겨나는 새로운 비합리주의적 모순들은 이 자리에서 다룰 수 없다).

그와 같은 상황에서 철학적 관념론의 영향에 맞서 필요한 그날그날의 투쟁을 벌일 때 분명 사람들은 마르크스에게서조차도 아주 일반적인 몇몇 발언에서 동시대 관점들의 반향(反響) 을 발견할 수 있을 것이다. 명시적으로든 암묵적으로든 범주문제들로 넘어가는 결정적인 설명들의 구체적인 분석에서는 물론 필연성의 이러한 물신화가 완전히 사라진다. 하지만 필연성의 물신화는 넓은 범위에 걸쳐 있는 〔마르크스의〕 추종자들 속에서는 오래도록 존속한다. 예컨대 라살레[81] 가 계속 "임금 철칙"에 대해 말하는 것을 생각해 보라. 거기에서는 필연성이 오랫동안 점했던 핵심적 위치가 언어로 표명되고 있다. 하지만 이러한 규정을 계속 경멸적 · 반어(反語) 적으로 대했던 마르크스가 잉여노동에 대해 이야기하기 시작할 때, 잉여노동은 하나의 사회적 복합체 내부에서 서로 밀접하게 결부되어 있지만 본래 이질적인 구성요소들의 과정적인 결과로서, 진행과정 중에 있는 결과로서 파악된다. 여기에서 마르크스는 자본주의 경제의 내적 합법칙성은 (이러한 상품

81) 옮긴이 : 라살레(Ferdinand J. G. Lassalle, 1825~1864) 는 독일 노동운동의 지도자로서 1863년에 "전독일 노동자 동맹"의 초대총재가 되었다. 헤겔주의 철학의 영향 속에서 국가를 자유의 실현태로 파악하고 기존의 국가를 통해 사회주의 실현이 가능하다고 보았다. 그래서 그는 비스마르크의 프로이센에 상당히 협력하는 면모를 보였다.

의 구매자 또는 판매자로서의 자본가 또는 노동자에게 있어서) 잉여노동의 상위 한계 내지 하위 한계만을 규정할 수 있을 뿐이라는 점을 보여준다. 그러므로 그때그때 구체적인 잉여노동의 크기는, 자본가와 노동자의 투쟁에 의해서, 사회적 강제력에 의해서 그때그때 역사적·구체적으로 정해진다. 그렇게, 오로지 그렇게만, 구체적 존재결과들의 필연적인 장(場)으로서의 계급투쟁이 경제발전의 법칙성에서 발원할 수 있다.[82] 〔149〕 이와 아주 유사한 사회존재론적 이유들 때문에, 오랫동안 지배적이었던 "궁핍화"론은 마르크스의 사회론과 모순되는, 추상적으로 물신화하는 구성물임이 입증된다. 엥겔스는 "궁핍화"론의 이론적 지배에 직면하여 이미 《에르푸르트 강령 비판》(*Kritik des Erfurter Programms*)에서 그와 같은 일반화(다시 말하자면, 핵심범주가 필연성이냐 현실성이냐!)에 반대했으며, 또 마르크스와 마찬가지로 노동자 조직들의 반작용하는 실재적 힘에 호소했다.[83]

이 모든 것에서, 마르크스와 그를 이론적으로 실제로 따랐던 이들은 여기에서도 낡은 범주론(이 경우에는 필연성의 낡은 개념)과 단절했고 또 그들의 이론은 복합체들의 상호관계 속에 있는, 단지 점근적(漸近的)으로만 파악될 수 있는 불가역적 과정들로 정향되어 있었다는 것을 알 수 있다. 이와 마찬가지로 분명해지는 것은, 올바른 사회주의적 실천은 그러한 이론적 입장의 기반 위에서만 가능할 수 있다는 사실이다. 우리는 잉여노동이나 궁핍화에 관한 분석을 특히 강조

82) Marx: *Kapital I*, p. 196.

83) Marx-Engels: *Kritiken der* …, Berlin, 1928; *Elementarbücher des Kommunismus, Bd. 12*, p. 59.

했는데, 그렇게 한 이유 중 하나는 그것들이 다름 아니라 핵심적인 이론적 중요성 때문에 실천에 결정적으로 영향을 미쳤기 때문이다. 가령 자본주의 경제에서 잉여노동이 옛 의미에서의 "필연적"인 것으로 규정되어 있다고 생각하는 사람은, 위에서 말한 잉여노동의 성질로부터만 잉여노동의 제한, 축소 등등을 위한 계급투쟁의 가능성이 이론적으로 도출될 수 있고 또 실천적으로 현실화될 수 있다는 것을 이해하지 못할 것이다. 존재는(또한 사회적 존재도, 더욱이 가장 특수한 방식의 사회적 존재도) 스스로 진행과정 중에 있는 복합체들이 맺는 상호관계들의 불가역적 과정이라는 인식은, 존재의 참된 성질에 대한 우리의 통찰의 현 상황에서 보자면, 존재를 가장 적절하게 표현하는 것일 뿐만 아니라 바로 그렇기 때문에 또한 원칙적이면서 동시에 탄력적인 올바른 실천을 위해 가장 효과적인 이론적 입장에 이르는 것이다. 마르크스의 이론에 영향을 받은 노동운동의 이데올로기적 발전과정을 주의 깊게 추적하는 사람이라면, 마르크스주의로부터의 기회주의적 일탈은 경제적·사회적으로 필연적 발전을 기계적으로 절대화하는 낡은 관점에 주로 의거하고 있는 반면, 분파주의적 일탈은 대개 주관적·실천적인 계기를 그 존재론적 기반에서 인위적으로 격리시킨다는 것을 틀림없이 발견하게 될 것이다(오토 바우어[84]에 대한 피셔〔의 비판〕[85]). 그리하여 참으로 효과적이고 사회적으로 보편적

84) 옮긴이: 오토 바우어(Otto Bauer, 1881~1938)는 오스트리아의 정치가이자 "오스트리아 마르크스주의"의 대표적 이론가 중 한 사람이다. 사회민주주의적인 정치적 입장은 정통파 마르크스주의자들에게 수정주의자, 기회주의자로 비판받았다. 번역되어 있는 《민족문제와 사회민주주의》는 민족 문제를 다룬 고전 중의 하나로 평가받는다.

인 모든 실천을 직접적으로 제한하거나 심지어 방해할 수밖에 없는 이론적 입장이 생겨나거나, 〔150〕 아니면 주관주의적 방식으로 이러한 실천을 존재적으로 유일하게 정당한 그 토대, 곧 경제·사회적 전체과정의 역동적 총체성에서 유리시키는 이론적 입장이 생겨난다.

물신주의적으로 일반화된, 보편성을 통해 기계적으로 만들어진 필연성은, 우연을 파악하는 데 있어서도 존재론적 착오를 광범위하게 야기한다. 필연성의 절대화는—이를 철저하게 사고할 경우—우연의 객관적·존재적인 존재 가능성 일반을 부인하는 것으로 귀결된다. 우리가 지금까지 전개한 서술에 따라서 보자면, 우연의 존재를 이처럼 절대적으로 부인하는 입장의 가장 단호한 정식화 또한 스피노자에서 발견된다는 것은 놀랄 일이 아니다. 《윤리학》의 정리(定理) 29에서 그는 다음과 같이 말하고 있다. "사물들의 본성에서 어떤 것도 우연적인 것은 없다. 오히려 모든 것은 신적 본성의 필연성에 의해 어떤 식으로 실존하고 작용하도록 규정되어 있다." 이것은 스피노자가 그 정리의 "증명"에서 상론하고 있듯이 "우연적인 것은 아무것도 없다"는 것을 뜻한다.[86] 그의 동시대인인 홉스는 스피노자와는 다른 숙고에서 출발하여 그와 궁극적으로 유사하게 우연을 부인하기에 이른다. 《신체론》에서 홉스는 가능성과 현실성의 관계를

---

85) **옮긴이**: 원문에는 "Fischer über O. Bauer"로 적혀 있다. 여기에서 "피셔"는 오스트리아의 작가이자 언론인이고 마르크스주의 문예학자인 에른스트 피셔(Ernst Fischer, 1899~1972)를 가리킨다. 그가 쓴 책들 가운데 두 권(《예술이란 무엇인가》, 《마르크스사상의 이론구조》)이 국역된 바 있다. 1936년에 피셔는 오토 바우어의 수정주의적 입장을 신랄하게 비판했다. 이에 관해서는 http://www.kpoe-steiermark.at/aid=2087.phtml 참조.

86) *Spinoza Werke 1*, 앞의 글, p. 27. 〔《에티카》, 46~47쪽〕

다루면서 다음과 같이 말하고 있다. "사람들이 저지할 수 없는 작용을 우리는 필연적인 작용이라 부른다. 따라서 일반적으로 일어나는 모든 사건은 필연적으로 산출된 것이다."[87] 여기에서 홉스는 주로 자연과학적으로 정초된 필연성론에 특히 큰 영향을 미쳤던 존재론적 시각을 논리정연하고도 아주 효과적으로 언급하고 있다. 즉, (늘 그렇듯이!) 한번 일어난 일은 더 이상 바뀔 수 없는 것일 수밖에 없다는 점을 언급하고 있는 것이다. 이것은 분명 모든 존재의 한 본질적 측면에 대해서는 직접적으로 올바른 확언이다. 그 측면은 호메로스의 운명에서부터 칼뱅[88]의 예정설에 이르기까지 종교적 세계상들 속에서 — 물론 초월적 · 목적론적으로 해석되어 — 중요한 역할을 한다. 그도 그럴 것이 여기에 주어져 있는 것은 그 누구도 폐지할 수 없는 하나의 사실, 즉 한번 일어난 일의, 따라서 과거 전체의 실천적 · 실재적인 변동 불가능성이기 때문이다. 존재론상으로 현실성을 필연성이 대체함으로써 이제부터 과거 전체는 일종의 초월적 위엄마저도 지니게 된다. 모든 존재자의 현재적인 현존재〔거기에 있음〕와 상재(相在)〔그리 있음〕는 "필연적으로" 존재의 이전 성질에서 도출될 수밖에 없다고 보는 유물론적인 자연철학들의 고찰들 또한 그쪽 방향으로 향해간다. 헤겔이 《법철학》 서문에서 플라톤을 논의의 실마리로 삼아 "이성적인 것은 현실적이고, 현실적인 것은 이성적이다"라고 말

87) Hobbes: *Grundzüge der Philosophie, Erster Teil: Lehre vom Körper*, Leipzig 1915, p. 127.

88) 옮긴이 : 칼뱅(Jean Calvin, 1509~1564)은 프랑스의 종교개혁가다. 제네바에서 종교개혁에 성공하고 신정정치적 체제를 수립했다. 1536년 복음주의의 고전이 된 《그리스도교 강요》를 저술했다.

하고 있을 때, 그 또한 거기에 도달한다.[89] 〔151〕 여기에서 이성적인 것은 여하간 파악된 필연성과는 단지 형식상·용어상으로만 구분될 뿐이라는 것은 굳이 설명할 필요가 없을 것이다. 헤겔은 자칭 존재론적인 이러한 확언의 인간적·사상적인 원천을 단지 용어상으로만 암시한다. 본질적으로 여기에서 — 그리고 자연철학적인 유물론자들에게서도 — 일종의 기계적 숙명론이 생겨나는데, 이 기계적 숙명론은, 철저히 끝까지 사고될 경우, 자연과 사회에서 가장 중대한 사실들과 사건들에 관련될 뿐만 아니라 이와 꼭 마찬가지로 일상의 가장 분명한 삶의 표현들의 실상(實相)에도 관련된다.

우리가 올바르게 파악된 과정적 존재의 관점에서 그와 같은 구상들에 필요한 수정에 들어가기 전에, 존재의 실천적·이론적인 처리와 관련하여 긍정적인 의의가 없지 않은 그 구상의 인식적 측면을 간단히 짚고 넘어가도록 하자. 스피노자뿐만 아니라 홉스도 어떤 현상이 우연적인 것으로 파악되어도 되는지 또는 그렇게 파악되어야 하는지에 대한 사람들의 확정이 지니는 주관적 성격의 계기를 강조한다. 물론 그들은 그럼으로써 모든 그와 같은 입장을 즉각 배척한다. 그렇지만 — 원하든 원치 않든 — 이러한 평가를 통해 존재에 대한 인식의 과정에서 중요한 한 가지 진보적 계기가 살짝 다루어진다. 사회·역사적 진행 속에 있는 인류의 정신적 발전의 관점에서 보자면, 어떤 특정한 현상이 그 동적인 힘들에 대한 무지(無知)의 결과로 우연적인 것으로서 평가되는 것은 부단히 반복되는 일이다. 존재에 대한 사회적 처리의, 더 뒤에 이루어지는 더 높은 단계에서야 비

89) Hegel: *Rechtsphilosophie*; *Phil. Bibl., Bd. 124*, p. 14.

로소, 이전에 몰랐던 그와 같은 규정들의 원천이 인식될 수 있다. 물론 두 유형의 존재론 사이의 이 같은 외관상의 수렴은 실제로는 표면상의 수렴에 지나지 않는다. 그도 그럴 것이 그러한 현상들의 우연적이지 않은 성질을 드러내 보임에 있어서, 직접적으로는 그릇된 판단이 절대적 필연성의 보편적인 타당성에 대한 오인(誤認)으로서뿐만 아니라 과정으로서의 존재에 대한 올바른 이해를 향한 행보로서도 파악될 수 있기 때문이다. 두 경향이 무의식적으로 교차하는 경우들이 분명히 존재하는데, 그렇다고 해서 양자의 이러한 원칙적 대립성이 폐지될 수는 없다.

이제 우리가 현실적인 존재의 영역 속에서 필연성과 우연성의 윤곽을 제시하고자 한다면, 이 경우에도 역시 우리의 기본입장, 즉 존재란 내적으로 비동질적인 성질을 지니고 또 세부에서나 — 상대적인 — 총체성들에서나 불가역적인 구체적 과정들을 낳는 그런 과정적 복합체들의 무한한 상호관계로 구성된다고 보는 기본입장에서 출발해야만 한다. 〔152〕 우리가 거듭 밝혔다시피, 복합체들을 구성하고 있는 이 과정들은 통계 방법에 의해서만 그 진정한 역동적 상태에서 파악될 수 있다. 또, 그렇기 때문에 그 결과는 하나의 — 상황에 따라 더 커거나 더 작은 — 통계적 확률일 수밖에 없다. 과학과 기술을 포함한 인간 실천과 관련하여 여기서 밝혀지는 것은, 어떤 과정이 실천적 실패를 초래하는 법 없이 진행될 아주 높은 확률은 필연적인 것으로서 다루어질 수 있다는 것이다. 이 경우에는 기대했거나 설정했던 기준에서 벗어나는 것들이 실천에서 결정적으로 문제되지 않기 때문이다. 하지만 이것은 인식의, 특히 자연적 과정들에 대한 인식의 발전에 따른 궁극적인 결론만을 추상적으로 돌려 말한 것에 지나지 않는다. 자연과의 신진대사에서 이루어지는 인류의 실천뿐만 아니라 사회적 발전 자체에서 이루어지는 인류의 실천(여기서는 무엇보다도 마르크스의 일생의 작업을 생각해 보라)에 의해서 필연성 자체의 구상도 그러한 실천의 이론적 기초를 생산적으로 세울 수 있는 쪽으로 구체화되었다.

여기에서 우리가 말하고자 하는 것은 다음과 같다. 즉, 존재에 대한 보다 정확한 인식으로 나아가면, 어떤 과정의 결과들이 예외 없이 현실화되는 곳에서도, 따라서 옛 의미에서 필연적으로 보이는 곳에서도 아주 특정한 존재적 전제조건들 없이 작동하는 것은 결코 없으며 그러한 작동은 언제나 특정한 존재상황의 특정한 구체적 결과들에 의해 이루어진다는 것이 항상 밝혀진다. 요컨대, 우리가 필연성이라고 부르곤 하는 모든 것은 그 본질에서 보자면 각 과정의 그와 같은 구체적 진행의 가장 일반화된 형식, 따라서 존재적으로 "연기적인 필연성"이다. 언젠가 생성되어 자기 자신과 자신이 속하는 유를 재생산하는 모든 유기체가 종말을 맞게 되는 경우와 같은 극단적인 예를 생각해 보라. 이때 문제는, 자기 자신과 자기 유를 재생산하는 것으로서 어떤 유기체가 발생할 때, 이 과정과 더불어 어떤 규정된 종말이 존재 자체에 의해 객관적으로 같이 설정되어 있다는 것이다. 과정의 발생과 성장과 전개 및 종말은, 그 속에서 유기적 생명이 스스로를 현실화하고 하나의 특수한 존재가 될 수 있는 저 필연적인 "연기적" 과정의 마디〔節〕들이다. 그런데 이러한 필연적 연관관계는 유기체의 존재과정에 국한되지 않는다. 단도직입적으로 필연성을 옹호하는 사람은 그와 같은 경우들에서 곧잘 잊곤 하는 것이 있는데, 자연존재의 영역에서 이루어진 가장 위대하고 가장 획기적인 발견들은 실험의 도움으로 달성되었다는 사실이 그것이다. 그런데 존재의 측면에서 볼 때 실험이란 무엇인가? 존재의 실재적인 전체 복합체에서 이러한 "필연성"과 동행하곤 하는 저 무수한 다른 계기들로부터 그러한 "연기적" 계기들을 인위적으로, 그러나 존재적으로 격리시키는 것이 실험이다. 〔153〕 갈릴레이는 진공의 공간에서 "자유낙하"를 연구했는데, 그와 같은 제외를 통해 그는 지배적인 결정적 "조건"(*Wenn*) 성분을 순수하게 표현할 수 있었다. 그러나 연기적 필연성의 이 같은 순수한 경우는 오로지 — 목적론적으로 정립되고 격리시키는 — 실험에서만 존재한다. 존재 자체에서 이러한 "연기적" 연관관계는 그때그때 구체적으로 규정된 복합체의 한 구성요소일 뿐이다. 비록 그것이 그 복합체에서 빈번히 지배적인 역할을 한다 하더라도 말이다.

마르크스의 경제학에서 이른바 "자연과학적으로 확립된 필연성"은 명확히 강조된 "연기적" 성격을 지닌다는 것을 덧붙여 말하는 건 아마도 불필요한 일일 것이다. 나는 평균이윤율의 하락경향만 거론하겠다. 마르크스는 더 높은 이윤 쪽으로 자본이 이동하는 것을 가능하게 하고 유효하게 만드는 자본주의 발전단계에서 평균이윤율 하락경향의 사회적 존재기반(그것의 "본질")을 도출한다.[90] 한층 더 눈에 띄는 것은, 그가 자본주의의 가장 일반적인 필연적 법칙들에 대한 고찰의 종결부로서 "본원적 축적"에 대한 방대한 서술을 끼워 넣고 있다는 점이다. 그럼으로써 그는 자본주의의 모든 합법칙성의 이론적 전제조건을 아주 명확하게, 본질적으로 "연기적인 필연성"으로서 규정한다. 그는 본원적 축적의 결과를 다음과 같이 총괄한다. "경제적 관계

---

90) Marx: *Kapital III / 1*, p. 175.

들의 무언(無言)의 강제는 노동자에 대한 자본가들의 지배를 확정짓는다. 경제 외적인 직접적인 강제력도 여전히 사용되기는 하지만, 그러나 단지 예외적으로만 사용된다. 사태가 정상적으로 진행될 때, 노동자는 '생산의 자연법칙들'에 내맡겨진 채로 있을 수 있다. 즉, 생산조건들 그 자체에서 발원하고 또 그것에 의해 보장되며 영구화되는 자본에 대한 노동자의 종속상태에 내맡겨진 채로 있을 수 있다."[91] 이것이 바로 이른바 본원적 축적의 한 본질적 계기다. 그리고 그는 의식적이고 분명하게 필연성에 대한 기계적인 일반적 관점을 반어적으로 논박하는 가운데 그러한 확언을 다시 한 번 간결하게 요약·반복한다. "자본주의적 생산양식의 '영원한 자연법칙들'을 해방시키기 위해서는 그러한 수고가 필요했던 것이다"[92]라고 말이다. 따라서 여기에서 마르크스는 경제적 법칙체계 전체를 역사적으로 생성된 "연기적 필연성들"로 보고 있는 셈이다. 자본주의를 — 우리의 의미에서 — 필연적인 것으로 산출했던 역사적 과정이, 〔154〕 사회적 존재의 불가역적 과정으로부터 달리 파악될 수는 없을 것이다. 수십 년 후 레닌은 자본주의에서 이루어지는 농업발전의 프로이센적 길과 아메리카적 길에 관해서, 그리고 자본주의 발전에 있어 그 길들의 결과에 관해서 말하는데, 이때 그는 자본주의 발전의 필연성에 대한 이러한 "연기적 구상"(*Wenn-dann-Konzeption*)을 더 구체화시키고 있다. 아메리카적 길에서 "조건"은, 그 특수한 (우연적) 성질 때문에 원천으로서의 "본원적 축적"을 객관적으로 필요로 하지 않았던 사회로서 나타

---

91) *Kapital* Ⅰ, p. 703. 〔《자본 Ⅰ-2》, 991쪽〕
92) *Ibid.*, p. 725. 〔《자본 Ⅰ-2》, 1018~1019쪽〕

난다. 프로이센적 길에서는 더 발달한 자본주의를 산출하기 위해서 농업의 봉건적 구조를 변혁할 필요가 없었던 발생의 한 형식이 나타난다. 이 두 가지 "연기" 형식의 상이성의 토대로서 역사적인 "우연들"이 미합중국과 프로이센·독일에서 이루어진 자본주의적 사회발전의 차이를 광범위하게 규정하고 있다. 비록 이 양국에서 자본주의 경제의 최고도로 발전된 형식들이 생겨나긴 했지만 말이다.

그러나 필연성의 존재론적인 구체화 내에서는 이 모든 것을 통해 필연성과 우연성의 존재적 병렬의 한 유형만이, 즉 진행과정 중에 있는 복합체 내에서 이뤄지는 규정들의 상호작용만이 기술된 것일 뿐이다. 보통 이 규정들은 그 과정의 지배적 경향과 관련되어 있곤 하지만, 그렇다고 그 경향에 대해 이질적인 본질적 특징을 버릴 수 없을뿐더러 약화시킬 수도 없다. 그렇기 때문에 그 규정들은 — 바로 그 이질성을 띤 채로 — 각 복합체의 전체과정의 결과로 생겨나는 저 합성체의 구성요소가 될 수 있다. 본래 우연적인 상호관계 속에 있는 존재계기들의 대부분이었던 각 구성요소는 진행과정 중에 있는 각 복합체의 불가역적인 과정들 속에 그런 식으로 삽입된다. 이러한 공동작용에서 하나의 — 최종 결과에서 — 통일적인 불가역적 과정이 발원하는 한, 그 공동작용이 그 구성부분들의 "순수한" 우연성을 합성체에 끼워 넣는 것이 사실이다. 그런데 그 불가역성은 무엇보다도, 주로, 그 구성요소들의 상호이질성으로부터 생겨나는 우연성들이 그 구성요소들에서 얼마나 강력하게 작용하는가 하는 바로 그 점을 통해 결정되어 있다.

이것이 대부분의 불가역적 과정들의 일반존재론적 특징이다. 이러한 경향이 작용하고 있는 존재의 구성이 복잡할수록 그 경향은 그로부터 생장(生長)하는 대립, 긴장 등등과 더불어 외연적으로나 내포적으로나 더욱더 강화된다는 것은 굳이 상세히 분석하지 않더라도 명백한 일이다. 사회적 존재에서 이러한 강화는 아주 결정적이게 되어서 사람들이 — 아주 일반적인 — 공통의 특징들은 안중에도 두지 않는 경향이 있다고 말하더라도 이는 과장이 아니다. 〔155〕 현대 물리학의 방법론적 혁신은 일반적·철학적으로 아주 중요한데, 왜냐하면 이에 의거해서야 비로소 일반적 범주들의 존재적 연속성이 자연과정을, 특히 무기적 자연의 자연과정을 파악하던 예전의 관점에서보다 더 확실하게 나타나기 때문이다. 그로부터 두 존재양식〔사회적 존재와 자연존재〕의 모든 공통성을 배제한 채 양자를 너무 엄격하게 대조하는 일이 일어났건, 아니면 무기체의 법칙성들의 구조를 사회적 존재에 존재론적으로 부당하게 적용하는 일이 일어났건, 철학적·방법론적으로 역전된 이 상황은 전혀 바뀌지 않는다. 마르크스의 "추종자"를 마르크스의 방법에서 멀어지게 한 데에는 전자의 변주보다 후자의 변주가 더 중요한 역할을 했는데, 그렇다고 해서 양자가 비판적으로 거부되어야만 한다는 점에서 바뀔 것은 거의 없다.

우리가 필연적 내지 우연적이라 부르는데 익숙했던 경향, 힘, 정황 따위의 존재론적 상호관계들이 이로써 다 파헤쳐진 것은 결코 아니다. 진행과정 중에 있는 — 많은 경우 심히 비동질적인 — 복합체들의 상호관계에 있어, 이로부터 지속적이고 경향적이며 또 모순적으로 작용하는 과정적 통일성이 발생하는 경우가 유일한 경우는 아니다. 관련 구성요소 각각에 내재하는 경향들의 작용이 최종 결과 그 자체를 보면 완결되게 인과적으로 정초되어 있는(따라서 옛 의미에서 심지어 필연적인 것으로 여겨질 수 있는), 그렇지만 그 만남의 근저에는 극복할 수 없는 우연성이 놓여 있는 그런 교차들도 자주 — 그리고 보다 복잡한 존재형식들의 전개와 더불어 더욱더 증대되어 — 생겨날 수 있다. 아주 빈번히 인용되었던 예, 곧 어떤 보행자의 머리 위에 그가 지나가고 있는 집 지붕의 기와가 떨어지는 예를 생각해 보라. 기와가 떨어진 것은 물리적으로 "필연적"이라는 데에 이론(異論)을 제기할 사람은 아무도 없을 것이다. 그 보행자가 바로 그때 지나갔다는 것 또한 "필연적"일 수 있다(예컨대 직장 출근). 하지만 두 "필연성"이 구체적으로 교차되는 결과는 우연적인 것일 수밖에 없다. 이러한 유형의 진행은 자연에서 언제든 확인될 수 있다. 그런데 더 복잡한 존재형식들의 발생과 더불어 그 빈도가 필연적으로 증가한다는 것은 의심의 여지가 없다. 다름 아니라 보다 복잡한 존재양식의 가장 본질적인 운동형식이, 보다 단순한 존재양식의 운동형식과 아주 이질적으로 마주해 있는 단순한 사실만 하더라도, 이러한 종류의 연관관계들을 위한 커다란 여지를 낳는다. 이는 무기적 자연과 유기적 자연의 상호관계에서 이미 볼 수 있는데, 여기에서는 무기적 자연의 재생산의 가장 중요한 내적 법칙들과 유기적 자연의 그 법칙들이 아주 우연적인 연관관계 속에 있곤 한다. [156] 존재상 불가피한 우연성들의 이러한 활동여지의 범위는, 어떤 식물이 유에 부합되게 자기재생산을 할 수 있기 위해서 햇살을 충분히 받고 있는지, 아니면 너무 적게 혹은 너무 많이 받고 있는지 하는 단순한 사실에서부터, 정상적 생존상황에서 동물표본들이 유지되느냐 멸망하느냐, 동물계의 종(種)들이 근절되느냐 재생하느냐 하는 데까지 이른다.

사회적 존재에서 이러한 정황은 질적으로 강화된다. 사회적 존재의 일차적인 기반, 즉 마르크스가 사회와 자연의 신진대사라 부른 그것만 하더라도 벌써 그와 같은 강화를 필연적으로 초래한다. 그렇게 강화되는 이유는, 환경에 대한 인간의 (능동적) 적응의 가장 본질적인 계기 속에, 곧 노동의 근저에 있는 목적론적 정립 속에 아주 폭넓게 놓여 있다. (도구들의 성질과 사용을 포함하는) 노동과정 자체뿐만 아니라 노동의 산물 및 그것의 사용에 있어서도 이러한 정황이 부단히 나타나기 때문에, 처음부터 그와 같은 우연성들에 대한 목적론적 반응이 발생한다. 유리한 우연과 불리한 우연을 평가하면서 나누는, 일상적 실천과 그 언어에서 제거될 수 없는 그 구분만 하더라도 벌써 이 새로운 상황을 분명하게 보여준다. 무기적 자연의 대상성은 그런 것을 전혀 알지 못한다. 유기체들의 재생산 과정에서는 그런 구분이 객관적으로, 오직 객관적으로만 나타난다. 그러나 사회적 존재에서 그것은 주체적으로 의식되는데, 그러한 의식화는 목적론적 정립들을 작동시키는 계기가 됨으로써 사회적 존재 자체의 중요한 구성부분이 된다. 유리한 우연들은 활용하고 불리한 우연들은 가능한 한 피하기 위해서, 우연들은 관찰되고 분석되며 유형화된다. 불리한 우연들에 대한 이러한 방어가 중요한 계기라는 것을 알기 위해서는 극히 다양한 교통규칙, 노동과정 자체의 규칙 따위를 생각해 보는 것으로 충분할 것이다. 그리고 노동활동 자체를 평가할 때 유리한 우연들의 능숙한 활용이 여기서 얼마나 큰 역할을 하는지가 확연히 드러난다. 노동문화의 초기단계들의 예로서, 범선의 선장을 한번 생각해 보라. 그가 항해할 때 무풍상태, 전혀 예기치 못했던 극히 다양한 방향의 바람, 폭풍 따위가 규칙적이라고 말할 수 있는 방식으로 나타난다. 그것들을 제대로 활용하거나 피하는 것은 선장이 그의 일에 실제로 얼마만큼이나 통달해 있는지를 측정하는 한 중요한 시금석이다. 그런데 그와 같은 정황들이 사회적 존재의 초기단계들만 특징짓는다고 생각한다면 심각한 잘못일 것이다. 실은 반대다. 노동이 발전하면 할수록, 사회적으로 되면 될수록, 그와 같은 계기들을 성공적으로 활용하는 것이 더욱더 중요해진다. 예컨대, 위에서 시사했던 모티프는 마차를 수단으로 하는 예전의 교통에서보다 점점 늘어나는 자동차 교통에서 훨씬 더 큰 역할을 한다는 사실을 부인할 수 없을 것이다. 그리고 비행기가 완전해질수록 이 계기는 비행기와 관련하여 더 큰 역할을 한다. 〔157〕 쓸데없이 세목까지 다루는 대신 바로 주요문제로 넘어가자면, 마르크스가 인간발전의 주요 계기들 가운데 하나로 자연적 한계들의 후퇴라고 특징지은 그 과정은, 인간의 생활방식 전(全) 영역에서 이러한 우연 계기의 보편적인 전개를 가져온다고 말할 수 있다.

《독일 이데올로기》에서 마르크스는 전(前) 자본주의 사회들에서의 인간의 삶과 자본주의 자체에서의 인간의 삶 사이의 본질적인 존재적 차이를 말한다. 그러면서 그는, 모든 인간의 모든 생활방식을 결정지을 정도로 중요한 문제에서 어떠한 — 지극히 중요한 — 존재적 변화가 일어나는지를 보여준다. "각 개인이 인격적인 한에서의 그의 삶과 어떤 노동부문 및 거기에 속하는 조건들 아래에 포섭되어 있는 한에서의 그의 삶 사이에는 어떤 구별이 생겨난다." 마르크스는 역사적으로 되돌아보는 가운데 다음과 같이 덧붙인다. "신분에서는(종족에서는 더욱더) 이러한 점이 아직 은폐되어 있다. 예를 들면 귀족은 어디까지나 고상한 사람이고 평민은 어디까지나 상놈으로서, 그들의 여타 관계들과는 별도로 그들의 개인성〔개체성〕과 분리할 수 없는 하나의 질(質)로 머물러 있는 것이다." 그는 이러한 회

고를 다음과 같은 확언으로 끝낸다. "인격적 개인과 계급적 개인의 구별, 개인에게 있어 생활조건들의 우연성은, 그 자체가 부르주아지의 산물인 계급의 등장과 더불어 비로소 시작된다. 개인들 서로 간의 경쟁과 투쟁이 비로소 이러한 우연성 자체를 산출하고 발전시킨다."[93] 이미 우리는 앞서 다른 맥락에서 모든 사람의 삶을 영위하는 데 있어 그들의 개체성의 발전과 관련하여 이러한 우연적 상황이 지니는 중요성을 다룬 바 있다. 그렇기 때문에 여기에서는 그러한 고찰들을 다시 참조하라고 하기만 하면 된다. 우리가 인용한 진술에 이어 나오는 고찰에서 마르크스는, 자본주의에서 그렇게 생겨나는, 인간의 자유를 향한 경향은, 아직 객관적 강제력들 아래에 복속되어 있기 때문에 사실상 부자유라고 지적하는데, 그렇다고 해서 그 진술이 역사적 견지에서 볼 때 갖는 의미가 감소되는 것은 결코 아니다. 널리 알려져 있다시피, 마르크스의 역사관에 따르면 "자유의 나라"로의 실질적인 이행은 오직 자본주의를 기반으로 해서만, 사회혁명과 사회주의를 통해서만 가능하게 된다. 따라서 모든 사회적·인간적인 현존의 기반들이 우연적으로 되는 것은 자연에 매여 있는 이전 사회들과 비교하면 그 방향으로 나아가는 하나의 객관적 진보를 나타내는 것임에 틀림없다.

〔158〕 기계적 필연성을 제거해나가는 방향을 띤 발전정황들과 관련하여 이 문제가 지니는 의의, 다시 말해 그때그때 지배적 경향들 내에 있는 각 개인적 실존에서 우연성들이 행하는 여러모로 적극적인 역할은 마르크스의 역사구상의 주요문제들과 관련하여 아무리

93) *MEGA I/5*, pp. 65~66. 〔《칼 맑스/프리드리히 엥겔스 저작선집 1》, 247쪽〕

높이 평가해도 부족하다고 우리는 생각한다. 의문의 여지없이 여기에는 유의 모든 자연적 "침묵"과 초기 구성체들의 모든 "편협한 완성"을 뒤로 함으로써 비로소 진정 인간적인 유적 성질을 가능케 만드는 저 존재부합적인 사회적 발전경향들 중 하나가 있다. 인간의 현존의 사회적 기반이 우연적으로 되는 것은, 자본주의 초기의 그 모든 부정성과 문제성에도 불구하고 이러한 발전경로의 불가결한 전제조건이다. 그리고 이러한 문제복합체가 이미 마르크스가 맨 처음에 한 이론적 작업에서(에피쿠로스를 다루는 박사학위 논문에서) 핵심적인 역할을 했다는 것을 분명히 인식할 때, 그의 사상적 발전의 웅장한 통일성을 가장 분명하게 만들 수 있다. 물론 직접적 의미에서 그랬던 것은 아니다. 확실한 것은, 마르크스가 아직은 내·외적으로 적절하게 전개되지 못한 자신의 세계상을 처음 사상적으로 총괄한 것을 에피쿠로스에게 단순 투사했던 것은 아니라는 점이다. 또 확실한 것은, 라살레에게 보낸 편지에서 마르크스가 "에피쿠로스를 다룬 글들에서 그것은 단지 **즉자적으로**만 있었지 의식적인 체계성을 띠고 있었던 것은 아니다"[94] 고 한 것과 같은, 이후에 그가 한 자기해석의 방식으로 봐서도 안 된다는 점이다. 비록 그 편지에서 이전 사상가들에 대한 해석의 한 가지 일반적 방법을 발견해야 한다 하더라도, 에피쿠로스에 대한 마르크스의 그런 식의 관계가 가장 결정적인 것일 수는 없다. 그러나 청년 마르크스에게 에피쿠로스를 그렇게도 매력적이게 만들었고 또 세부분석에서 그렇게도 풍부하게 만들었던 것이 무엇일까 하는 물음은 당연히 생겨날 수 있을 것이다. 유물론이

94) *Briefwechsel zwischen Lassale und Marx*, Berlin, 1922, p. 123.

라는 단순한 상투어를 통해서는 이 문제를 다 파헤치기는커녕 이 문제에 제대로 접근조차 할 수 없다. 박사논문의 중심 부분들은 그리스 철학의 역사에서 또 다른 위대한 유물론자인 데모크리토스[95]를 날카롭게 논박하는 데 바쳐져 있다. 헤겔한테 단련받았으며 급진적인 헤겔주의자들과 친교가 있었던 청년 마르크스에게 유물론에 대한 정신적 공감은 당연한 것으로 보이지만, 에피쿠로스가 유물론자임에도 불구하고 〔같은 유물론자인〕 데모크리토스와 대립상을 이룬다는 바로 그 점 때문에 마르크스가 에피쿠로스에 매료된 것도 이미 그 당시 그가 도달한 철학적 입장에서는 마찬가지로 당연한 일이다(헤겔 자신은 이러한 대립을 주목하지 않았으며 여하튼 철학적으로 중요하다고 보지 않았다).

〔159〕 그렇다면 이러한 대립에서 철학적으로 본질적인 점은 무엇일까? 직선으로부터의 원자의 편위가 바로 그것이다. 그런데 이것은 자연론에서의 한 가지 차이점에 불과한 것일지도 모른다. 그러나 청년 마르크스는 거기에서 실제로 이미 하나의 일반철학적 대립성을 본다. 이 점은 아주 중요한데, 마르크스가 여기에서 한 명의 — 결코 실존하지 않는 — 관념론자 에피쿠로스와 유물론자 데모크리토스를 대질시키는 것이 아니기 때문이다. 그는 오히려 원자론에서, 이어서 전체 존재와 관련하여 에피쿠로스의 발전된 유물론을, 그가 파악하기에는 단순하고 비변증법적이며 비인간적인 데모크리

95) 옮긴이 : 데모크리토스(Democritus, BC 460? ~370?)는 그리스 북쪽 트라키아의 아브데라 출신의 철학자다. 레우키포스의 원자론을 자연계뿐만 아니라 인간의 인식작용이나 사회생활을 설명하고 평가하는 데까지 적용했다. 많은 저작이 있었지만 대부분 없어지고 단편만 남아 있다.

토스의 유물론과 대비시킨다. 여기에서는 문제를 대략적으로조차 도 다 파헤칠 수 없기 때문에 우리는 우리의 고찰과 관련하여 핵심적인 두 가지 모티프만 강조하겠다. 그 하나는, 모든 존재의 기계적, 범주적 통일성과 대립되는 존재양식들의 분화이다. 이에 관해 마르크스는 다음과 같이 말하고 있다. "말하자면, 직선으로부터의 원자의 편위는 에피쿠로스 자연학에서 우연히 나타나는 특수한 규정이 아니다. 편위가 표현하고 있는 법칙은 오히려 에피쿠로스 철학 전체를 관통하고 있거니와, 물론, 당연하게도, 그 법칙 발현의 규정성은 그 법칙이 적용되는 영역에 의존해 있다."[96] 따라서 자연의 물질적인 실재과정으로서의 원자의 편위는, 존재상(上)으로 다음과 같은 인간적 현존, 즉 그 속에서 윤리적 삶의 형식인 아타락시아[97]가 재차 존재상 실현될 수 있는 그런 인간적 현존으로 이어진다.

인간의 삶으로 이어지는 자연의 그와 같은 길의 존재상(上)의 전제조건은 필연성을 물리치는 것이다. 마르크스는 다음과 같이 확언한다. "따라서 **데모크리토스**는 **필연성**을, **에피쿠로스**는 **우연**을 사용한다는 것은 그만큼 역사적으로 확실하다. 게다가 각자는 서로 대립하는 견해를 논쟁적으로 격렬히 비난한다." 그러면서 강조되는 것은, 에피쿠로스가 어떤 필연성도 인정하지 않기 위해서 〔이것이냐 저것이냐는 식의〕 선언(選言) 판단(*das disjunktive Urteil*) 조차 배척한다는 사

96) *MEGA I/1*, *Erster Halbband*, p. 29. 〔《데모크리토스와 에피쿠로스 자연철학의 차이》, 77쪽〕

97) **옮긴이**: "ataraxia"의 독일어 표기인 "Ataraxie"를 옮긴 말이다. "아타락시아"는 잡념에 사로잡히지 않고 동요 없이 고요한 마음의 상태를 말한다. 에피쿠로스의 철학에서 이것은 행복의 필수조건이며 철학의 궁극적 목표다.

실이다.[98] 마르크스는 이러한 고찰을 하기 전에 필연성의 지배에 맞선 에피쿠로스의 투쟁에서 철학적 중심점을 보여준다. 그는 에피쿠로스의 다음과 같은 말을 동의하면서 인용한다. "몇몇 사람들이 만물의 지배자로 끌어들인 **필연성**이란 존재하지 **않으며**, 오히려 몇 가지는 **우연적**이고, 다른 것은 우리의 **자의**에 의존하고 있다. 필연성은 설득될 수 없는 것인데 반해 우연은 불안정한 것이다. 자연학자들의 에이마르메네[99]의 노예가 되느니 차라리 신들에 관한 신화를 따르는 것이 나을 것이다. 신화는 신들의 명예 때문에 연민의 희망을 남기지만, 자연학자들은 냉혹한 필연성을 남기기 때문이다. 그러나 대중들이 믿듯이 받아들여져야만 하는 것은 **신**이 아니라 **우연**이다. 필연성 안에 사는 것은 하나의 불행이지만, 〔160〕 그러나 필연성 안에 사는 것은 필연이 아니다. 자유를 향한 짧고 쉬운 수많은 길들이 도처에 열려 있다. 그러니 누구도 삶 안에 붙들려 있을 수 없음을 신에게 감사하자. 필연성 자체를 제어하는 것이 허용되어 있다."[100]

여기에서 인용한 구절들은 무엇보다도 마르크스 사상의 철학적 시작을 특징짓는 것이다. 에피쿠로스에 대한 해석 — 이 가운데에서 우리는 어차피 여기에서 우리에게 중요한 계기들만 강조했을 뿐인데 — 이 철학사적으로 얼마만큼이나 적확한지 하는 문제를 우리는 제대로 논의하기는커녕 언급조차 할 수 없으며 또 그럴 생각도 없다. 우리에

---

98) *Ibid.*, p. 22. 〔《데모크리토스와 에피쿠로스 자연철학의 차이》, 44쪽〕

99) **옮긴이** : 희랍어 "Ειμαρμένη"를 발음대로 적은 것이다. 고대 그리스 철학과 신화에서 "피할 수 없는 운명의 화신" "운명의 여신"으로 등장한다.

100) *Ibid.*, pp. 21~22. 〔《데모크리토스와 에피쿠로스 자연철학의 차이》, 43~44쪽〕

게는, 왜 청년 마르크스가 (라살레에게 보낸 그의 편지가 보여주듯이 〔이후에〕 그가 결코 송두리째 거부하지는 않았던) 그의 첫 번째 철학저작을 위해 에피쿠로스와 데모크리토스의 대립을, 유물론에 관한 그의 견해와 관례적 견해의 대립을 주제로 선택했을까 하는 점만이 중요할 따름이다. 청년기의 급속한 발전과정에서 마르크스가 이 논문의 많은 부분을 넘어선 것은 분명하다. 그러나 그가 헤겔의 변증법을 왜곡시키는 논리주의적 필연성을, 그 어느 동시대인과 후계자들보다도 더 근본적으로 비판할 수 있었던 것은 무엇보다도 기계적·보편적인 필연성(자연철학적으로 정초된 것이었든 논리주의적으로 정초된 것이었든 간에)에 대한 이러한 근본적인 거부에 기인한다. 사회적 존재를 경제학적으로 정초하는 한참 뒤의 작업들이 생겨난 것은, 에피쿠로스를 데모크리토스와 이렇게 대비시키는 것과 일직선상에 있는 일이다.

양상 범주들에 관한 관점과 사회적·인간적인 실천이 얼마나 직접적이고 강력하게 결부되어 있는지는 우리가 지금까지 한 고찰을 통해 이미 분명해졌다. 필연성이나 우연성 같은 범주의 규정에서 우리는 이러한 규정성을 상당히 정확하게 볼 수 있었는데, 이는 모든 구체적 경우에서 다음과 같은 결과를 가진다. 즉, 이 범주들은 객관적으로 그 실상(實相)에 있어 실천에 직접적으로 작용할 뿐만 아니라, 이와 동시에 또한 실천의 전개조건들에서 출발하는 가운데 매 실천의 전제조건들과 요청들에 — 아마도 더욱더 강력하게 — 폭넓은 영향을 미친다. 우리가 에피쿠로스에게서 마지막으로 분명하게 볼 수 있었던 것은, 어떤 자연적 성질이 아타락시아의 사회적 행동방식을 촉진하거나 저해하는 효력을 발할 수 있는지 하는 것에 의해 필연성과 우연성에 대한 그의 자연철학적 견해가 아주 광범위하게 주도되고 있었다는 점이다. 우리가 이러한 상황을 존재론적으로 올바로 해석하고자 할 때 나타나는 — 논리학적 · 인식론적으로는 역설적이지만 존재상(上)으로는 아주 당연한 — 결과가 있다. 사회적 존재에서의 양상 범주들의 현상방식 및 작용방식은 〔161〕 자연에서의 그것들〔양상 범주들〕의 존재가 그것들의 사회적 작용형식들에 영향을 미친 것보다 더욱더 강하게 자연의 인식방식에 영향을 미쳤다는 것이 그것이다. 마르크스에게는 무기적 자연에서 유기적 자연으로, 또 유기적 자연에서 사회적 존재(사회적 존재 자체에서 이루어지는 발전과 더불어)로 가는 존재적 길이 점점 더 결정적으로 역사적인 과정으로서 분명해졌는데(사람들이 관념론에서 유물론으로 가는 길이라고 부르곤 하는 것이 이것이다), 이것이 박사논문 이후 마르크스의 발전을 폭넓게 규정했다. 서로 다른 존재양식들에서 범주들의 역사적 변화를 보다 정확하게 고찰할 때에야 비로소 각각의 범주의 진정한 성질을 파악하고 특징짓는 일이 가능하게 된다.

이 짤막한 중간 고찰이 여기에서 꼭 필요했는데, 개별 존재영역들의 내 · 외적인 범주적 구성의 커다란 상이성은 지금까지 탐구했던 양상성 양식들에서보다 가능성 연관에서 더욱더 효과적으로 드러나기 때문이다. 이러한 차이도 그때그때 효력을 발휘했던 기초적 존재연관들의 차이로 소급된다. 이때 무엇보다 중요한 것은, 대상들의 대자존재(*Fürsichsein*)와 대타적 존재(*Sein für anderes*)의 관계가 관련 양상성 연관들에서 어떻게 작용하는가 하는 점이다. 존재에서 우연성의 가장 본래적인 현상방식은, 서로 실재적 관계를 맺고 있는 과정적 복합체들이 그때그때의 그 존재에 있어 서로에 대한 존재(*Füreinandersein*)의 "정상적인" 관계로부터 상대적으로 독립적이라는 데 기인한다는 것을 앞에서 밝혔다. 우리가 예컨대 어떤 사람의 머리 위로 기와가 떨어지는, 자주 인용되는 경우를 고찰하면, 우연성의 본래적인 작동은 바로 이러한 상대적 무연관성 속에서 이루어진다는 것을 보게 된다(우리는 억지로 지어낸 "일회성"을 통해 그 연관관계를 신비화하지 않기 위해 신중하게 "상대적"이라고 말한다. 사회적 존재에서는 그와 같은 우연성들의 활동여지를 좁히기 위한 고유한 목적론적 정립들과 준비작업들이 불가피하게 빈번히 생겨난다. 활동여지라는 사실은 그것의 반복가능성을 분명하게 보여준다. 예컨대 교통규칙들을 생각해 보라). 여기서 재차 드러나는 것은, 범주들은 — 그것들이 어떤 존재변화로 인해 본질적으로 수정되지 않는 한 — 존재상 동시에 실존하고 작동한다는 점이다. 이 경우에서 모든 우연성은 가능성 연관들을 전제로 한다. 이것은 범주들에 대한 예전의 이해에도 영향을 미쳤는데, 물론 아주 빈번히 진정한 성질을 왜곡시키는 식으로 영향을 미쳤다. 가령 현실성과 필연성의 관계에 대한 엘레아학파의 관점에 의해 규정되어 있었던 이른바 "메가라학파"[101]의 가능성관에서 그러했으며, 가능성과 우연성이 똑같이 한낱 주관적인 것으로 파악되고 있는 스피노자에서도 여전히 그러했다. 〔162〕 스피노자한테 문제는 필연적이지도 불가능하지도 않은 것처럼 보이는 그 무엇이다. "따라서 그것을 우리는 우연적 혹은 가능적이라고 부른다."[102] 물신화에

101) 옮긴이: 메가라학파는 고대 그리스철학의 소(小) 소크라테스학파 중 한 분파다. 메가라 사람인 에우클레이데스가 스승인 소크라테스의 윤리학을 엘레아학파의 일원론과 결부시켜 창시한 학파로서, 선(善)의 유일·불변하는 실재성을 주장했다.

102) *Spinoza Werke I (Ethik)*, *Ibid.*, p. 31.

의해 왜곡되지 않은 관점이라면 이와 달리 모든 우연성은 가능적일 수밖에 없다는 것을 확인하지 않을 수 없다. 그러나 이를 통해 모든 가능성이 우연적이 되는 것은 결코 아니다. 그런데 이것은 대상들(진행과정 중에 있는 복합체들)의 단순한 대자존재에서 논리적으로 도출될 수 있는 것이 아니라, 오히려 그것들의 구체적인 대타존재가 그때그때 작용하는 방식의 존재상(上)의 결과이다.

가능성의 경우—이미 무기적 자연에서—대자존재 및 대타존재에의 이중적인 존재적 구속성은 극복될 수 없는 방식으로 나타난다. 이미 헤겔은 비록 현실성과 필연성을 (필연적인) 이념성(*Ideenhaftigkeit*) 속에 합류시키려는 시도에서 가능성 양식들을 자주 논리적・추상적으로 표현하긴 하지만, 실존(사물들의 존재)에 대한 분석에서 이러한 사물들의 성격으로서의 특성(*Eigenschaft*)에 대한 아주 주목할 만하고 아주 현실주의적인 견해에 도달한다. 그는 다음과 같이 말한다. "하나의 사물은 다른 사물 속에서 이것 혹은 저것을 야기하고 그 관계 속에서 특유의 방식으로 자신을 표현하는 특성을 지닌다. 그것은 다른 사물의 상응하는 성질의 조건에서만 이러한 특성을 입증하는데, 하지만 이 특성은 그것에 **특유한** 것이자 동시에 그 자신과 일치하는 그 기반이다. —이 반성된 이중성은 그렇기 때문에 **특성**이라 불린다."[103] 헤겔에서 결코 완전히 억압될 수 없었던 현실감이 결정적으로 발현하는 것을 여기에서 분명하게 볼 수 있다. 한 복합체(사물)의 그때그때의 실상(實相)을 규정하는 계기들, 따라서 그것의 대자존재의 토대를 이루는 규정들은, 어떤 낯선 존재에 대한 그것의—자신의 존재에 의해

103) *Hegel Werke*, *Bd.* 4, 같은 글, p. 125.

조건지어진, 하지만 그 낯선 존재에 의해 초래된 — 반응들, 따라서 존재상 불가피한 대타존재 속에서의 그 자신의 존재방식에 다름 아니다. 바로 이 극복될 수 없는 이중성이 보여주는 것은, 존재자의 이러한 특성들은 그것의 진정한 가능성들에 다름 아니라는 점이다.

헤겔은 이러한 상황 기술을 (이로부터 결론들은 추출하지 않은 채) 아주 일반화된 방식으로, 모든 종류의 존재에 똑같이 유효한 방식으로 정식화한다. 그러나 바로 여기에서 그와 같이 논리학적으로나 인식론적으로 일반화된 고찰방식의 한계가 드러난다. 왜냐하면 그와 같은 고찰방식은, 가능성을 규정하는 대자존재의 이러한 존재성분들은 존재양식들이 변한다고 해서 근본적으로 변하는 것이 아니라는 것을 — 명시적으로나 암묵적으로 — 전제로 할 수밖에 없기 때문이다. 〔163〕그러나 유기적 자연존재만 하더라도 이미 사정은 다르다. 여기에서 유의 각 표본의 대자존재는 고유한 유기체의 지속적인, 그러면서 지속적으로 바뀌는 자기재생산이다. 그렇기 때문에 그것〔유의 각 표본〕과 연관되어 있으며 또 그것과 지속적인 상호관계 속에 들어서는, 가능성 반응들을 자체 내에 집중시키는 그런 대자존재 속에서, 질적으로 중요한 기능전환이 발생하며, 이에 따라 이제부터 그것의 대타존재도 마찬가지로 질적 변화를 겪게 된다. 즉, 그것은〔그 대타존재는〕— 그 자체가 유기적인 것이든 유기적인 것이 아니든 혹은 양자의 상호관계든 간에 — 스스로를 재생산하는 유기체들에 환경으로 작용하며, 그럼으로써 환경에 대한 유기체들의 반응을, 그것들의 특성을, 따라서 그것들 고유의 대자존재의 역동적 구조를 전혀 다른 방식으로 규정한다. 유기체들에 가해지는 환경의 작용은 그 유기체들의 자기재생산에 유리하거나 불리할 수 있는데, 하지만 이 점만으로는 아직 어떠한 질적 변혁도 산출되지 않을 것이다. 무기적 자연에서도 전체 복합체들의 불가역적인 과정들은 "사물들"의 대상적 성질에서 변화를 산출할 수 있다. 하지만 이 변화는, 반응들이 그 고정된 "특성들"에 의해 명백히 인과적으로 좌우되고 또 그런 방식으로 과정의 구성부분들, 과정의 계기들이 되는 식으로 전개된다. 그렇기 때문에 돌은, 유기체가 가지고 있는 것과 같은 의미에서의 환경을 가지고 있지 않다. 돌의 반응들은 유・불리의 가능성복합체와는 아무 상관도 없기 때문이다.

여기서 구체적인 세부 문제들을 세세히 다룰 수는 없지만 — 게다가 이 글의 필자는 그럴 전문지식도 전혀 없다 — (N. 하르트만[104]의 말을 빌려) 아주 일반적으로 말하자면, 여기에서 문제는 불변적(*stabil*) 내지 가변적(*labil*) 반응방식이며, 우리는 두 번째 경우에서만 환경에 대한 지속적인 상호관계들을 정당하게 말할 수 있다. 여기에서는 이러한 대조의 내・외적인 다양성을 더 세밀하게 다루지는 않는다. 하지만 "불변적"과 "가변적"의 단순한 대립이 여기에서 발생하는 차이들을 완전히 적합하게 표현하지는 않는다는 것을 암시하는 게 쓸데없는 일은 아닐 성싶다. 물론 가변성은 유기체들의 반응체계

---

104) **옮긴이** : 니콜라이 하르트만(Nicolai Hartmann, 1882~1950)은 독일의 철학자로서 마르부르크에서 신칸트학파의 영향 아래에서 성장했으나 곧 그 "논리적 관념론"을 떠나 "비판적 존재론"의 철학을 독자적으로 구축했다. 마르부르크 대학에서 하이데거와 함께 교수생활을 했지만 "존재 이해, 존재의 의미"를 발판으로 존재를 밝힌다는 하이데거의 발상을 "인간학적"이라고 비판하며 그의 "기초존재론"에 크게 주목하지 않았다. 1931년부터 베를린 대학에서, 전후에는 괴팅겐 대학에서 활동했다. 하르트만의 "비판적 존재론"은 루카치가 본격적으로 존재론을 구축하는 데 큰 영향을 미쳤다.

에서 극히 중요한 계기다. 하지만 그것이 유기체들의 재생산 과정들이 지니는 역동적인 상대적 불변성의 계기가 아니라면, 이 특유의 불변성에 필연적으로 귀속된, 여러 반응가능성들의 (구체적인) 여지가 아니라면, 그것은 적응(*Anpassung*)이라 부를 수 있는 환경과의 관계를 정확하게 표현할 수 없다. 달리 말하면 가변성이란 규정된 — 또한 변주들에 종속된 — 여지들 내에서 특성들이 지니는 역동적으로 가변적인 성격이라 할 수 있다. 유기체들의 개체발생적 · 계통발생적 재생산에서 나타나는 다양한 변주들, 〔164〕 다소간 새로운 재생산 유형들의 사멸 및 발생의 가능성, 유들의 재생산 과정 내에서 일어나는 분화들, 유들 내에서 이상(異常) 변종들의 발생, 심지어는 전혀 새로운 유들의 발생 등등은, 환경에 적응하는 가운데 자기 자신을 재생산하는 유들 및 유의 표본들의 영역에서 특성들이 역동적으로 됨으로써 유기적 자연 내에서 가능성들이 작동할 실재적 여지가 무기적 자연에 비해 훨씬 더 확대될 뿐만 아니라 많은 점에서 그것과 질적으로 구분된다는 것을 보여준다.

사회적 존재의 발생에서 이루어지는 더욱더 명백한 질적 도약을 굳이 논하지 않더라도 우리는 사회적 존재가 무기적 자연과 맺는 관계와 유기적 자연과 맺는 관계가 — 가능성의 관점에서 보자면 — 서로 얼마나 다른지를 보여줄 수 있다. 우리가 곧 보게 되듯이 전자의 관계에서 관계의 기반으로서 중요한 것은 현존하는 운동법칙들을 인지하고 활용하는 것뿐이다. 우리가 보게 되듯이, 이때 무기적 자연 자체에는 존재하지 않는 조합들이 생겨날 수 있다. 하지만 그 조합들의 토대는 어디까지나 자연 자체에서 즉자적으로 작용하는 역동적 관계들의 복합체들이다. 사회적 존재가 유기적 자연과 맺는 상호관계들에서는 사정이 전혀 다르다. 그 상호관계들은 사회적 존재의 현존욕구들에 적응될 수 있다. 사회적 존재는 유기적 자연을 위해 완전히 새로운 환경을 만들어낼 수 있으며, 또 그럼으로써 그 환경에 대한 유기적 자연의 적응에서 중요한 변화들이 생겨나게 할 수 있다. 이와 관련해서는 유용식물과 가축을 보라고 하는 것으로 충분할 것이다. 자연의 두 존재양식이 사회적 존재 및 그 전개에 대해 반응하는 방식의 차이는, 우리가 가능성의 문제복합체에서 양자의 차이로 간략하게 시사했던 것에 대한 또 다른 증거가 된다. 사회적 존재에서 가능성 범주가 지니는 질적으로 새로운 성질은, 노동과 더불어 시작하여 발전이 진행되는 가운데 그 속의 존재방식 전체를 규정하는 목적론적 정립들의 존재적 전제조건들 및 존재적 결과들에서 발원한다. 무엇보다도 모든 존재론적 고찰이 출발점으로 삼아야만 하는 것은, 여기 목적론적 정립 속에서야 비로소, 그리고 그 결과로, 사회적 존재에게 모든 점에서 아주 결정적으로 중요한 대립쌍인 주체-객체가 발생하며 그 대립쌍은 사회적 존재 속에서 점점 더 커지고 세분화되는 의의를 획득한다는 점이다. 사회적 실천의 중요한 범주로서 가능성은 이와 관련하여 정확한 분화를 보여주는데, 그 분화는 점점 더 분명해지는 사회성의 사회화와 더불어 질적으로나 양적으로나 점점 더 강화되어 나간다. 모든 자연에서는 필연성의 모든 등장, 필연성의 모든 현실화 등등이 하나의 통일적 활동이다. 〔165〕 객관적 가능성과 주관적 가능성은 사회적 실천에서야 비로소 존재상 분리되며, 여기에서 비로소 서로 불가분하게 결합되어 있지만 그 본질상 서로 다른 성질의 존재방식을 띤다. 모든 목적론적 정립은 두 가지(혹은 몇 가지) 가능성 사이에서 실천의 주체가 의식적으로 수행한 선택이며, 또 이로부터 귀결되며 이를 통해 규정되어 있는, 선택된 가능성의 실천적 현실화이다. 활동이 주관적 계기와 객관적 계기로 양극화되는 것은 모든 인간적 실천의 이 기초적 상황 속에 이미 내포되어 있다. 주체가 목표설정의 문제에서뿐만 아니라 현실화의 문제에서도 하나의 선택 앞에 놓여 선택함으로써, 활동 자체에서 주관성의 계기들과 객관성의 계기들이 — 해체할 수 없이 결합되어 있음에도 불구하고 — 존재상 정확히 갈라질 수밖에 없다.

따라서 사회적 존재에서 가능성 문제를 올바로 설정할 수 있기 위해서는, 주관적인 것과 객관적인 것의 이러한 기능적 이원성, 직접적으로, 오직 직접적으로만 정확히 분리된 이러한 기능적 이원성에서 출발해야만 한다. 자연존재에서는 이러한 기능적 이원성과 직접적으로 유사한 현상들이 발견될 수 없다. 발전사적으로 볼 때 물론 동물세계에는, 그 실천적 결과들에서 이미 초기적 노동의 경계선들을 슬쩍 건드리는 것처럼 보이는 삶의 계기들이 있다. 그러나 이러한 삶의 계기들은, 유기적 존재의 세계에서 볼 수 있는 명백한 "막다른 골목"(꿀벌의 "노동"과 "분업" 등등)에서든 비교적 고등한 동물들(예를 들어, 스스로를 방어하기 위해 막대기를 사용하는 원숭이들)의 몇몇 삶의 계기들에서든, 생물학적으로 결정된 상황 적응의 경계를 결코 넘어서지 않는다. 그렇기 때문에 우리는 여기에서 그것들을 제쳐 놓을 수 있다.

우리가 사회적 존재 속에서 이러한 복합체의 객관적 측면에 특히 주목할 때 드러나는 것은 다음과 같다. 즉, 노동(여기서 우리는 노동을 목적론적 정립 일반의 기초이자 모델케이스라고 생각한다)은 자연에 작용하는 가운데 그 자연의 제반 연관관계, 동력 등등을 인식하지 않을 수 없게 되는데, 하지만 그것들을 인식하고 활용할 수 있을 뿐이지 변화시킬 수는 없다. 이것은 아주 당연한 소리로 들린다. 그러나 보다 자세한 존재론적 고찰에서는, 그러한 고찰이 바로 가능성의 문제와 아주 밀접하게 연관되어 있는 본질적인 구체화를 필요로 한다는 점이 밝혀진다. 여기에서도 우리는 상대적으로 단순한 상태들로 되돌아가 논의를 시작하는데, 왜냐하면 이러한 상태들이 더 발전되고 더 복잡한 상태들보다 존재상(上)의 기반들을 한층 더 뚜렷하게 드러낼 때가 많기 때문이다. 높은 수준으로 발달한 자연과학이 노동기술의 근저에 놓여 있을 때, 자연적 연관관계들에 대한 과학적 탐구의 가능성이 노동목적론적이고 기술적인 활용이 일체 없는 자연적 연관관계들을 가능케 하는 양 보이게 하는 가상이 생겨난다. 하지만 그런 식으로 보는 것은 이론적으로나 실천적으로나 극히 영향이 큰 중요한 존재연관들을 간과하는 것이다. 〔166〕 이러한 문제복합체의 진정한 존재내실을 보다 구체적으로 주시할 수 있기 위해서 초기 원시적 단계들의 상황을 한번 보도록 하자. 가령, 신석기 시대에 시작되는 바퀴의 사용을 생각해 보라. 어떠한 바퀴도 그 현존재, 그 작동이 실제로 작용하는 자연적 연관관계들에 의거하지 않는다면 앞으로 굴러갈 수 없을 것이고, 마차 따위의 순조로운 운행을 성취할 수도 보장할 수도 없을 것이다. 이것은 더 논증할 것도 없이 명백한 일이다. 그러나 이 명백한 사태는 더 보충되어야만 한다. 우리에게 지금까지 알려진 무기적 자연 및 유기적 자연에는 바퀴는커녕 바퀴 비슷한 대상도 전혀 없으며, 가령 마차 같은 것을 가능케 할 그런 조합들은 정말이지 그 어디에도 없다. 따라서 여기서 우리는 모순에 직면한다. 즉, 자연법칙들에 조응하는 어떤 가동체(可動體)가 있는데, 하지만 그것은 맹아적 방식으로조차도 자연 속에는 전혀 존재하지 않으며, 또 오늘날 우리가 상황을 조망하는 한에서는 〔자연 속에〕 존재할 수도 없다고 하는 그런 모순에 직면하는 것이다. 따라서 신석기 시대의 인간들은 자연존재 속에서 어떤 운동가능성을 단순히 발견하고 이용하는 것을 훨씬 넘어서는, 자연법칙적으로 작동하는 어떤 것을 — 자신들이 행하는 실천의 이론적 기초에 대해서는 그 어떤 이해도 가질 수 없는 상태에서 — 생겨나게 했던 것이다.

물론 바퀴는 물리학의 법칙들에 따라서 움직인다. 하지만 자연법칙적으로 규정된 그 존재에서 바퀴는 자연적인 것과의 여하한 실재적 유사성도 없다. 이제 이러한 현상들에도 존재론적인 눈길을 던져보면, 자연 속에는 그 영역 어디에서도 결코 존재한 적이 없었던 운동방식들의 가능성들이 있다는 결론에 도달하지 않을 수 없게 된다. 자연 속에는, 우리에게 알려져 있는 자연존재 내에서는 그 현실화가 거부되어 있는 실재적인(그 자체에 현실화될 능력이 있는) 가능성들이 있는 것이다. 이는 무엇보다도, 우리가 언급한 메가라학파의 이론처럼 현실화되는 것을 이론의 현실성의 시금석으로 여기는 모든 가능성 이론들이 자연존재의 성질에는 부합하지 않는다는 것을 보여준다. 여기에는 — 엄격하게 존재론적인 우리의 관점에서 보자면 — 어떠한 모순도 내포되어 있지 않다. 가능성에는 어떤 대자적 존재자(*ein Fürsichseiendes*)가 그 자신의 대타존재에 행하는 반응, 그를 둘러싸고 있는 환경의 그때그때의 존재적 성질에 의해 역사적으로 규정되는 그런 반응이 내포되어 있다면, 따라서 실재적 가능성은 이러한 이중적 관계에 의거하는 것이라면, 우리는 자연복합체들의 대자존재 속에는 구체적인 존재상황 때문에 결코 현행화되지 못하는 다양한 가능성들이 잠복해 있을 수 있다는 가정에서 어떠한 역설도 보지 않는다. 왜냐하면, 그때그때의 — 상대적인 — 자연 총체성의 성격을 규정하는 바로 저 거대한 불가역적 과정들은, 〔167〕 이러한 구체적 반응들을 야기하고 결정하는 저 대타존재를 생산하지 않았기 때문이다. 그런데 사회적인 — 자연적이지 않은 — 목적론적 정립이 비로소 바로 이 존재상황을 존재 속에 집어넣을 수 있다.

만약 여기에서 한 가지 개별적인 사안이 문제라면, 우리의 고찰은 지극히 문제적일 것이다. 하지만 한편으로, 바퀴의 발견과 이용만 하더라도 한 고립된 현상이 아니라 서로 무관하게 발전해가는 석기시대의 수많은 문화를 특징짓는 현상이다. 다른 한편으로, 우리는 유사한 성질을 띤 다수의 현상에서 특히 특징적인 하나의 현상만을, 자연 자체에는 전혀 존재하지 않는다는 것이 첫눈에 드러나는 그런 현상만을 부각시켜 강조했다. 그러나 분명한 점은, 가능성들의 구체적인 작동과 관련된 존재적 결론들은, 근본현상이 자연 자체 속에 여하튼 존재하긴 하지만 노동에서의 목적론적 정립에 의해 비로소 직접적인 자연과정 자체와는 더 이상 어떠한 유사성도 보이지 않는 작용을 수행할 수 있게 되는 경우에도 필연적으로 변함없이 유효하다는 것이다. 예를 들어, 바퀴의 경우와 마찬가지로 아주 초기에 있었던, 인간의 생활목적(요리, 난방 등등)을 위한 불의 사용을 생각해 보라. 그 당시에 불 자체는 자연적 힘으로서 단지 파괴적으로만 나타났다. 따라서 요리용 화덕, 난로 따위는 예전에는 없었던 작용(불의 가능성)을 야기하는 새로운 성질이라는 점에서 바퀴의 성질과 원칙적으로 구분되지 않는다. 그리고 매우 많은 노동결과가 그러한 작용계기들을 보여준다는 점을 고려할 때(무기의 사용, 노 젓기, 범선 항해 등등을 생각해 보라), 여기에 사회와 자연의 신진대사인 노동의 한 일반적 표지(標識)가 있다는 것이 입증된다. 즉, 이러한 과정을 통해 단순히 주어진 자연적 대상들, 자연적 과정들이 그 과정의 목적을 위해 사용되는 것이 아니라, 오히려 그 과정으로 인해 언제나 새로운 가능성들, 우리에게 직접적으로 주어진 자연 속에서 다른 경우에는 하나의 존재로 발전되지 않을 그런 가능성들도 풀려나온다. 높은 수준의 과학적 기술공학과 관련해서 이를 논박할 사람은 거의 없을 것이다. 그런데 우리가 아주 초기단계의 예들을 선택했던 것은 아무 의도 없이 그랬던 것이 아니다. 과학이 주도하는 기술의 발생에서 필연적으로 생겨나는 엄청난 진보를 반박할 사람은 아무도 없다.

존재규정들로서의 범주들은 그것들이 이론적으로 인식되기 훨씬 전에 존재에서, 물론 무엇보다도 사회적 실천에서 효력을 발할 수 있다. 그리고 범주의 성질은 이 실천에 깊은 영향을 미칠 수 있으며, 또 그 전에는 인식되지 않은 채 있었을 연관관계들을 실제로 환히 밝힐 수 있다. 이런 점들을 — 이미 앞서 봤듯이 몇 가지 경우에서, 예컨대 전(前)사회적인 생명에서의 유적 성질과 그 역할 자체의 경우에서 — 확실히 이해하게 될 때, 우리는 범주의 참된 본질 및 그 작동에 결정적으로 더 가까이 다가간다. 〔168〕 그렇게 우리가 바란 대로 우리가 든 예들에서 분명하게 밝혀진 것은, 그 자체로 새로운 자연적 가능성들을 실천적으로 야기하는 것은 그것들의 참된 성질, 그것들의 참된 인과연관 등등에 대한 과학적인 탐구가 없더라도 실천적으로 완전히 가능하다는 점이다. 일상적 실천의 경험, 축적되어 나가는 노동수행의 경험은 — 물론 앞으로 우리가 보게 되듯이, 일상적 실천을 수행하는 인간들 속에서는 그들 자신의 대타존재의 새로운 형식들이 새로운 가능성들을 일깨우고 형성되며 의식되는 등등의 일도 가능하게 되는데—사회적 실천의 역사가 분명하게 보여주고 있듯이 일시적으로 충분히 그럴 수 있다. 따라서 자연에서 그러한 새로운 가능성들의 발견은, 그것에 대한 이론화가 아직 이루어지기 전에 상대적으로 높은 정확성을 지닌 실천적 결과들을 현실화할 수 있다.

물론 그때그때 구체적인 자연적 연관관계들을 실천적으로 적합하게 파악하는 것은 모든 성공의 불가결한 전제조건이다. 원시적인 사회적 실천만 하더라도 이 점에서 비교적 높은 단계에 도달했다는 사실은, 노동과정에서 무기적 자연에의 작용 가능성과 유기적 자연에의 작용 가능성이 확실히 구별될 수밖에 없었음을 보여준다. 유용식물과 가축을 이용하는 일이 생겨나고 그러한 이용이 더 발달해가는 것은 이를 아주 분명하게 보여준다. 식물을 채집하고 동물을 사냥하는 일은, 자연적으로 여하튼 있는 것에 대한 정확한 관찰만을 필요로 한다. 이에 반해 농업과 축산은 인간의 실천이 필요한 식물과 동물을 위해 새로운 환경을 창조하고 또 그럼으로써 그 식물과 동물 속에서 새로운 반응가능성들을 창조할 수 있게 되기를 요구한다. 기지(旣知)의 가능성들의 활용, 새로운 가능성들의 발견, 노동목적론적인 목표설정을 위해 쓰이는, 그 가능성들에 대한 경향적으로 정확한 평가 등도 역시나 비교적 이른 단계에 나타난다. 전적으로 혹은 주로 인간의 먹거리를 위해 사육되는 가축들은, 그들이 옛날에 지녔던 자기보호의 생물학적 가능성들이 점차 소멸될 수밖에 없었던 그런 환경을 가진 반면에, 인간 실천의 "조수"로 이용될 가축들(말, 개)에서는 전혀 새로운 가능성들이 발전되었다는 것은, 비교적 초기단계들에서도 비교적 엄격한 분화가 있었음을 보여주는 뚜렷한 증거다. 구체적인 목적론적 정립들의 모든 내용, 모든 전제조건과 결과가 완전히 다른 것을 보여줌에도 불구하고 혹은 바로 그렇기 때문에 — 가능성 범주의 일반적 의의와 관련하여 — 여기에서 문제는 무기적 자연에서 유사하게 확립된 하나의 정립방식이라는 점만은 확실하다.

〔169〕 우리는 여기서 객관적으로 발생하는 가능성들의 장(場)을 주관적 가능성들의 장보다 먼저 약술(略述)했는데, 우리가 아무런 의도 없이 그랬던 것은 아니다. 사회적 존재에서는 존재자로서, 불가역적 과정들의 야기자로서 주체가 제일 먼저 부상한다. 바로 그렇기 때문에 사회적 존재에서 객관적 요소의 존재상(上)의 우선성은 불충분하게 부각될 수밖에 없다. 우리가 객관적으로 발생하는 가능성들의 장을 먼저 약술했던 것은 이런 명백한 사실을 고려했기 때문이다. 존재상(上)의 우선성을 일방적으로 주체에 떠넘기는 모든 역사관은 일종의 초월적 비합리주의의 모순들의 망(網)에 빠져들고 만다. 그도 그럴 것이, 고립된 독자적 주체존재로부터는 초월적 조력자 없이 현실에 대한 의식적인 능동적·실천적 태도가 도출되기가 불가능하기 때문이다. 이 초월적 조력자는 초창기의(그리고 그 이후에도 오랫동안) 전체 이데올로기들에서도 나타난다. 근대의 위대한 과학적·기술적 변혁이 시작되었을 때 생겨난 인식론은 그 때문에 현실 처리의 모든 방식들을 그저 "주어진" 것으로서 받아들여야만 했으며, 기껏 해봐야 (그리하여 무엇보다도 칸트의 경우 내재적인 것으로 위장한 채) 어떻게 그것들이 가능한지를 물을 수 있었다. 하지만 이것은 무엇보다도 여기서 생겨나는 존재정황들의 발생에 대한 적절한 설명에는 못 미치는 것이다. 물론 **존재론적인** 고찰과 관련해서도 어떤 틈이 남아 있다. 그때그때 주어진 환경에 대한 수동적인 (생

물학적인) 적응이 능동적인 (사회적인) 적응으로 바뀐 것은, 그 실제적인 진행과 관련해서 오늘날에도 아직 우리에게 직접적인 사실적 토대가 결여되어 있는 그런 도약으로 남아 있다. 그래서 우리는 다만 그것이 — 그 도약적 성격에도 불구하고 — 실재적이고 구체적으로 아주 긴 이행기를 요구했다는 것만을 알고 있을 뿐이다. 우리에게 전승된 노동에 관한 자료 가운데 가장 원시적인 사실 자료도 그러한 도약이 있은 지 훨씬 뒤의 발전단계들에서 나온 것들이다. 그리고 동물세계에서 입증 가능한 모든 진행들은 도약과는 거리가 아주 멀기 때문에, 도약이 구체적으로 어떻게 이루어졌는지를 그것들에서 추론할 수도 없다. 따라서 우리는 자연적인 유기적 존재영역과 사회적인 존재영역의 단순한 대조에서 우리의 결론을 도출할 수밖에 없는데, 이때 우리는 이 존재영역들이 한편으로는 우리에게 알려진 그 도약을 통해 질적으로 분리되어 있으며 다른 한편으로는 과도기적인 것들로 가득 찬, 실로 장기적인 실현시기를 통해 연속적으로 연결되어 있음을 잘 알고 있다.

널리 알려져 있고 또 우리가 이미 인용했던, 노동에서의 목적론적 정립에 대한 마르크스의 규정은 다음과 같다. "노동과정의 시초에 이미 **노동자의 표상 속에** 존재했던, 따라서 이미 **관념적으로** 존재했던 결과가 노동과정의 마지막에 나온다. 그는 자연물의 형태변화를 **야기할** 뿐만 아니라 동시에 자연물 안에서 그가 **알고 있는 자신의 목적을 실현하는데**, 그 목적은 법칙으로서 그의 행동방식을 규정하며 또 그는 자신의 의지를 그 목적에 종속시키지 않으면 안 된다."105) 〔170〕

105) *Kapital I*, p. 140. 〔《자본 I-1》, 266쪽〕

주체의 관점에서 볼 때 이로부터 나오는 결론은 다음과 같다. 즉, 노동자는 바로 자기 자신의 목적을 현실화하려 하기 때문에, 그 현실화의 실재적 상황을 가능한 한 자신의 표상과는 무관한 그 객관적 성질에서 조망할 수 있을 때에만 그 상황을 지배할 수 있다. 따라서 실천의 주체적 계기는 의식적 목적정립 속에서 현실화된다는 바로 그 이유 때문에, 실천을 정초하는 주체적 계기의 활동은 무엇보다도 객관적 현실에 대한 가능한 한 적합한 인식에 그 본질이 있을 수밖에 없다. 이로부터 점차 실천을 정초하는 과학과, 존재에 대한 탈인간연관적인 직관 및 인식을 발전시키는 인간의 능력이 발전되어 나간다. 그러한 직관과 인식은 직접적인 주관성과는 엄격하게 대립된다. 본래 그것은 노동과정에서 주체-객체 관계가 발생한 데 따른 하나의 결과이다. 그 때문에 노동과정의 얼마간 발전된 사회성만 하더라도 벌써 존재에 대한 탈인간연관적인 직관능력을 가질 수 있게 된다. 단순히 생물학적으로 결정되어 있는 유기체에서는 자신 및 타자의 직접성에 그와 같이 거리를 취하는 것은 불가능하다. 물론 여기에서도 다음과 같은 — 우리에게는 이미 방법론상으로 친숙한 — 제한이 덧붙여져야만 한다. 즉, 존재의 범주적 구성은 객관적으로 존재하는 것, 존재에 부합되게 작동하는 것이기 때문에, 거기에 적응하지 않을 수 없는 유기체들의 반응들은, 환경에의 적응을 그 유기체에 위해를 가하는 방향에서 수행하지 않기 위해서, 그때그때 구체적으로 정해진, 비록 제한적이긴 하지만 객관적인 정확성을 지녀야만 한다. 따라서 이것은 우리가 유적 성질을 다룰 때 밝혔다시피 동물세계와도 어느 정도 관계가 있다. 노동을 통한 능동적인 적응과 더불어 이러한 생명의 경향은 계속되는 — 질적으로 훨씬 더 고차적인 성질의 — 강화를 경험한다. 노동경험의 확장·심화, 노동경험의 (단순히 일상적인) 일반화는 우리가 보았다시피 그 자체가 극히 복잡한 존재연관들을 발견하고 이용하는 것으로 이어질 수도 있다(바퀴 등등). 하지만 그것은 목적론적 정립에서 실현될 수 있는 인간의 미래의 활동장이 미리 그 존재에 객관적으로 부합되게 모사된 그런 세계상(世界像)에는 도달할 수 없다. 목적론적 정립에서 탈인간연관화하는 관점이 우위를 획득할 정도로(기하학, 수학) 사유를 통한 목적론적 정립의 준비가 많이 진척되었을 때야 비로소 가능성의 대립범주 곧 불가능성이 실제로 유효한 방식으로 발생한다. 〔171〕 삼각형의 세 각의 합은 180 보다 클 수도 작을 수도 없다는 언명은 이제야 비로소 명확하고 의심할 여지없이 올바른 것, 이성적인 것, 그리고 실제로 유효한 것이 된다.

그와 같은 언명들의 객관성 및 그 객관성의 실재적인 여지를 확정하는 것이 중요하다. 그도 그럴 것이 논리학적·인식론적인 범주론의 작업은 전적으로 언명들과 이에 대한 부정의 짝짓기를 통해서, 참된 사태를 자주 은폐하곤 하는 그와 같은 짝짓기를 통해서 이루어지기 때문이다(예컨대 칸트의 경우, 현존재-비존재, 필연성-우연성). 하지만 우리는 우연성이 필연성과 조응하는 부정범주가 아니라, 오히려 진행과정 중에 있는 복합체의 연관관계 속에서 필연성을 보충하는 하나의 구체화라는 것을 보았다. 더구나 부정으로서의 비존재는 존재의 참된 범주가 아니다. 인식론적 토대 때문에 존재 자체가 아니라 존재를 구체화하는 분화 곧 현존재를 기반으로 여기는 칸트의 경우, 현존재의 부정으로서의 비존재는 최소한 논리적으로 사용될 수 있는 의미를 가진다. 존재 자체의 부정으로서의 무(無)를 하나의 실재범주로 만들려는 오늘날의 이른바 존재론적 시도들은 현실과의 진정한 관계를 전혀 갖지 않는다. 존재의 부정으로서의 무는 언제나 공허한 말이다. 그렇기 때문에 여기에서 생겨나는 "불가능성"의 타당성 범위를 좀더 자세히 고찰하는 것이 중요하다. 기하학이나 수학과 같은 과학의 범주로서의 "불가능성"은 전적으로 유의미한 것이다. 그리고 그 정신적 실행이 단지 그와 같은 불가능성만을 낳는, 노동과정에서의 모든 기술공학적 조작은, 애당초 실현가능성의 범위에서 배제되어야만 한다. 물론 사회적 존재의 영역에서 불가능성의 문제가 이처럼 정당한 이론적 추상의 방식으로만 나타나는 것은 아니다. 그 문제는 또한 모든 목적론적 정립의 준비 과정에서 그 목적론적 정립의 실행가능성이나 실행가능성의 부정의 문제로서도 나타난다. 여기에서도 그것〔불가능성〕은 존재상(上)의 유효성을 보존하는데, 단 여기에는 — 아주 중요한 — 유보조건이 있다. 불가능성은 그때그때 구체적 정립에 국한되어 있다는 것이 그것이다. 그런데 이는 극복할 수 없는 역사·사회적 상대성을 그 결과로 가진다. 우리가 보았다시피, 사회적 실천 일반에서는, 특히 노동의 영역에서는, 그때까지 알려지지 않았던, 혹은 심지어는 그럴 듯한 정당성을 통해 부정되었던 가능성들이 실현 가능한 것이 될 수 있다. 우리는 이것이 각 대자적 존재자의, 그때까지 알려지지 않았거나 또는 자연에는 주어져 있지 않은 종류의 대타존재를 발견하는 데에 달려 있다는 것을 보았다. 따라서 어떤 목적론적 정립은 사회적 발전의 특정 상태에서는 전적으로 정당하게 불가능한 것으로(즉, 결코 실행될 수 없는 것으로) 여겨질 수 있다. 하지만 그렇다고 해서 그 목적론적 정립이 역사적·사회적으로 변화된 상황에서 대개의 경우 구체적으로 전혀 다른 방식으로 실현 가능하게 된다는 점이 배제되는 것은 아니다. 〔172〕 그런데 범주적으로 고찰할 때 그와 같은 경우들에서 중요한 것은 주로 새로 발생하는 가능성들이지, 단순히 이전에 확인된 불가능함에 대한 부정이 아니다(예컨대 비행능력에 대한 고대의 신화적 소망과 현대의 비행을 생각해 보라). 이러한 문제복합체는, 불가능성이 언제나 기술공학적인 불가능성인 것은 결코 아니며, 수익성의 불가능성이거나 심지어는 적절한 선전가능성의 불가능성일 수도 있다는 사실을 통해 더 복잡해진다. 이러한 경우들에서 특히 분명하게 드러나는 것은, 특정한 종류의 목적론적 정립의 가능성 혹은 불가능성의 문제가 아주 구체적인 역사·사회적 조건들에 의해 어떻게 좌우되고 있는가 하는 점이다.106)

사회적 존재에서 가능성의 이러한 경제·사회적 여지가 분명하게 됨으로써 비로소 우리는 또한 이 복합체의 순수 주체적 측면을, 곧 주체가 된 인간들에서 이루어지는 가능성의 유효화를 보다 자세히 고찰할 수 있게 된다. 지금까지 서술한 모든 것은, 사회적 존재의 내적 역동성이 그것들 속에서 표현되며 또 그것들을 통해 사회적 존재와 이전 존재양식들의 차이가 분명하게 표현되는 그런 가능성들의 질적·양적인 부단한 증대에 대한 기술(記述)이기도 하다고 총괄적으로 말할 수 있다. 그럼으로써 우리는 인간의 생활상황과 작용양식의 본질적 변화에 다다르게 되었다. 즉, 존재상(上)으로 무엇보다도 노동을 통한 능동적 적응에 기인하는, 존재에서의 저 질적인 도약의

106) 마르크스는 군수생산물과 민간생산물 사이의 그와 같은 차이를 아주 구체적으로 지적한 바 있다. *Rohenwurf*, p. 29.

구체화에 다다르게 된 것이다. 여기에서 인간은 바로 이 능동적 적응 일반을 통해 이러한 과정의 주체가 될 수 있었던 데 반해, 더 이전 단계들에 존재하는 존재와 대상들은 기껏해야 그 현존재에 내재하는 수동성의 여러 형식 속에서 가능성의 여지가 확장된 결과를 표현할 수 있었을 뿐이었음을 결코 잊어서는 안 된다. 따라서 가능성의 여지 자체는 객관적으로 아직 성장과정을 나타내지 않는다고 하는, 우리가 볼 수 있었다시피 잘못된 전제조건에서조차도, 가능성 요소들의 비중 증대가 인간의 현존재를 특징지을 수밖에 없을는지 모른다. 그러나 우리의 고찰은 그 잘못된 전제조건과는 반대로, 이 존재영역은 자기 자신의 존재방식을 계속 재생산할 수 있기 위해서 객관적으로 그러한 가능성 여지들의 엄청나고 부단한 확장과 질적 분화를 산출해야만 했으며 또 지금도 그래야만 한다는 것을 보여주었다(〔173〕 여기에서 우리는 무엇보다도 주로 유럽에서 전개되었던 사회적 존재에 관해 이야기했으며 뒤에서도 그럴 것이다. 하지만 유기적 자연의 현존재와 비교되는 가운데 선행 존재양식과의 차이를 나타내는 이러한 표지(標識)가 이른바 정체되어 있는 문화들마저 특징짓는다는 것은 분명하다).

노동에서의 목적론적 정립들을 통한 인간의 주체화는 필연적으로 여기에서도 다음과 같은 질적 변화를 산출한다. 즉, 자연적 존재양식들에서는 단지 형식(존재과정들의 결과로서 형식화되기)이 문제일 수 있었던 반면에, 이제부터 형식 범주는 모종의 활동으로, 대상성들의 조형(造形)으로 변형된다. 아주 원시적인 노동에서도 이미 이러한 범주 변화는 당연한 것이다. 가능성의 문제와 관련하여 이러한 상황이 보여주는 것은, 가능성들이 주체에서 발생할 뿐만 아니라, 또 존재에서 발견되고 이용될 뿐만 아니라, 주체 또한 — 자기 자신의 활동에 의해 강제되어 — 자기 자신 속에서 새로운 가능성들을 형성해야만 한다는 것이다. 그리고 이 과정에서 주체는 불가피하게도 예전의 가능성들을 억압하거나 수정하도록 유인(誘因) 된다. 따라서 인간이란 바로 인간으로서 불변의 상태로 주어진 것도, 외적 유인에 대한 반응에 의해 일의적으로 규정된 것도 아니다. 오히려 인간은 광범위하게 자기 자신의 활동의 산물이다. 이 점은 형식의 존재 및 규정됨에서부터 펼쳐지는 동일한 발전이 또한 능동적인 형식화 과정을 만들었던 것과 마찬가지로 그의 가능성들에 질적으로 획기적인 영향을 미친다. 물론 이러한 범주변화도 그 역사가 있다. 그 시작은 경험장들의 확장으로 인해, 그리고 그 속에서 자생적으로 집적·축적·정리 등등이 되는, 그 경험장들에 대한 새로운 경험들과 반응방식들로 인해 새로운 가능성들이 자생적으로 발생하는 것인데, 그 속에서 성공적 실천을 위해 불가결한, 주체적인 가능성 여지의 확장이 주체들에 의해 이루어진다. 인간의 활동장의 질적 확장(채집시기에 비하면 농업, 축산 등등이 이미 그런 것이다), 분업의 외연적·내포적 증대, 사회의 내적 문제들의 분화(계급들의 발생), 이 문제들과 더불어 양적으로 증대하고 심히 세분화되는 활동들의 분화 등등을 통해, 이러한 가능성의 여지는 개개의 사회구성원 각각에게 있어서나 그들이 행하는 공동작업의 총체에 있어서나 질적, 양적으로 부단히 증대할 수밖에 없다고 덧붙이는 건 아마도 불필요한 일일 것이다. 그런데 이러한 성장은, 처음에는 많은 경우 자생적으로, 나중에는 다소간 (언제나 상대적인) 사회적인 의식성을 통해 반응의 새로운 형식들을 산출한다. 〔174〕 그리고 그것은, 일부는 인간들 속에 가능성의 새로운 여지들을 낳고 일부는 벌써 생겨났거나 막 생겨나고 있는 중에 있는 가능성의 여지들과 관련하여 이루어지는 그런 반응방식들의 범위를 부단히 확대한다. 마르크스가 사회적 발전에 있어 자연적 한계들의 후퇴라 부른 것은 이 맥락에서도 그 과정의 객관적으로 유발된 촉진의 한 계기로서 나타난다. 그도 그럴 것이 아직 "자연적인" 사회형식들은 그 속에서 살아가는 인간들의 생활방식에서 특정한 반응방식들이 발생하는 것을 처음부터 차단하거나 적어도 그러한 반응방식들의 전개를 어렵게 만드는 경향도 지닌다. 마르크스에 의거하여 우리가 개개인의 위치는 점점 더 우연적인 것이 된다고, 다시 말해 더 이상 카스트, 신분 등등에 의해, 다소간 출생에 의해 제한되고 규정되어 있지 않다고 기술했던 사회의 사회화는 의심할 바 없이 이러한 과정을 촉진시키는 반면, 아직 여러 측면에서 "자연적인" 조건들에 의해 규정되어 있는 질서들은 다방면에서 이러한 경향들을 방해하는 작용을 할 수 있다. 가능성의 여지들을 확대시키는 일반적인 발전은 따라서 우연적인 것이 아니다. 그러한 발전이 자본주의와 더불어 최대로 촉진되기 시작하고 한층 더 고도로 전개되는 것은 더더욱 우연이 아니다. 따라서 개개인이 사회적 총체성들 속에서 그가 점하는 위치와 맺는 관계의 우연적 성격은 이러한 촉진의 중요한 요소가 된다는 것은 의심할 여지가 없다. 물론 이러한 과정 또한 결코 단선적이지 않으며 아무런 모순도 없는 것이 아니다. 이와 관련해서는, 현재의 조작적 자본주의가 소비와 서비스 시장의 "조절된" 영향을 통해, 대중매체를 통해, 진정한 개인적 결정의 가능성들을 제약하는 방향으로 (다름 아니라, 그러한 가능성들을 최대한 펼친다는 선전의 가상을 이용하여) 얼마나 강력하게 작용하고 있는지를 지적하는 것으로 충분할 것이다. 이에 맞서 부단히 증대하고 있는, 당장은 주로 자생적 · 직접적으로 일어나고 있는 반란은, 이러한 제한 작용들이 이전에 경직된 습관, 전통, 신분적 편견 등등의 제한 작용들이 그랬던 것과 마찬가지로 대중적으로 지각되기 시작했음을 보여준다. 그러나 생산력들의 발전에 의해 규정된 발전은 가능성의 여지들의 확장을, 그 모든 모순과 방해에도 불구하고 결국에는 불가항력의 운동으로 만든다. 현재 나타나고 있는 위기의 징후들은, 마르크스가 개개인이 사회와 맺는 관계의 "우연적" 상태에서 생겨나는 중요한 결과들을 규명하면서 자본주의에서 자유란 한갓 가상의 자유임을 강력히 강조했을 때, 그가 이러한 발전경향을 얼마나 정확하게 판단하고 있었는지를 보여준다.

인간들이 행동을 결정하는 데 있어 가능성의 여지는 그 모든 모순성에도 불구하고 불가항력적으로 성장한다는 것이 확인되었는데, 〔175〕 하지만 이러한 확인을 통해 우리가 주목했던 것은 가능성 범주의 사회적으로 새로운 양상의 한 측면에 불과하다. 이 측면은 어떤 대자존재가 그 대타존재의 지금껏 발효되지 않았던 계기들과 존재상(上)의 관계에 들어서게 될 때에만 나타난다. 그럼으로써 그 측면은 가능성 범주의 일반적 존재방식이 존재상 변주된, 그 일반적 존재방식의 대응물로 파악될 수도 있을 것이다. 우리가 서술했던 과정이 자연에(또한 유기적 자연에도) 있는 외관상 유사한 과정들과는 질적으로 다르다는 것을 보여주었다고 생각한다. 그 차이는 이제 사회적 발전에서 전혀 새로운 작용계기들을 갖게 된다. 그리하여 우리 생각에 그 질적인 차이는 더 이상 없는 것으로 사고될 수가 없다. 그 차이는 사회적 존재에서 주체-객체-상관관계(*Subjekt-Objekt-Korrelation*)가 발생한 데 따른 가장 중요하고도 가장 직접적인 결과에서 생겨난다.

왜냐하면 그 상관관계는 단순한 자연적 과정들에는 언제나 결여되어 있을 수밖에 없는 지양된 직접성 곧 간접성의 계기를 사회적 존재에서 나타나는 모든 과정들에 새겨 넣기 때문이다. 비록 인간이 자연에서 새로운 가능성들을 발견한다 할지라도 — 다시 바퀴를 생각해 보라 — 여기에서 하나의 새로운 조합으로 통합되는 자연력들은 여타의 모든 경우에서 그렇듯이 직접적으로 작용한다. 하지만 채집시기에 여자들과 아이들이 열매를 딴 뒤 같이 먹으려고 집으로 가져갈 때, "생산"과 소비 사이의 단순한 시간적 분리 속에는 이미 이러한 간접성의 계기, 자연적 자생성과의 이러한 단절의 계기가 내포되어 있다. 열매를 집으로 가져가는 것은, 열매를 바로 그 자리에서 먹어 치울 자생적 가능성을 실천적으로 배제하는, 그리고 관련자들로 하여금 자연적으로 확실하고 효과적인 이러한 가능성을 억제하도록 만드는 일종의 목적론적 결정이다.

여기에서는 물론 새로운 상황의 지극히 단순한 현상방식만 드러났을 뿐이다. 그러나 문화적 발전의 모든 사실을 통해 우리는, 이러한 부정성은 대량의 긍정성들 속에 있는 하나의 특수사례에 불과하다는 것을 알 수 있다. 이 긍정성들 속에서 인간은 가능성을 단순히 억압하는 것이 아니라 오히려 의식적으로 더 발전시킨다. 이로써 우리는 본질적으로 새로운 상황에 도달했다. 즉, 현존하는 존재로서의 인간 속에는, 그의 삶이 그에게 초래하는 매 상황에 따라 실현되거나 혹은 잠재적으로 머물러 있는 그런 단순 규정된 가능성들은 없다. 그의 생활방식은 오히려 진행과정 중에 있는 존재로서 다음과 같은 성질을 지닌다. 즉, 그 자신이 사회의 발전경로들에 부응하는 가운데 또한 자기의 주체적 가능성들을 완전히 관철시키려 애쓰거나 혹은 억압하려 애쓰며, 경우에 따라서는 단지 본질적으로 수정만 하려고 애쓴다. 이는 한낱 개인적인 과정이 아니라 극도로 사회적인 과정이다. 〔176〕 그러므로 이미 아주 일찍이 그 과정은 단지 개개인들 속에서나 혹은 그들 간의 직접적 관계 속에서만 작동하기를 그친다. 그리고 또 이러한 발전을 사회적으로 바람직한 방향으로 돌리기 위해 고유한 사회적 대비책이 강구된다. 여기에서 우리는 이러한 경향들을 실현하는 서로 몹시 다른 방식들을 더 자세히 다룰 수 없다. 그러므로 이와 관련해서 그러한 사회적 경향들을 교육이라는 표제어 아래 통합해 보도록 하자. 이때 우리는 그 경향들의 현실적 범위가 본래적 의미의 교육의 범위보다 훨씬 크며 초기에는 더욱더 컸다는 것을 잘 알고 있다. 물론 교육은 여기서 주도적 역할을 한다. 그 교육은 주어진 상황에서 사회적으로 중요해 보이는 아주 특정한 가능성들을 각 학생 속에서 육성하고 이 상황에 해악적인 것으로 여겨지는 가능성들을 억제하거나 수정하는 것을 목표로 한다. 아주 어린 애들을 바로 걷게 하고 말하게 하며 이른바 질서를 준수하게 만들고 위험한 접촉을 피하게 하는 등등의 교육은 근본적으로, 먼저 성인이 된 사람의 삶에 사회적으로 유익하고 유리하게 보이는 가능성들을 육성하는(그리고 이에 부합하지 않는 가능성들을 억제하는) 시도에 다름 아니다.

문제에 대한 파악이 아직은 몹시 일반적이지만 이러한 파악만으로도 이러한 범주적 정황의 근본적인 새로움이 드러난다. 즉, 가능성들은 (작동하고 있든 잠재적이든) 단순히 주어져 있는 것이 아니라, 사회에 쓸모 있고 유용한 인간을 키워내려는, 다소간 정확한 의도를 통해 육성되거나 또는 억제가 시도되는 것이다. 그럼으로써 인간들의 생물학적 성장에도 영향이 가해지는데, 그런 영향만 보더라도 여기에서 중요한 것은 사회적으로 주요한 문제라는 것을 알 수 있다. 새로 태어난 인간이 그의 유의 모든 필요 자격을 갖춘 표본으로 여겨질 수 있을 때는 언제인가 하는 문제는 분명 생물학적인 문제가 아니다. 어린 동물이 비교적 단기간에 그 유의 본질적 가능성들을 자체 내에 형성할 수 있는 반면, 인간의 경우 그와 동일한 과정의 기간은 초기만 보더라도 비교가 불가능할 정도로 더 길다. 게다가 동물들의 생활방식에 비해 인간들의 생활방식이 지닌 상대적 안전성이 최초의 물질적 토대를 이루며, 비할 수 없을 정도로 더 복잡한 과제들이 이미 유아기 단계에서(예컨대 언어구사) 직접적인 동인을 이룬다. 그리고 문명의 전개와 더불어 이에 소요되는 시간은 처리해야 하는 과제들의 증가로 인해 점점 더 길어질 수밖에 없는데, 이는 놀랄 일은 아닐지라도 주목할 만한 일이다. 이러한 증대, 요구들의 증가는 그러한 발전 속에서 계속 확산될 수밖에 없다. 즉, 글쓰기와 읽기와 셈하기는 소수의 특권이었다가 일반적인 자산이 되었다. 〔177〕 이를 통해 일깨워진 반응가능성들이, 점점 더 폭넓게 된 계층들에게 필수불가결한 것이 되었기 때문이다. 이러한 사실 자체는 물론 누구나 다 알고 있는 것이다. 그런 사실을 굳이 여기서 언급해야만 했던 이유는, 이를 통해 창조된 가능성의 여지들이 사회화된 사회에서 살아가는 인간들의 자기재생산에 (그리고 당연히 그 사회의 자기재생산에도) 필수불가결하게 되었다는 것을 잊지 않도록 하기 위해서였다.

인격의 발달과 가능성 범주의 연관관계

이러한 문제들에 대한 진정한 설명은 불가피하게 일반적 차원에서 이루어진 이러한 서설의 틀을 훨씬 넘어서는 것이다. 그러한 설명은 일상의 실천에서부터 최고도의 윤리에까지 이르는 인간활동의 존재적 성질에 대한 구체적·체계적인 분석에 속하는 일이다. 하지만 사회적 존재에서 일어나는 양상성 범주의 이러한 기능변화가 지닌 사회적 의의를, 적어도 아주 전반적인 윤곽 차원에서나마 조망할 수 있기 위해서는, 인간 인격의 발달과 양상성 범주의 연관관계를 극히 개략적이라 할지라도 어떤 식으로든 다루어야만 한다. 우리는 이미 이전 단계에서 인격을 사회성의 발전결과라고, 이 단계에 유의 개별 표본에서 일어나는 존재의 구체화라고 대략적으로 말한 바 있다. 거기에서 우리는, 인간들이 하는 활동들의 양적·질적 확장, 사회적 분업에 따른 그 활동들의 이질성의 증대 등으로 인해, 자기재생산을 위해 점점 더 사회적으로 삶을 영위하는 개개인에게는 현실에 대한 아주 다양화된 반응들에 통달하는 일뿐만 아니라 이를 넘어서 반응의 일정한 — 자신의 활동들을 또한 주체적으로 정리하는 — 통일성을 생산하는 일이 점점 더 필수적이게 된다는 것을 언급했다. 우리는 서로 아주 다른 인간들 속에서 이런 식으로 상이하게 생겨나는 내적인 통합을 우리가 인간의 인격이라고 부르곤 하는 것의 존재적 기초라고 칭했다. 지금 우리가 하는 고찰은 이러한 진술들을, 우리가 현실에 대한 인간들의 반응에 있어 가능성 여지의 확장이라 불렀던 것이 여기에서 무엇보다도 중요하다는 식으로 구체화하는 것에 지나지 않는다. 그도 그럴 것이 미래의 선택적 결정들에 대해, 따라서 구체적 · 원칙적으로 예견할 수 없는 그런 선택적 결정들에 대해 완전히 확정된 반응방식들로 잘 준비를 갖추고 있기란 당연히 객관적으로 거의 불가능한 일이다. 그런 식으로 준비를 갖추고 있기란 예컨대 관료주의화될 때 일어나는 일인데, 하지만 많은 경우 사실상 그릇되고 잘못된 유해한 결정으로 이어진다. 따라서 진정한 준비는, 그와 같은 부류의 반응에서 고유한 가능성의 여지를 확장하고 그 기반을 다지는 일 외에 다른 것이 아니다. 다재다능함, 신축성, 사건들에 부합하는 일관성, 유적인 반응방식을 위한 원리들의 형성 등등은 오직 이러한 방식으로만 확장될 수 있다. 〔178〕 인간들의 인격은 그들이 — 예측컨대, 그리고 경우에 따라서는 실제로 — 어떤 예기치 못한 복잡한 요구에 어떻게 반응할 것인지를 근거로 가장 정확하게 판단된다는 것은 분명 우연이 아니다. 따라서 인격의 전개는, 우리가 여기에서 서술했던 가능성 여지의 확장을 필수불가결한 기반으로서 전제로 한다.

그러한 맥락들 속에서 인격을 논한다면 그 논의는 당연하게도 전적으로 사회 · 존재적 방식으로만, 따라서 완전히 가치중립적으로만 이루어질 수 있다. 여기에서 우리는 인격발달의 사회적으로 제약된 범주적 전제조건에 관해서만 이야기할 수 있었을 뿐이지, 어떤 사람은 중요하고 매력적인 인격으로 만드는 반면 다른 사람의 인격은 무의미한 것이 되게 만드는 특유의 내실에 관해서는 이야기할 수 없었다. 이러한 구별은 발전, 진보 등등과 같은 것이 논해지는 모든 곳에서 고려되어야만 한다. 부르주아적인 발전 이데올로기들에는 거의 예외 없이 그러한 구별이 결여되어 있다. 즉, 그것들은 발전의 사회·역사적 진행과 인간의 내적인 발전을 단순히 동일시하거나 아니면 양자를 기계적 방식으로 분리시킨다. 이 두 경우에 사회적 존재와 개개인들의 존재에 대한 사상적 모상(模像)들에서 이미 왜곡들이 생겨날 수밖에 없다. 그도 그럴 것이, 오늘날의 평균적인 속기 타자수가 안티고네나 안드로마케[107]보다 더 큰 가능성 여지를 관장한다는 것은 명백한 사실이지만, 인격발달에 있어, 참된 인간적인 유적 성질의 발전에 있어 안티고네와 안드로마케는 아주 적극적이고 중요한 역할을 맡는 반면 속기 타자수는 결코 그렇지 않다는 것은 의심할 여지가 없기 때문이다. 인간의 활동들을 전체적으로, 그리고 유의 발전 및 그 단계들의 실현방식과의 지속적인 연관관계 속에서 고찰하는 특수한 이론적·역사적인 분석에서만 다루어질 수 있는 인간의 현실적인〔진정한〕인격발달은 모든 역사적 과정들과 마찬가지로 그 자신의 사회·역사적 토대와 불균등한 관계 속에 있다. 마르크스주의는 존재의 역사적 성격을 다른 그 어떤 이론보다 더 단호하게 방법과 그 구체적 적용의 중심에 놓는다. 바로 그렇기 때문에 마르크스주의는 불균등 발전을 사회·역사적 과정들의 전형적인 형식으로 봐야 한다.

107) 옮긴이: 안드로마케(Andromache)는 트로이 전쟁의 영웅 헥토르의 아내다.

발전의 불균등성

이러한 불균등성은 통상 "합법칙적으로"(익숙한 인식론적 의미에서의) 작동하는 발전에서 예외적으로 나타나는 비정상성이 아니라 진행 중인 모든 과정의 본질적 특징에 속한다. 〔179〕 마르크스의 학설에 대한 이해력이 없는 추종자들과 사유능력이 없는 반대자들은, 그의 학설에서는 경제적인 것이 아무런 제약 없이 주재(主宰)하는 힘을 갖는다고 말하곤 한다. 그들에 따르면 이러한 힘의 기본특징은 명확한 단선적 필연성인데, 이는 스피노자의 숭고한 정태적 필연성 구상과 짝을 이루는 것이자 그것의 변주이며 "상향발전"인 셈이다. 그들은 이미 《공산당 선언》에서 지금까지의 발전의 본질이, 즉 계급투쟁의 결과들이 양자택일적으로, "매번 사회 전체가 혁명적으로 개조되는 것으로 혹은 투쟁하는 계급들이 함께 몰락하는 것으로 끝났던"[108] 투쟁으로 총괄되고 있음을 망각하고 있다. 이른바 "초안"의 그 유명한 서설에서 정복지의 경제적인, 따라서 정치·사회적인 발전가능성이 잠깐 다루어지는데, 이때 이론적 결론들은 세 가지 서로 다른 길의 윤곽을 그리는 데서 정점에 이른다.[109] 《조국의 기록》(*Otjetschestwennije Sapiski*) 편집부에 보낸 한 편지에서 마르크스는 러시아에서의 자본주의적 발전의 전망에 관해 말한다. 본원적 축적에 대한 그의 역사적 설명이 그의 비판자에 의해 절대적 필연성을 지닌 하나의 법칙으로 둔갑하는데, 마르크스는 이에 이론적으로 반대

---

108) *MEGA I / 6*, p. 526. 〔《칼 맑스·프리드리히 엥겔스 저작선집 1》, 400~401쪽〕

109) Marx: *Rohentwurf*, pp. 18~19. 〔《정치경제학 비판 요강 1》, 67쪽〕

한다. 그는 다음과 같이 적고 있다. 그의 비판자는 "이로부터 서유럽에서의 자본주의 발생에 관한 나의 역사적 스케치를, 모든 민족이 그들이 처해 있는 … 역사적 상황이 어떠하든 간에 운명적으로 종속되어 있는 보편적인 발전경로에 관한 하나의 역사철학적 이론으로 둔갑시킬 수밖에 없다." "그러나 나는 그에게 용서를 구한다(그것은 나에게 너무 많이 경의를 표하게 하는 동시에 너무 많이 모욕을 가하게 한다)." 계속해서 그는, 소유권을 박탈당한 농민이 프롤레타리아트가 아니라 "빈둥거리며 지내는 천민"이 되었던, 고대로마에서 있었던 농지 몰수의 예를 든다. 그리고 여기에 다음과 같은 방법론적 결론을 연결시킨다. "따라서 명백한 유사성을 지닌 사건들이지만 서로 다른 역사적 환경 속에서 펼쳐지며, 그렇기 때문에 전혀 다른 결과를 낳는다."[110] 원한다면, 마르크스가 쓴 글들에서 이런 예를 얼마든지 더 들 수 있을 것이다.

여기에서 마르크스의 현실상(現實像)의 이러한 필연적 귀결은 범주들의 작용을 특징짓는데 기여하는 것으로서 우리의 관심을 끈다. 지금까지 마르크스를 통해 그렇게 했듯이, 우리가 범주들을 인식 내의 논리학적이거나 인식론적인 형식화 원리들이 아니라 존재 자체의 규정들로서 파악하고 다루었을 때 이미 범주의 존재와 작용의 몇 가지 중요한 측면이 드러났다. 〔180〕 인식론적으로 그리고 무엇보다 논리학적으로 파악할 경우 범주들은 서로 무관하게 생겨나서 영향을 미칠 수 있는 것이 되는 반면, 우리는 진행과정 중에 있는 복합체로서의 존재는 범주들을 언제나 다원적 방식으로, 그리고 이질적 성질

110) Marx-Engels: *Ausgewählte Briefe*, Moskau/Leningrad, 1934, pp. 291~292.

에서 생겨나는 것으로서 산출한다는 것을 보여주기 시작했다. 우리가 특정 범주들은 오직 서로 연관된 채 같이 작용하면서 생길 수 있다는 것을 볼 수 있었다면(예컨대 형식-질료), 그것은 이러한 역동적 병렬의 가장 단순한 경우에 불과하다. 그런데 범주들이 서로 아주 단순하고 밀접하게, 어찌할 수 없게 결속되어 있는 바로 여기에서, 범주들 서로 간의 객관적인 존재론적 이질성을 분명하게 볼 수 있다. 가령 논리적 동질화의 원칙적 오류는 범주들에 관한 우리 사유에서 사라지기가 몹시 힘든데, 왜냐하면 우리의 실천적 활동이, 그중 무엇보다도 노동이 범주들의 자생적 동질화 과정을 — 물론 그때그때 구체적인 목표정립과 관련해서만 — 전제조건으로 삼고 있기 때문이다. 아주 일반적으로 말하자면, 물론 노동은 보다 복잡한 인간활동의 영역에서 이루어지는 모든 목적론적(선택적) 정립에 대한 일종의 모델이다. 하지만 이는 아주 일반적으로 말할 때만 옳은 말이다. 인간들 자신이 인간활동의 객체가 되는 경우가 많아질수록, 이러한 일반성 자체는 지탱되기가 점점 더 어려워지며, 그 일반성에서 이와 연관된 과정적 상대화의 계기가 점점 더 중요해진다. 그리하여 동질화는 단지 전반적 접근의 성격을 띠게 된다. 이때 발생하는 범주적 문제들은 인간활동의 특성을 적절하게 기술하는 데 있어 중요한 계기들을 이룬다. 그 문제들이 현실화되는 장(場)은 노동에서부터, 일상생활에서부터 최고도의 윤리적 활동방식들에까지 뻗어 있다.

이 자리에서는 이러한 문제들을 개략적으로도 다룰 수 없다. 여기서 중요한 것은, 목적론적 정립들 속에서 궁극적으로 유효한 동질화가, 그 모든 요소들을 무차별적으로 동질화하지 않을 뿐만 아니라 심지어 특정 계기들의 이질성이 무조건 보존되어 있도록 하는 가운데 어떻게 수행될 수 있는가 하는 문제복합체들이다. 이는 절대적인 동질화(노예노동) 경향이 이를 개선하려는 방향에 있는 목적론적 정립들에 넘어설 수 없는 한계들을 설정하는 분업에서 이미 나타난다. 이와 달리 기계노동은 훨씬 높은 수준에서, 동질화 경향이기는 마찬가지지만 그러나 성질이 다른 동질화 경향들을 산출한다. 그런데 이 경향들은 이제부터는 전혀 다른 신축성을 띤 노동과정과 연관되기 때문에 심지어 노동생산성의 증가도 낳을 수 있다. 이 경우는, 사회·역사적으로 상이한 환경에서 생겨나는 유사한 것들이 아무리 명확한 유사성을 보여준다 하더라도 전혀 다른 결과를 낳을 수 있다는, 앞서 인용한 마르크스의 경고가 얼마나 올바른 것인지를 보여주는 예로서만 쓰여야 한다. 〔181〕 오늘날 한편에서는 관료주의적 유추가, 다른 한편에서는 조작에 따른 유추가 폭넓은 범위에서 사고 습관이 되고 실천을 조종하는 원리가 되었기 때문에 — 그러한 경향들이 왕왕 외삽법에서 인공두뇌학까지 가장 현대적인 기술수단을 통해 작동한다고 해서, 현실과의 이러한 간격이 줄어드는 것은 결코 아니다 — 우리는 그러한 방법론상의 경고를 다시 전면에 내세우는 것이 이론적으로나 실천적으로나 공히 중요하다고 생각한다.

사회적 존재의 총체성

삶의 과정에서 모든 범주와 그 범주적 상호관계들의 존재기반으로서 불가역적으로 진행되는 복합체들의 이러한 작용방식은, 그 과정들이 서로 영향을 미치는 가운데 더 큰 통일성들로, 총체성들로 종합되는 곳에서도 자연스럽게 영향을 미친다. 그것은 물론 일종의 실천적 종합인데, 이러한 종합은 어느 정도까지는 모든 존재단계에서 나타나곤 하지만 사회적 존재에서 질적인 고양을 겪는다. 여기에서 환경에 대한 능동적 적응이 수행되는데, 이를 통해 무엇보다도 몇몇 — 비교적 — 자립적으로 작동하는 복합체들이, 그리고 또한 그것들의 종합들 및 이들이 협력하여 이루는, 점점 더 고차적으로 되는 종합들이 비상한 고양을 경험한다. 그리하여 그 전체성에(전체 인류에) 구체적으로 유효한 과정형식들이 점차적으로 형성되기 시작한다.

이를 통해 전혀 새로운 총체성 곧 인간 유의 총체성이 궁극적으로는 스스로 창조한 환경과 더불어 점차 성립 중에 있다. 이 환경이 인간들에 의해 구체적으로 충만하게 이루어질 때에 비로소 사회적 존재에서 총체성 범주가 완성된다. 하지만 그보다 훨씬 전에, 다시 말해 그 총체성의 규정들 중 가장 일반적인 것들을 예감하는 것마저도 거의 불가능한 때에 이미 우리는 총체성의 이 형식이, 복합체들의 개별적이거나 조합된 불가역적 과정들로 구성되는, 선행한 모든 종류의 종합들과 얼마나 많이 다른 지를 보게 된다. 이미 의심할 여지가 없게 된 사실에서 출발하자면, 우리의 지구는 분명 하나의 — 물론 상대적인 — 총체성이다. 이 총체성은 외부의 작용들, 〔지구를 둘러싸고 있는〕 주위의 작용들에 의해 지속적으로 영향을 받긴 하지만 자기 영역 속에서 서로 함께 상호작용하는 힘들의 총체성으로서, 전체적으로 고유한 발전사를 겪어왔다. 이러한 의미에서, 불가역적으로 추동되고 전개되는 인류라는 총체성은 자신의 세계와 함께 총체성으로서 동일한 범주적 연관관계에 속하는 것처럼 보이며, 또 그 물질적 기초인 지구라는 행성과 마찬가지로 고유한 역사를 그러한 존재의 실체로서 지닌 것처럼 보인다.

우리가 이러한 일반적 · 궁극적인 범주적 공속성을, 불가역적인 두 과정의 구체적인 존재적 성질에서의 질적 차이 및 대립과 동시에 고찰할 때야 비로소, 〔182〕 사회적 존재 특유의 존재규정들이 올바로 조명된다. 이미 유기적 세계의 자연존재 내에서 무기적 세계와의 첨예한 질적 차이가 나타난다. 통일적 과정 속에서 서로 연결된 개별복합체들(이것들 또한 그 자체로 보자면 진행과정 중에 있는 복합체들의 종합인데) 은 전체 존재에서 실제로 결합된 하나의 구체적 총체성을 이루는데, 우리가 바로 지구라는 개념(실제로 통일체로서 작동하고 있는 하나의 전체적 복합체를 사유를 통해 재생산한 것으로서의) 으로 지칭하곤 하는 것이 그것이다. 따라서 여기에서 발생하는 존재적 작용단위들은 — 이 존재수준에서 그러한 범주들을 승인하는 데 방해가 되는 그 모든 제약에도 불구하고 — 즉자존재뿐만 아니라 명확한 대자존재도 가진다. 유기적 존재에서 그러한 범주적 규정성은 이미 훨씬 더 문제적으로 보인다. 생명체들의 각각의 유는, 무기적 존재에서 이루어질 수 있었던 것보다 더 명확하게 존재적인 방식으로 유이다. 유의 발전 내에서 개체발생적 과정과 계통발생적 과정이 보이는 상대적 차이만 하더라도, 유와 개별표본 간의 존재관계가 이전의 존재수준에서보다 더 복잡하며 또 — 이 표현이 허용된다면 — 더 친밀하고 더 내부적인 성질을 지닌다는 것을 보여준다. 이에 반해, 유기적 자연의 총체성을 존재방식으로서 구성하고 있는 유들의 실재적, 존재적 총체성은 존재적 통일체들로서, 따라서 즉자적으로뿐만 아니라 동시에 대자적으로도 존재하는 총체성들로서, 무기적 자연에서 그럴 수 있었던 것보다 훨씬 더 문제적이다. 구체적으로는 매우 다른 유의 발전들에서 광범위하게 유사한(그리고 불가역적인 과정들의 유사성에 있어 동일성에 가까운) 과정들이 작동한다. 이것은 과학적으로 인식하는 사유들에 의해 확인될 수 있었지만, 존재상(上)으로는 단지 구체적인 유들에서만 나타날 뿐이고 그 실재적 전체 존재의 대자존재로서는 나타나지 않는다.

사회적 존재의 발생, 인간의 인간화는 존재상 필연적으로 여기에 연결된다. 물론 처음부터 그러하기 때문에 인간화, 곧 환경에 대한 능동적인(노동과 같은) 적응은 맨 처음부터 생물학적 결정성을 넘어서는 경향을, 다시 말해 비록 결코 완전할 수는 없지만 점진적으로 그러한 결정성에서 벗어나는 경향을 지닌다.

완전히 극복할 수는 없는 인간생활의 생물학적 결정에서 벗어나기 시작함에 따라 생기는 존재상(上)의 결과들이 있는데, 그 궁극적인 존재적 규정들에 있어 명백히 상이한 지점들에서 생겨나는 소(小) 사회들은 유들을 증가시키지 않는다는 것이 그것이다. 〔183〕 인간 유는 즉자적으로 통일적이지만 이와 동시에 이러한 통일성을 실제로 현실화하는 경향도 갖고 있다. 출발점들, 발전방식들에서의 비상한 차이들이 분명히 볼 수 있고 확인할 수 있는 분화를 만들어내긴 하지만, 궁극적으로 이러한 분화는 발생 중인 노동과 그 결과들에 토대를 두고 있으며, 따라서 사회적 성질을 띤다. 그렇기 때문에 그것은 더 이상 생물학적인 유의 분화로 이어지지 않는다. 기후, 생활방식, 생활상황 따위도 일정한 생물학적 차이를 가져오거나 보존한다(예컨대 피부색)는 사실이, 인간 유가 구성되는 과정의 주된 경향에서 결정적인 것을 바꾸진 않는다. 그도 그럴 것이, 어떤 동물 유의 보전, 몰락, 변화가 각 유의 존재전개 내에서 이루어지는 생물학적 과정인 반면에, 그 총체성이 인간 유를 객관적으로 형성하는 크거나 작은 개별 사회들은(또한 사회집단들도) 사회적 측면에서 — 궁극적으로는 — 서로 결정적으로 구획되어 있지 않다. 그것들이 영국의 노르만족과 색슨족처럼 서로 완전히 융합될지, 아니면 역시 영국의 스코틀랜드인과 웨일즈인처럼 민족(민족체)으로서 서로 병존할지 여부는 일반적인 발전계기(자연한계들의 후퇴)와는 거의 상관이 없는, 그리고 통상 해당 인간집단들의 경제·사회적 발전의 구체적 경향들로 소급될 수 있는 그런 사회적 발전의 문제다.

그리하여, 따로 떨어진 사회에서 살아가는 인간들이 종족에서 민족으로, 민족에서 인류로 통합되는 과정은, 사회 속에서 사회적, 경제적 범주들의 변화로서 전개되는 하나의 과정이다(자연적 한계들의 후퇴 역시 하나의 사회적 과정이다). 인간이 자신의 환경에 능동적으로 적응하는 것이자 이 환경이 사회적 욕구에 복무하는 존재기반으로 변모하는 것인 사회적 과정의 결과, 여기서 그때그때 작용하는 구체적인 사회적 통일성들(상대적인 총체성들)은 동물 유들의 성질과 비교될 수 있을 만큼 최종적으로 고정된 성질은 애당초 갖고 있지 않고, 오히려 그 내적 구조, 그 상호관계에 있어 부단한 변화에 종속되어 있다. 이때 주로 변화시키는 힘들은 언제나 그때그때의 경제의, 따라서 공통된 유적 성질의 특성들과 발전경향들이다. 자유인과 노예의 대립에 의거하는 편성방식처럼 초기의 중요하고도 널리 확산된 사회적 편성방식은 〔184〕 인간이 자기 자신의 재생산이 필요로 하는 것보다 더 많은 것을 산출할 능력을 갖게 되는 노동생산성을 전제로 한다는 것을 엥겔스는 정확하게 보여주었다.[111)]

이러한 발전들은 서로 몹시 다른 성질을 띤다. 마르크스주의는 본질적으로 자본주의 발생의 이론을, 자본주의의 전사(前史)와 역사를 연구하는 데 몰두했다. 물론 마르크스주의의 창시자들은 인류역사에서 이러한 발전노선이 결코 유일한 것이 아님을 아주 분명하게 알고 있었다. 그들의 저작에는 이른바 아시아적 생산양식의 주요원리들이, 비록 개략적이고 암시적이긴 하지만 가장 본질적인 점들에서는 완성되어 있다. 무엇보다 마르크스주의의 스탈린적 속류화는 이러한 인식통로를 결코 실존하지 않는 중국적 "봉건주의"를 포고(布告)하는 것으로 대체했다. 마르크스주의를 자칭하는 공식적 이론들의 저열한 수준은, 중국의 "이론" 역시 "모스크바"에 대한 그 모든 예리한 전술적 반대에도 불구하고 결코 실존하지 않는 이 "봉건주의"를 기반으로 받아들였다는 데에서도 드러난다. "제 3세계"의 문제들을 이론적으로 처리하려는 모든 시도는, 아프리카, 아랍, 남아메리카 등등의 발전이 지닌 상이성을 그 현실적인 경제적 토대로 마르크스주의적으로 소급하고 그 진정한 발전노선들을 마르크스주의적으로 분석하지 않는 한 추상적인 장광설로 끝날 수밖에 없다. 오늘날의 마르크스주의가 유럽적 · 북아메리카적인 자본주의의 현 단계에 대한 올바른 분석조차 착수하지 않았기 때문에, 이것〔"제 3세계"의 문제들에 대한 마르크스주의적인 이론적 처리〕은 여기에서 마르크스주의의 르네상스를 위한 이론적 요구로서만 제기될 수 있다. 그 문제들 자체를 다루는 것은 여기에서는 불가능하다. 그 문제들은 구체적인 과학적 연구의 대상이 되어야만 한다.

---

111) Engels: *Ursprung der Familie* …, Moskau/Leningrad, 1934, p. 39, pp. 155～156.

언어와 과학 등을 통해서 본 인간의 유적 성질의 통일성 경향

이러한 문제영역에 관해 현재 우리가 하는 실질적 통찰을 방해하는 이 모든 장애에도 불구하고, 그러한 발전들의 가장 일반적인 공통의 특징들을 그 진정한 존재 부합성에서 파악하는 것은 가능하다. 우리가 거듭 밝혔다시피, 마르크스는 노동을 사회와 더불어 발생하는 존재형식의 실재적·실천적인 토대라고 부름으로써 그 존재형식에서 존재론적으로 가장 결정적인 점을 규정했는데, 유적 성질은 사회와 더불어 발생하는 존재형식에서야 비로소 한낱 침묵하는 (다시 말해, 순수 자연적인) 유적 성질이기를 그친다는 것이 그것이다. 하지만 이러한 침묵의 중지가 (노동의 발생, 곧 선택적 결정을 내포하는 목적론적 정립의 발생과 마찬가지로) 질적인 도약으로서 생겨나는 사회적 존재의 완성된 결과는 결코 아니다. 오히려 그것은 장구하고 모순에 찬 발전과정의 출발점일 따름이다. 오늘날 이 발전과정을 이전보다 더 잘 조망할 수 있게 된 것은 사실이다. 〔185〕 하지만 이 발전과정이 그 내재적 가능성들 중 다음과 같은 가능성, 곧 발전의 요소로서의 그 실존을 지금까지의 진행이 분명하게 표현하는 그런 가능성을 현실화하고 존재하는 것으로 만든 것은 결코 아니다. 유적 성질이 지금까지 진행되어온 과정의 총체성 속에서 더 이상 침묵하지 않는 유적 성질이 발생하는 가운데 이루어지는 이러한 인간화 과정을 관찰하면, 침묵을 뒤로 하고 그 대신 나타나는 "유의 시대"가 모순적인 이중적 규정으로서 표현된다는 것이 드러난다. 한편으로, 가장 단순한 도구에서부터 발생 중인 사회성의 조정형식들을 거쳐 현실과는 이미 멀리 떨어져 있는 것처럼 보이는 최고 형식의 인간적 활동과 사고 및 지각 능력에까지 이르는 그 모든 표현형식은, 내용상으로 온통 환경의 극복을 지향하고 있으며 인간의 적응을 그때그때 능동적으로 실현하려 노력하고 있다. 모든 행동은 그 자체 속에 사회적인 지금・여기[112]의 표지(標識)를 분리 불가능하게 내포하고 있으며, 따라서 시공간적 일회성, 역사적 일회성을 지닌다. 다른 한편, 이와 불가분한 동시성 속에서, 그렇게 발전되어 나가는, 더 이상 침묵하지 않는 인간적인 유적 성질의 그 모든 표현방식은 궁극적인 통일성을 향한 — 마찬가지로 폐지될 수 없는 — 경향을 지닌다. 즉, 이러한 "언어들" 서로간의 전반적인 이해가능성을 존재상 일반적으로 가능하게 만들 뿐만 아니라 또한 사회・역사적 상황이 그것을 필요로 하고 산출하는 곳에서 사회적 실천의 와중에 그것들이 서로 영향을 미쳐 혼융되기에까지 이를 수 있게 하는, 사회적 존재에서 자생적으로 발생한 일치화로의 경향을 지니는 것이다.

발생 중에 있는 인간적인 유적 성질의 이러한 "언어"에 관해 실로 일반적이긴 하지만 그래도 약간 구체적으로 지금 말해야 한다면, 그 언어는 무엇보다 노동 자체의 과정과 결과들에서 나타난다. 그때그때 구체적인 발생이 띠는 일회성의 면모들은 당연히 도처에서 나타난다. 그런데 (도구를 포함한) 노동생산물들의 교역이 아주 일찍이 시작된 것이 눈에 띈다. 지금 우리가 이러한 사실을 여기에서 다루어진 문제영역에 비추어 고찰하면, 순수하게 존재상 생기는 결과는

112) 옮긴이 : "지금・여기"는 "hic et nunc"를 옮긴 말이다. 그대로 옮기면 "여기 그리고 지금" 또는 "여기 지금"이지만, 이 글에서는 우리말에서 흔히 쓰이는 방식에 따라 "지금・여기"로 옮긴다.

다음과 같다. 즉, 노동생산물들이 서로 다른 사회집단에게 동일하게 실현될 수 있는 실천적 유용성을 지니고 있지 않다면, 따라서 그것들이 — 궁극적으로 — 이와 관련하여 공통의 "언어"를 갖고 있지 않다면, 교역은 불가능할 것이다. 새로운 성과들의 사용에서 이미 일찍부터 시작된 일반화(돌과 청동과 철이 노동의 원료로서 널리 공통적으로 퍼져 있는 것을 생각해 보라. 그리고 전반적으로 형성된 교환체계의 도구인 화폐의 확산과 화폐 역할을 했던 비교적 적은 수의 물질 따위를 생각해 보라), 〔186〕 그리고 서로 다른 집단과 지역 등등의 경제적 발전에서 명백히 존재하는 커다란 차이는, 경제의 최종적 기반들 속에 내재하는 하나의 "공통언어"로의 경향들을 완전히 폐기할 수 없다. 물론 이때 개별적인 구체적 현실화들의 차이를, 나아가 그것들의 대립을 결코 잊어서는 안 된다. 하지만 사회와 자연의 신진대사에서 그때그때 가능한 최대치의 가능성들은 오랜 시간에 걸쳐 관철되는 경향을 가진다는 근본사실은, 목적론적 정립들에 토대를 둔 노동의 본질로 인해 생겨난 것이다. 그리고 그 경향에서 밝혀지는 사실은, (분업 등등을 포함한) 경제발전에서의 그 모든 차이와 대립에도 불구하고 이러한 의미에서 더 이상 침묵하지 않는 유적 성질의 그러한 공통의 "언어"가 경향으로서 관철되었다는 점이다.

이러한 존재론적 근본경향은 아마도 본래적 의미의 언어에서 한층 더 분명하게 나타날 것이다. 언어의 발생이 노동과 분업이 필요로 하는 가장 원초적인 것들과 긴밀히 연관되어 있다는 것은 일반적으로 잘 알려져 있다. 그리고 언어들 자체의 무한해 보이는 다양성과 말의 내용에서부터 문법적 구조에까지 걸쳐 나타나는 언어들 서로 간의 질적 차이들이라는, 마찬가지로 명백한 사실 또한 물론 잘 알려져 있다. 하지만 여기에서 한 가지 — 실천적으로 이미 일반적으로 확증된 — 계기가 간과되어서는 안 된다. 이 모든 차이는 실천에서 검증된 모종의 통일성을 지닌다는 것이 그것이다. 언어들은 예외 없이 모두 다 옮겨질 수 있다. 다시 말해서, 번역될 수 있다. 언어들의 양적 · 질적이고 내 · 외적인 다수성에 대해서, 언어들의 번역가능성이라는 계기가 보완적으로 마주하고 있다. 그런데 번역가능성은 다양한 차이 내에서 궁극적으로 공통적인 내실의 본질적 계기들을 전제로 한다. 이 계기들의 중심에 있는 것은, 단어들은 모두 다 대상들의 유적 성질을 표현하도록 정립되었다는 점이다. 문장구성, 단어들의 조합 등등의 뉘앙스만이, 모든 언어에 공통적인 이 일반적인 유적 성질을 경우에 따라서 특수성 또는 개별성 쪽으로 나아가게 할 수 있다. 바로 그렇기 때문에 직접적으로 커다란 차이들의 토대이기도 한 이 근본적인 일반성은 모든 언어에 있어 다음과 같은 점에서도, 즉 언제나 언어의 내적 구성은 노동에 근거를 둔, 노동에서 분화되어 나오는 인간생활의 일정한 일반적 유형을 표현한다는 점에서도 나타난다. 주체와 그의 행동들, 이 행동들의 시공간적인 분화, 주체와 객체의 관계, 주체와 다른 주체들과의 관계 등등이, 우리가 언어를 사회적 존재의 중요한 요소로 여긴다면, 모든 언어구조의 기초를 이루는 것이다. 이러한 구조들은 서로 다른 언어들에서 서로 다른 구체적 표현방식들을 갖는다. 〔187〕 이 점은 언어들의 그때그때의 특수한 성질과 언어들의 역사의 한 중요한 계기이지만 그렇다고 해서 앞에서 한 진술들에서 바뀔 것은 아무것도 없다(예컨대 특정한 연관이 어떤 언어에서는 전치사로서, 다른 언어에서는 접미사로서 형성된다는 사실이 언어학자의 입장에서는 아주 중요할지 모르지만 여기에서 확인된 공통성과 관련해서는 중요하지 않다). 질적으로 아주 상이한 언어들이 이런 식으로 발생하는데, 이들의 상이성은 인류발전에서 중요한 역할을 했으며 지금도 그런 역할을 하고 있다. 이 인류발전은 그 상이성을 결코 지양하지 못할 것이다. 하지만 그 상이한 언어들은, 유의 보편적 발전이라는, 여기에서 결정적으로 중요한 관점에서 보자면, 이러한 불가역적 과정의 객관적 통일성에 내재하는 계기들로서 나타난다. 현재 언어들이 보여주는 다수성 또한 지역어, 방언 따위를 점차 민족어로 종합했던 장구한 통합과정의 결과라는 사실은, 우리가 제시했던 과정의 실재성을 더 강화한다. 이미 사회적 존재의 일상에서 오직 사회적으로만 가능한 의사소통과 협력과 공생의 불가결한 매체인 언어는 바로 이 궁극적인 통일성이라는 점에서, 새로운, 더 이상 침묵하지 않는 유적 과정 자체의, 마찬가지로 궁극적인 통일성의 한 징표이다.

노동과정에서 생겨나서 외관상 완전한 자립성을 얻는 쪽으로 점차 성장해가는 과학은, 진행과정 중에 있는 이런 식의 통일성을 노동이나 언어와 마찬가지로 명확하게 보여준다. 우리가 제반 과학의 존재상(上)의 발생을 올바로 이해하기 위해서는 노동에서의 목적론적 정립이라는 계기에서 출발해야만 한다. 마르크스에 의하면, 이 계기에 따라 노동은 얻고자 하는 결과 곧 정립의 목표가 정립 행위 이전에 이미 인간의 머릿속에 완성되어 있을 때에만 수행될 수 있다(노동경험들은 왕왕 현실화 과정 동안에도 변화를 관철시킬 수 있는데, 이로 인해 이러한 사태의 일반적 타당성에서 바뀌는 것은 아무것도 없다). 노동에 선행하는 이러한 정신적 "계획"이 처음에는 경험들을 모으고 적용하는 것에 불과했다는 것은 자명한 사실이다. 이와 마찬가지로, 목표설정과 현실화 수단에 관한, 정립 자체에 선행하는 이러한 숙고가 노동과정이 점점 더 완전해짐에 따라 일반화될 수밖에 없었으며 또 분업의 발전과 더불어 자립화될 수밖에 없었다는 것도 자명하다.

정신노동과 육체노동의 경제·사회적 분리는 인간 유의 발전에서 가장 중요한 사실에 속한다. 우리가 일단 이 과정에서 — 궁극적으로 — 사회와 자연의 신진대사와 관계된 측면만 주목한다면, 〔188〕이때 결정적인 역할을 하는 것은 수학과 기하학의 발생이다. 이 자리에서는 인간의 유적 성질의 발전이라고 하는 우리의 당면 문제와 직접 연관되어 있는 계기들만 강조하도록 하겠다. 원칙적으로 보자면 인간 의식에서 일어난 가장 큰 변화들 중 하나가 여기에서 발생한다. 즉, 존재를 대하는 본래의 생물학적인(따라서 심리적인) 직접적 입장의 한계에서 의식적으로 벗어나고 현실에 대한 탈인간 연관적인 입장을 자체 내에 형성하는 사고능력이 키워지는 것이다. 노동에 따른 인간 환경의 극복은 오직 이러한 길 위에서만 전개될 수 있었으며 또 이와 동시에 전체 환경에 대한 점점 더 적합한 인식으로까지 확장될 수 있었다. 그런데 그와 같이 — 직접적으로 — 주체 속에서 펼쳐지는 과정에서도 사회적 발전은, 직접적으로 단지 실천적인 모든 영역들에서 그런 것과 유사한 발전경로의 통일성을 보여준다. 물론 과학의 발전 또한 구성체들 등등에 따라서 아주 다르다. 물론 오류들이 수백 년 동안이나 보존되는 일(예컨대 점성술)은 거듭해서 일어나지만, 우리가 일상생활의 수준에서 언어에서의 "번역가능성"으로 규명했던 일이 여기에서도 심지어 더 강화된 방식으로 벌어진다. 수학적·기하학적 "언어"의 일반성은 올바른 연관관계들에 대한 인식뿐만 아니라 그릇된 연관관계들에 대한 반박에서도 심지어 더 광범위한 동질성, 더 광범위한 일치를 보여준다. 이 영역들에서도 아주 광범위한 분화 곧 구체적 발전경로들의 불균등성이 직접적으로 우세할 때가 자주 있는데, 그렇다고 해서 명백한 근본적 경향들에서 본질적인 점은 바뀌지 않는다.

인간활동의 제도적 지침과 인격적 지침의 영역들은 물론이고 역사적 "우연성"에 의해, 개인적 "충동"에 의해 아주 강력하게 지배받는 것처럼 보이는 영역들에서조차도 직접적으로 그 형식과 내용의 막대한 다양성이 나타나는 것이 사실이다. 하지만 그 형식들과 내용들을 — 그것들이 구체적으로 작동하고 있는 사회들의, 경제·역사적 연관관계들의 구체적인 존재 문제들과 관련하여 — 가까이서 관찰하면, 다른 영역들에서 이미 제시된 궁극적 일치가 여기서도 나타난다. 국가형식들, 계급편성들, 도덕적 명령이나 금지, 미덕이나 악덕 등등을 생각해 보면, 여기에서 사용된 말뜻에서 "번역 가능한"이라고 지칭할 수 있는 일반적인 전형적 특성들이 도처에서 나타난다. 아주 많은 경우에 이러한 "번역가능성"이 매우 명백한 까닭에, 주체에 의해 야기된 것처럼 보이는 바로 그런 영역에서 〔189〕 모범으로 여겨지는 태도가 수천 년 동안 지속적으로 영향을 미치는 일이 생겨난다(소크라테스, 나사렛 예수 등등을 생각해 보라). 바로 여기에서 이러한 "번역가능성"의 근거들이 가장 잘 간파될 수 있다. 행위하는 인간들이 의식하고 있든 아니든 모든 인간적 태도에는 유적 성질로의 방향이 내포되어 있기 때문이다(물론 이 방향은 그때그때 우세한 방향과 관련하여 부정적인 방향일 수도 있다). 그리고 빈번히 그러한 정향(定向)에는 오래전에 사라진, 대개는 적절하게 재해석된 옛 언행들을 — 직접 개인적으로나 또는 집단적으로 — 그와 같이 재수용하는 것이 포함되어 있을 수 있다. 여기에서도 이러한 복합체를 상세하게 파악하고 서술하는 것이 우리의 과제일 수는 없다. 유의 발전의 궁극적인 통일성은 여기에서도 멈추지 않을뿐더러 심지어 극히 명확한 형태로 나타난다는 것을 인식하는 것만이 문제였다.

한국어-독일어 용어 대조표

가역성	Reversibilität
가치성	Werthaftigkeit
강제력	Gewalt
개별성	Einzelheit
개별자, 개별적인 것	das Einzelne
개별특수성	Partikularität
개별특수적	partikular, partikulär
개인, 개체	Individuum
개인성, 개체성	Individualität
개체화, 개인되기	Individuumwerden
객관화, 객관화물	Objektivierung
경향	Tendenz
경향성	Tendenzartigkeit, Tendenzhaftigkeit
경향적 성격	Tendenzcharakter
공속〔성〕(共屬〔性〕)	Zusammengehörigkeit
과정	Prozeß
과정성	Prozeßartigkeit, Prozeßhaftigkeit
과정적 성격	Prozeßcharakter
과정적	prozeßhaft, prozessierend, prozessual
관조(觀照)	Kontemplation
규정	Bestimmung

규정성	Bestimmtheit
근본사실	Grundtatsache
내용	Inhalt
내실	Gehalt
대상성	Gegenständlichkeit
대상성 형식	Gegenständlichkeitsform
대상적	gegenständlich
도약	Sprung
동역학	Dynamik
목적론	Teleologie
목적론적 정립	teleologische Setzung
무기적 자연	anorganische Natur
무상(無償)의 행위	action gratuite
문제복합체	Problemkomplex
물신화(物神化)	Fetischisierung
범주	Kategorie
범주성	Kategorialität
법칙성	Gesetzlichkeit
변양(變樣)	Modifikation
병렬	Koordination
병렬적	koordiniert
보편성	Universalität
보편적	allgemein, universell
복잡성	Kompliziertheit
복합성	Komplexität
복합체	Komplex
복합체성	Komplexartigkeit, Komplexhaftigkiet
복합체적 성격	Komplexcharakter
불가역성	Irreversibilität
불가역적	irreversibel
불균등 발전	die ungleichmäßige Entwicklung

불균등성	Ungleichmäßigkeit
비규정성	Unbestimmtheit
비동질적	heterogen
사물	Ding
사물성(事物性)	Dinghaftigkeit, Dingheit
사물적	dinghaft
사물형식	Dingform
사물화	Verdinglichung
사회성	Gellschaftlichkeit
사회화	Vergesellschaftung
사후적(事後的)	post festum
생성	Werden
선택적 결정	Alternativentscheidung
성질	Beschaffenheit
세계관	Weltanschauung
세계상(世界像)	Weltbild
소외	Entfremdung
속성	Attribut
숙명론	Fatalismus
실상(實相)	Geradesosein
실존	Existenz
실존규정	Existenzbestimmung
양(量)	Quantität
양상성	Modalität
양상의	modal
여지	Spielraum
역능	Potenz
역사성	Geschichtlichkeit, Hisrorizität
역사적	geschichtlich, historisch
연기적(緣起的) 필연성	Wenn-Dann-Notwendigkeit
연기적 성격	Wenn-Dann-Charakter

요소	Element
요소성	Elementarität
우선성	Priorität
유(類)	Gattung
유기적 자연	organische Natur
유기적, 유기체적	organisch
유의 표본	Gattungsexemplar
유적 과정	Gattungsprozeß
유적 성질	Gattungsmäßigkeit
유적 의식	Gattungsbewußtsein
유적 존재	Gattungswesen
유적 형식	Gattungsform
유적인 것	das Gattungsmäßige
의식성형식	Bewußtheitform
이성적 상태	Vernünftigkeit
이질적	heterogen
인간 유(人間 類)	Menschengattung
인간연관적, 인간연관화하는	anthropomorphisierend
인간연관화	Anthropomorphisierung
인간화	Menschwerden, Menschwerdung, Vermenschlichung
인격	Persönlichkeit
인과계열	Kausalreihe
인과성	Kausalität
인과연관	Verursachung
인류	Menschengeschlecht, Menschheit
인식론	Erkenntnistheorie
일반성	Allgemeinheit
일반자, 일반적인 것	das Allgemeine
일반적	allgemein, generell
일반화	Verallgemeinerung

자생성	Spontaneität
자생적	spontan
전반적	generell
전체성	Ganzheit
정량(定量)	Quantum
정황	Konstellation
조작	Manipulation, Manipulierung
조작적 자본주의	Manipulationskapitalismus
존재	Sein
존재과정	Seinsprozeß
존재규정	Seinsbestimmung
존재기반	Seinsgrundlage
존재론	Ontologie
존재론적	ontologisch
존재방식	Seinsweise
존재 부합성	Seinsmäßigkeit
존재상(上)〔의〕	seinsmäßig
존재상(存在像)	Seinsbild
존재성	Seinshaftigkeit
존재양식	Seinsart
존재에 부합되는〔부합하는〕	seinsmäßig
존재연관	Seinsbeziehung, Seinszusammenhang
존재자	das Seiende, ein Seiendes, etwas Seiendes, Seiendes
존재적 성격	Seinscharakter
존재적 성질	Seinsbeschaffenheit, seinshafte Beschaffenheit
존재적	seinshaft
존재형식	Seinsform
진행과정 중에 있는, 진행되는	prozessierend
진행과정	Prozessieren

진행되는	prozessierend
총체성	Totalität
탈인간연관적, 탈인간연관화하는	desanthropomorphisierend
탈인간연관화	Desanthropomorphisierung
특성	Eigenschaft
특수성	Besonderheit
특수자	das Besondere
편위(偏位)	Deklination
폭력	Gewalt
표본	Exemplar
표상복합체	Vorstellungskomplex
현실성 형식	Wirklichkeitsform
현존〔재〕	Dasein
현존재 형식	Daseinsform
활동여지	Spielraum
형식	Form
형태	Form, Gestalt
호미니즘	Hominismus
확률	Wahrscheinlichkeit

찾아보기
(용어)

ㅁ~ㅂ

ㅅ

ㅇ

ㅈ~ㅊ

ㅌ~ㅎ

찾아보기
(인명)

ㅅ~ㅈ

ㅋ~ㅎ

게오르크 루카치(Georg Lukács, 1885~1971)

게오르크 루카치(Georg Lukács)는 1885년 4월 13일 부다페스트에서 유대계 은행가 집안의 2남 1녀 중 차남으로 태어났다. 고교 재학 중이던 10대 후반에 연극평론으로 문필활동을 시작한 그는, "우리가 상상할 수 있는 거의 모든 주제와 거의 모든 장르"를 다룬 수백 편의 글, 수십 권의 책을 통해 한 사람에게서 나온 것이라 믿기 어려울 정도로 다채로운 언어와 폭넓은 사유를 이 세상에 남겼다. 약관을 갓 넘은 나이에 집필하기 시작한 글들로 구성된 《영혼과 형식》(*Die Seele und die Formen*)으로 현대 실존주의의 원형을 제시한 그는, 몇 년 뒤 발표한 《소설의 이론》(*Die Theorie des Romans*)을 통해서는 형식과 역사의 내적 연관성을 중시하는 소설론 계보의 초석을 놓았다. 헝가리와 독일 양쪽에서 신예로 주목받던 그의 학자적 삶은, 그가 30대 중반의 나이에 감행한 헝가리 공산당 입당(1918. 12)으로 일단락된다. 그가 혁명적 공산주의자로 삶의 양식과 세계관을 통째로 바꾼 뒤 본격적으로 매진한 마르크스주의 연구와 정치적 실천 경험이 바탕에 놓인 《역사와 계급의식》(*Geschichte und Klassenbewußtsein*)은, 그에게 "서구 마르크스주의의 창시자"라는 위명을 부여했다. 1920년대 말 헝가리 공산당 내 분파투쟁에서 패한 뒤 정치일선에서 물러난 그는, 이론적·비평적 작업을 통해 공산주의 운동에 복무하는 이데올로그로서의 삶을 살아나갔다. 1930~1940년대에 그는 "위대한 리얼리즘"에 대한 요구로 수렴되는 문학담론과 《청년 헤겔》(*Der junge Hegel*) 등의 집필을 통해 명시적으로는 파시즘 및 그것으로 귀결되는 서구의 비합리주의 전통에 맞서면서, 은밀하게는 진정한 마르크스주의적 요소를 스탈린주의적 왜곡으로부터 지키고자 했다. 1950년대 중반부터 루카치는 스탈린주의와의 근본적 단절과 마르크스주의의 르네상스를 기치로 내걸고 체계적이고 종합적인 이론적 작업에 들어갔다. 이에 따른 성과는 미학에서는 《미적인 것의 고유성》(*Die Eigenart des Ästhetischen*)과 《미학의 범주로서의 특수성》(*Über die Besonderheit als Kategorie der Ästhetik*)으로, 정치이론에서는 《사회주의와 민주화》(*Sozialismus und Demokratisierung*)로, 철학에서는 《사회적 존재의 존재론을 위하여》(*Zur Ontologie des gesellschaftlichen Seins*)와 《사회적 존재의 존재론을 위한 프롤레고메나》(*Prolegomena zur Ontologie des gesellschaftlichen Seins*)로 묶였다. 루카치가 남긴 이러한 이론적 사유들은 한 위대한 학자의 학문적 성취이기 이전에 무엇보다도 "자유의 나라"로 표상되는 공산주의를 이룩하는 사업에 자발적으로 참여한 이데올로그로서 감행한 이론적 실천의 산물이었다. 그의 "삶으로서의 사유", "사유로서의 삶"은 1971년 6월 4일, 그의 죽음으로 대단원의 막을 내렸다. 향년 86세였다.

김경식

연세대 독어독문학과와 동대학원 박사과정을 졸업했다. 독일 트리어대학에서 수학한 후, 연세대 대학원에서 게오르크 루카치 연구로 박사학위를 받았다. 연세대에서 강의했으며, 2017년 현재 '자유연구자'로 공부하면서 글을 쓰고 옮기는 일을 하고 있다. 저서로는 《게오르크 루카치: 과거와 미래를 잇는 다리》, 《통일 이후 독일의 문화통합 과정》(공저), 《다시 소설이론을 읽는다》(공저) 등이 있으며, 역서로는 《게오르크 루카치: 맑스로 가는 길》(공역), 《고차세계의 인식으로 가는 길》, 《미적 현대와 그 이후: 루소에서 칼비노까지》, 《소설의 이론》 등이 있다. 루카치의 《소설의 이론》 번역으로 2007년 제12회 한독문학번역상을 받았다.

안소현

연세대 독어독문학과와 동대학원 박사과정을 졸업했다. 오스트리아 빈대학에서 수학한 후, 연세대 대학원에서 로베르트 무질(Robert Musil) 연구로 박사학위를 받았다. 연세대, 한양대, 인천대, 한신대 등에서 강의했으며, 2017년 현재 (주)에스제이엘 대표로 일하고 있다. 《바람과 강》, 《한국 현대 단편소설집: 모든 시간의 끝에서》, 《평범한 물방울무늬 원피스에 관한 이야기》, 《칼의 노래》 등을 독일어로 옮겼으며, 《발터 벤야민》, 《몬탁 씨의 특별한 월요일》, 《바보들》 등을 우리말로 옮겼다. 김훈의 《칼의 노래》를 독일어로 옮긴 *Schwertgesang*(하이디 강 공역)으로 2011년 제19회 대산문학상 번역상을 받았다.